生物学教育丛书

生物学教育科学研究方法

丛书主编◎刘恩山　崔　鸿

主　编◎俞如旺　赵萍萍

编　　委◎王艺璇　李德红　林国栋　俞如旺　赵萍萍

北京师范大学出版集团
BEIJING NORMAL UNIVERSITY PUBLISHING GROUP
北京师范大学出版社

图书在版编目(CIP)数据

生物学教育科学研究方法/俞如旺，赵萍萍主编. —北京：
北京师范大学出版社，2021.5(2025.1重印)
（生物学教育丛书/刘恩山，崔鸿主编）
ISBN 978-7-303-26419-3

Ⅰ.①生… Ⅱ.①俞… ②赵… Ⅲ.①生物学—教学研究
—中学 Ⅳ.①G633.912

中国版本图书馆 CIP 数据核字(2020)第 203378 号

出版发行：北京师范大学出版社 https://www.bnupg.com
　　　　　北京市西城区新街口外大街 12-3 号
　　　　　邮政编码：100088
印　　刷：北京天泽润科贸有限公司
经　　销：全国新华书店
开　　本：730 mm×980 mm　1/16
印　　张：19
字　　数：380 千字
版　　次：2021 年 5 月第 1 版
印　　次：2025 年 1 月第 5 次印刷
定　　价：44.90 元

策划编辑：刘风娟　　　　　责任编辑：刘风娟
美术编辑：焦　丽　　　　　装帧设计：焦　丽
责任校对：段立超　　　　　责任印制：马　洁

内容提要

    本书以教育科学研究方法、生物课程与教学论的理论知识为基础,根据生物学教育教学研究的特点,对选题与课题申报、文献研究法、问卷调查法、访谈调查法、行动研究法、教育实验研究法、案例研究法和论文写作与学术规范等做了详细的阐述和介绍。全书对开展生物学教育科学研究做了可操作性的论述和讲解,辅之以实例或案例加以分析与运用,力图结合当前中学生物学教育新课程改革的现状,突出新课程标准倡导的生物学核心素养。

    本书可作为高等师范院校生物科学(师范)本科生、学科教学(生物)教育硕士生、在职生物学教师开展生物学教育科学研究的教材或参考书。

总　序

为落实"立德树人"的根本任务，核心素养成为我国基础教育课程改革深化的主要环节，我国基础教育也迈入了"核心素养时代"。在生物学教育界，生物学学科核心素养也是当前的讨论焦点。一直以来，人们把学科教学理解为知识教育，导致了学科育人功能的结构性沉默。生物学学科核心素养是生物学学科育人价值的集中体现，是学生通过学科学习而逐步形成的正确价值观、必备品格和关键能力。然而，在这个核心素养体系中，"知识"被摆放在了哪里？许多学者和教师曾一度疑惑，无论在曾经的"双基"中还是在"三维目标"中，"知识"都是制订学习目标的基本维度，而在当前的"核心素养"中却隐匿不显。是"知识"不再重要了吗？那么生物学教学教什么？学生学什么？考试考什么？

近两年来，以"指向生物学学科核心素养的课程与教学"为主题的教师培训活动屡见不鲜，相关的学术成果也时常见诸各级各类刊物。广大一线教师逐渐接受并开始实施以核心素养为导向的教与学。大家逐渐意识到，"知识"在核心素养体系中仍然占据至关重要的地位，知识、能力、品格、价值观在核心素养体系中得以彼此关联、融合。核心素养时代的生物学教学，不仅仅关注知识教学本身，更在于关注"知识之后是什么"，教学不是单纯的知识授受，而是通过知识的学习来发展学生的核心素养。

可是，知道或理解学科核心素养是什么，仍不代表教师就能在教学中真正实施基于学科核心素养的教学。许多教师似乎有这样一种认识：只要知识教学还是重要的、必要的，那么传统的教学似乎不会发生什么实质性的变化。于是，我们在广泛的教研活动中发现，教师在备课、上课的过程中，还常常抱残守缺，执着于过去"三维目标"的教学。或者"旧瓶装新酒"，在教学设计、教学过程中，在形式上披上几件核心素养的"外衣"，似乎也可以"瞒天过海"。我们还看到：生命观念的教学多停留在概念讲解的层面；科学思维与科学探究犹如隔靴搔痒，不够深入；社会责任的培育浮于表面，流于形式……此时，我们意识到，必须要立足于对生物学学科核心素养的时代审视，以及国际科学教育的前沿动向，为广大一线教师提供系统而适切的教学指导参考，以理论更新观念，以案例引领实践，推动生物学学科核心素养在教学中落地。

于是，我们便萌生了编写本套丛书的念头。

2018 年 9 月，我们召集了本套丛书的编写团队，在风景秀丽的长阳清江河畔，在这座"天然古生物博物馆"中，以"核心素养时代的生物学教学"为主题进行了一次大讨论。围绕着落实生物学学科核心素养，大家再一次交流并梳理了教师教什么、怎么教、怎么发展，以及学生怎么学习、怎么评价等基本问题。与会者一致认为，在贯彻落实以核心素养为宗旨的生物学课程理念下，重新认识和审视这些课程与教学的基本问题是必要的、迫切的。在讨论中，我们凝练形成八个有待深入研究的课题，并分别组建小组，围绕八个课题进行了思考、写作和整理。这八个课题即为本套丛书的八本分册：《生物学课程论》《生物学教学设计》《中学生物学教育评价与测量》《生物学课程资源与案例（精选）》《课外科学教育的理论与实践》《生物学实验教学论》《生物学教育科学研究方法》《生物学教师专业发展概论》。

丛书分册彼此联系，形成了一个内容整体，关注到了生物学教学的各个方面：既回应了课程教学中，教师教什么、怎么教、如何发展、如何开展研究活动，以及学生怎么学、怎么评价等基本问题；还关注到生物学作为一门实验科学，实验课程如何开设的问题；更把视野从课堂移到课外，从生物学教育领域聚焦到科学教育领域，探讨了课外科学教育环节的理论与实践。

在编写伊始，我们还作出了两条原则性的规定：第一，每本书稿在写作中必须要充分阅读国际文献，确保内容的权威性和代表性；第二，每本书稿必须以丰富的、经过实践检验的教学案例为引领，确保内容的实用性、适切性，保证本书能为教师开展教学带来具体参考。

历时两年多的磨砺，本套丛书得以问世。值得一提的是，一批年轻、刻苦的生物学教育研究者成为了本套丛书编写的主力军，这不仅是一种传承，似乎也在昭示着生物学教学研究新时代的到来。对此，我们十分欣慰。书中颇多内容，有的是在博士学位论文基础上修改完成的，有的是课题研究的成果，整体达到了较高水平。然而丛书内容牵涉广泛，难免挂一漏万，我们恳请广大读者批评指正，并将组织各册作者继续深化完善有关内容，为新时代生物学教育做出更大的贡献。

　　本套丛书得到了广大同人以及社会各界人士的关心和帮助，此处不再具名，一并致谢！此外，还要感谢北京师范大学出版社给予的大力支持，谨在此表示衷心感谢！

刘恩山　崔　鸿

2021 年 3 月

前　言

　　"工欲善其事，必先利其器。"开展生物学教育教学研究，需要懂得一系列的研究方法和规则。我们为生物科学(师范)本科生、学科教学(生物)教育硕士生、在职生物学教师编写的这本《生物学教育科学研究方法》，系统地介绍了课题选题、研究方法、论文写作、论文投稿等各个阶段、各个环节的主要内容及要求，能使读者较快地掌握开展生物学教育教学研究的一般规律和方法。本书在编写过程中落实立德树人根本任务，全面融入党的二十大精神。

　　本书简明扼要，重点介绍了在生物学教育科学研究中的几种重要方法，既有一般规律，也有一些技巧性的方法。在阐述方法的同时，强调与实践结合，尤其展现了生物学教育科学研究的特殊性，指导读者开展生物学教育科研。

　　本书具有以下几个特点：

　　(1)实践性。本书运用了较多的生物学教育研究的实例阐述抽象的研究，让枯燥的研究变得真实、生动。

　　(2)应用性。本书紧密结合硕士论文、期刊论文撰写与发表的要求，指导本科生了解生物学教育教学研究的一般规律；指导学科教学(生物)教育硕士生领会撰写专业硕士论文的基本要求；指导在职生物学科教师掌握撰写、发表期刊论文的一般方法。

　　(3)指导性。为了提高本书的指导性，本书在每章章前设计了"学习目标""内容概要""学法指引"，章末设计了"章后拓展"。另外，书中还设计了"问题聚焦""案例研讨""核心概念""学以致用"等栏目；这些内容的设置不仅能更好地指导读者明确学习目标、学习方法和学习的重要内容，还能够让读者置身于实际案例，带着目标和问题进行学习，提高学习效率。

（4）时代性。本书综合了最新的生物学课程发展与教育科学研究进展的内容，力图阐述的研究方法紧扣时代脉搏，研究内容紧扣生物学课程改革新进展。

（5）规范性。本书以最新的研究要求或标准为参考，包括全国教育专业学位研究生教育指导委员会公布的《教育硕士专业学位论文基本要求》（教指委发〔2019〕09号）、《中华人民共和国国家标准 信息与文献 参考文献著录规则》和《高校人文社会科学学术规范指南》等一系列要求或标准。

总之，我们希望通过将一般的教育研究方法学科化，具体落实到生物学教育教学研究当中，结合生物学教育教学实际，为生物科学（师范）本科生、学科教学（生物）教育硕士、在职生物学教师提供一整套教育研究的解决方案，以期提高他们的课题选题与研究能力、论文写作水平，帮助他们完成学位论文、发表期刊论文、开展课题研究等。同时，我们在书中强调科研方法和学术规范的训练，希望能够增强生物学科教师们从事科学研究的信心和能力，为他们将来的教育教学研究之路奠定良好的方法论基础。

本书的编写是在刘恩山教授和崔鸿教授的指导下完成的，他们对本书的编写做了全面细致的规划和严格认真的审阅，谨此向他们表示崇高的敬意！

北京师范大学赵萍萍博士编写了第四章、第六章和第七章；华南师范大学李德红教授编写了第八章；泉州师范学院王艺璇老师编写了第二章；福建师范大学俞如旺教授编写了第一章、第三章和第五章；温州大学林国栋教授参与编写了第三章；李德红教授对第五章进行了修订。俞如旺教授对全书进行了总体策划、各章修订以及全书统稿。林灵、阿茹娜、陈婷、黄静瑜、朱倩倩参与了书稿的部分编写工作，王钊、郑婉颖、张小依、石珊珊、熊夏玲等参与了资料收集、书稿编写、校对、整理等工作，在此一并表示感谢。编写过程中还得到了南京师范大学解凯彬教授、浙江师范大学谢群博士等专家的指导，在此表示衷心的感谢！

本书参阅了许多专家、同行的成果，谨此致谢！凡未一一注明的，敬请原谅。最后还要感谢北京师范大学出版社对本书的出版所给予的大力支持和帮助，正是由于他们的努力才得以按时付梓，在此一并致以诚挚的谢意！

本书尚有不足之处，望同行不吝赐教，提出宝贵意见。

俞如旺　赵萍萍

目 录

第一章 选题与课题申报

【学习目标】

1. 说出选题重要性的理由以及课题包括的类型。

2. 领会优质课题的一般特征，能对一个现有的课题名称做出正确的评价。

3. 知道选题的来源，具有阅读文献的习惯，善于发现教育问题。

4. 领会精致选题的一般规律和步骤，能结合工作实际，选择一个合适的研究课题。

5. 说出全国教育规划、教育部人文社科、省教育规划等课题的基本分类和申报办法。

6. 结合案例与分析，尝试撰写一份教育规划课题，并完成课题申报。

【内容概要】

本章首先介绍了优质选题的一般特征，课题应具有创新性、聚焦性、价值性和量力性；选题主要来源于文献阅读和思考；精致选题是有策略和方法的，一般包括提出问题、聚焦问题、解析题目和精致选题。其次介绍了全国教育规划、教育部人文社科、省级教育规划等课题简况，重点讨论了如何撰写申报书。最后呈现一份申报书作为案例，供学习研讨。

【学法指引】

结合"学习目标"和"问题聚焦"，认真研读本章内容。在全面领会选题的一般特征和策略后，开始尝试自己选题。

学习本章重点在于结合实践和案例开展思考、分析和讨论，利用所学的观点和方法分析已有的选题（可以是已发表的刊物论文题目，也可以是现有的硕士论文选题），从已有选题的题目本身进一步深入论文内容，对选题进行全面反思和剖析。

第一节 选题是教育研究的起点

【问题聚焦】

1. 选题是教育研究的起点，为什么说选题很重要？

2. 选题包括项目选题和论文选题，二者有何相同点和不同点？

3. 课题研究包括哪些类型？这些研究类型的基本内涵是什么？

4. 优质选题有哪些一般特征？如何在实际选题中加以落实？

【案例研讨】

在一次教育硕士生组会中，导师给硕士生们一个任务：分析项目课题和论文题目（表1-1）。想一想，这些选题属于什么研究类型？每个选题具有哪些优质选题的特征？尝试找出每个题目能立项或能发表在刊物上的理由。

表1-1　立项项目课题和已发表论文题目

序号	项目课题/论文题目	项目立项/论文刊物
1	基于"体验式教学"的高中生生物学核心素养的培养与实践	全国教育科学"十三五"规划2018年度立项（教育部青年）
2	生物学科核心素养导向下的基于科学史经典实验及最新科技文献的探究式教学研究	全国教育科学"十三五"规划2018年度立项（教育部青年）
3	基于新课程标准下高中科学课程学业水平考试命题策略的研究与实践	全国教育科学"十三五"规划2018年度立项（教育部重点）
4	以"问题"为核心的科学探究教学策略	生物学教学，2018-10
5	"生物入侵"概念辨析及其教学建议	生物学通报，2018-02
6	初中生物学科学生实践活动教学现状调查与建议	中学生物学，2017-02
7	英国初中生物学科标准评析及启示	中学生物教学，2016-01

选题是教育研究的起点，一个好的选题决定了教育研究的质量。每一个好的选题背后，无不是凝聚了作者扎实的学识、充分的思考以及严谨的论证。本节我们就来系统地讨论优质选题的一般特征。

一、选题

选题就是选择具有理论意义或实践意义的教育研究课题，课题源于问题，需要对研究的问题进行筛选、提炼，用来解决教育实践问题，选题是教育研究的起点。

本章所讲选题包括项目课题的选题和论文题目的选题。这两类选题虽然在思路上是一致的，但二者仍存在差别，主要体现在最终实现的目的不一样，项目选题是用来课题申报的，往往要大一些，解决的是一类整体性问题。论文选题可以是针对一个问题展开讨论、分析，也可以围绕项目课题展开，多篇论文共同实现项目课题的研究成果。提倡基于项目课题背景下的论文选题，项目课题时间做长了，犹如打井深了，出水（论文）就多。论文选题若蜻蜓点水，往往言之不深，且不易找到合适的论文题目，如无源之水。

二、课题研究

研究者可以根据个人的学术兴趣或教育研究方向选择不同的研究课题，主要包括实证研究（Positive Research）、行动研究（Action Research）和理论研究（Theoretical Research）。实证研究是通过描述一个教育事实，对该事实进行解释和分析，包括历史研究、调查研究和实验研究。行动研究是指在某些具体的教育情境下，研究者将理论与实践研究结合起来，从而加深对理论知识的认识或改善已有的实践工作。行动研究在本书第五章有详细的介绍。理论研究是通过收集大量文献材料对研究对象进行全方位、系统的分析，尝试归纳总结出教育的一般规律。

> **核心概念**：课题类型包括实证研究、行动研究和理论研究。实证研究又包括历史研究、调查研究和实验研究。

1. 实证研究

实证研究强调事实、证据或数据，是通过对过去、现在或是教育实验中发生的现象进行说明，主要分为历史研究、调查研究和实验研究。

（1）历史研究

历史研究是对过去的教育现象或教育观念进行实证研究的过程。落实到生物学教育中就是以生物学教育历史中的事实为研究对象，系统收集并客观评价相关历史资料，分析生物学教育事件的因果关系或趋势，从而解释某种历史事件，理解生物学教育现状和预测教育未来发展趋势的活动或过程。由于历史研究是基于对大量历史材料的收集、整理和分析，得出可解释的结论。所以，历史研究大致可以分为三个步骤：明确可研究的历史问题、收集分析资料、得出并解释结论。明确研究问题有利于确定研究方向和集中研究焦点，在研究之初可用疑问句的方式表述相关问题，随后对该问题做出假设。无论是在描述问题还是做出假设的时候，需要注意关键术语的使用，历史研究描述的是过去的事情，所以关键术语的使用和逻辑性要保持一致，不可使用历史上不存在的词语或将现代的想法强加进去；收集分析资料时，需要保证资料来源的可靠性、广泛性和针对性。在分析收集到的资料后即可得出合乎逻辑的结论，描述结论时，要采用客观、中立的态度，避免主观偏见，推广结论时要注意该结论的适用范围，是否符合当下教育的发展趋势。

【案例研讨】

论文：我国百年生物学课程标准或教学大纲蕴含核心素养的梳理与启示①

生物学核心素养包括生命观念、科学思维、科学探究、社会责任。论文通过对 1902 年以来我国颁布的 54 份生物课程标准或教学大纲进行梳理，从生命观念、科学思维、科学探究、社会责任四个方面分析各时期生物学核心素养的历史发展轨迹及其特点。探寻到生物学科核心素养的历史发展轨迹：课程的框架结构从简单、零散过渡到丰富、具体；生命观念的内容从知识单一过渡到全面完整；科学思维从起步较晚，发展到包括假说演绎、建立模型、系统分析和建立数学模型等多种适应生物学学科要求的思维形式；科学探究从生物学基本实验技能与方法，发展为要求培养合作能力、实践能力和创新能力的科学探究与实践；社会责任从注意卫生健康，发展到自觉关注和主动践行生物学社会问题，突出使命感和责任感。由此可见，生物学核心素养并非无中生有，而是历史的一种传承与积淀，它使我们有理由对过去生物学课程发展所创造的优秀成果更加充满信心！

文末还对深入理解和有效把握生物学核心素养提出若干思考与启示。明确了学生核心素养与学科核心素养的关系；学科核心素养与三维目标的关系；生物学核心素养与生物科学素养的关系。

请阅读该论文，领会在每个发展时期教学大纲或课程标准蕴含核心素养的特点，尝试分组汇报；分析并总结开展历史研究的一般办法。

（2）调查研究

调查研究是通过问卷、访谈等方式对当下正在发生的教育现象或观念进行研究，以解决部分教育现象或改善教育状况的一种研究方式。调查研究可以是用于对一项已实施措施的跟踪，研究该措施对被教育者的影响或接受程度；也可以是对某种教育行为进行研究，最终提出有建设性的意见。调查研究一般分为确定调查目的和样本、设计调查策略、实施调查并收集数据、分析数据、得出结论等步骤。访谈、问卷是调查研究的典型代表，需要注意问题的设计和有效数据的收集和处理。

---

① 俞如旺，胡孟慧. 我国百年生物学课程标准或教学大纲蕴含核心素养的梳理与启示[J]. 教育理论与实践，2017(11)：40-43.

【案例研讨】

论文：高中"生物安全教育"现状调查研究——以广州市某普通高中为例[1]

调查目的：了解高中学生对生物安全现象的态度和理解程度以及教师对生物安全教育内容的关注程度与处理方式。

调查内容：生物安全、转基因技术与基因治疗安全性、克隆技术与干细胞技术安全性、器官移植与输血安全、生物武器、生物入侵等。

调查对象与方法：采用自制问卷"高中生对生物安全了解情况调查问卷"进行调查，共发出问卷 315 份，回收 249 份，获得有效问卷 245 份；对广州市高二生物教师进行了"生物安全教育内容的关注程度与处理方式"的问卷调查，发出问卷 97 份，回收有效问卷 68 份。

调查结果与分析：略。

调查结论：①学生对生物武器、器官移植与输血安全等问题，能以较为正确的观点看待；②教师急需学习相关知识，进行自我提升，再通过课堂教学向学生澄清生物安全概念；③教师对生物安全教育内容的处理，比较被动，处于两难境地。

建议：①培养高中生的生物安全素养；②教师要注重专业素质的提升。

该研究是如何进行调查设计的？如何开展调查数据的分析和讨论？请分析该论文的结构，初步了解调查类研究的一般方法。自己选择一个调查主题，尝试进行调查设计。

（3）实验研究

实验研究是指教育者依照一定的研究目的，在教育环境中设置一个变量，做出假设并观察和记录该变量对教育对象的影响，从而探讨与教育现象的因果关系。实验研究能够根据需要创设一定的情境，有目的地控制变量，使其朝向预期的设想发展，且该实验方法具有可重复性。实验研究须具备四个特点：一是设定一定的情境，只有在特定情境下，才能获取精准的结果；二是具有明确的假设，假设中蕴含着事物之间或变量之间的因果关系；三是变量的可操作性，其中包括控制自变量和无关变量，且变量是可检测的；四是巧妙的设计，实验研究是为了更多地改善现有的教育现象，因此巧妙的实验设计可保证实验研究的信度、效度和可重复性。

---

① 欧阳主星，李雪峰. 高中"生物安全教育"现状调查研究——以广州市某普通高中为例[J]. 中学生物学，2014，30(8)：60-63.

实验研究是最严格的教育科学研究方法，由于应用数字说话，在一定程度上更具说服力，越来越受到人们的重视。其一般过程包括提出一个理论假设、选择论证课题、控制实验变量、实验观察记录、统计分析讨论、得出结果结论等环节。教育的实验研究与自然科学的实验研究相似，都是通过操纵一个自变量，控制无关变量，观察记录因变量，从而验证假设，得出结论的过程。具体案例分析详见第六章教育实验研究法。

2. 行动研究

行动研究是指教育者有目的、有计划地在教育活动或教育行为等情境中对某项教育问题进行系统探究，将教育理论与教育实践相结合，进而改进教育工作。教育行动中制订的问题可以在行动中不断调整，可不用设置对照实验，只需要解决教育行动中遇到的具体问题，聚焦实践问题而非理论问题。行动研究主要分为发现并确定问题、问题归因、形成计划措施与行动、反思与评价几个步骤：首先能够指出在课堂或是其他教育环境中存在的问题，并将其作为教育研究课题去研究；其次，在一定教育环境下收集产生该问题的各种可能的原因，通过对问题现象和本质的分析，从中归纳出决定性的因素，为下一步假设的制定奠定基础；再次，通过对问题的归因，形成能够解决问题的假设；进一步收集材料，解释假设；按照设定的假设在实际工作中付诸行动，这是教育行动研究的核心体现和关键一步；最后，在执行行动方案的一段时间内，需要研究者就该方案的实施进行跟踪调查，不断收集被评估者的反馈和体验，不断的改进研究方案，总结反思。最终形成的研究方案不仅是已有方案的研究结果，更是酝酿新方案的良好"药引"。

行动研究是一线教师常常采用的一种研究方法。事实上，行动研究并不是一种独立的研究方法，行动研究更是一种研究范式，集合了文献研究、调查研究等各种教育研究方法，其目的是以行动解决实际问题，边行动边反思，强调实践与理论相结合，其结果只能有限推广。具体案例分析详见第五章教育行动研究法。

3. 理论研究

理论研究是通过收集大量材料对研究对象进行全面的分析，从而总结出具有教育特征或是教育规律的一种研究方法，用于指导教育实践。理论研究首先需要制定一个核心概念，通过对该观点的论证，不断发现新的教育观念，只有不断对教育理论进行创新，才能够保持教育理论的生命力，从而更好地指导实践。理论研究主要运用类比、比较和批判三种方法。类比是两个（或两类）对象在一系列属性上相同或者相似，且已知其中一个（或一类）对象具有其他属性，推出另一个（或一类）对象也具有相同的其他属性。主要通过寻找两个（或两类）事物的相似性来获得教育启示。比较研究，追求的是事物之间的区别，关注事物之间的差异性，通过比较研究给教育研究者们一个选择的方向，利于研究者们根据自身的优势选择合适的策略。批判研究主要由怀疑、批判和重建三部分构成．怀疑是对眼前现象、事实或观念提出质疑。所有知识在还没有获得验证之前，都是值得怀疑的。教育研究者从怀疑走向批判的过程中，会产生知识的重建或调整，通过对资料的分析和整理，寻找到适合的标准或方案，从而用该标准进行批判。

三、优质选题

选题最终体现在题目上。好题目是课题立项、论文发表的第一关，其重要性不言而喻。不少研究者为确定一个合适的题目，不断揣摩、冥思苦想、耗尽心血。好的题目或高或新或奇：高，自然超凡、居高临下；新，自然脱俗、引领潮流；奇，自然突起、出奇制胜。好的选题同时意味着能出好的成果，往往能提出新概念、解决新问题、发现新机理、创立新方法等。选题优质，课题容易立项，论文容易发表，反之亦然。优质的选题应具有创新性、聚焦性、价值性和量力性特征。

1. 课题新颖，视角独特（创新性）

选题要强调新颖，研究视角具有创新性、独特性。能依托学科教学领域的特点，充分发挥自身专业学科优势。课题角度独到，令人眼前一亮。选题新颖，往往表现在以下几方面：一是无人涉足。这一类最具新颖性，但显然是最难的，属于开疆辟域，甚至创立新的理论或方法，往往是名家学者居于很高的视角所为。对于一般新手而言，提出"无人涉足"的研究课题，往往是不现实的。二是学科前沿。这一类的课题是将本学科的研究向前推进，具有引领性和前瞻性，属于旗手行为。三是老题新究。对于广大一线教师来说，这是一个选题新颖的好办法。依据新要求、新发展、新文件，将过去强调的问题重新审视，或研究理论基础，或研究实践策略，或补充研究资料，选题具有再生性。四是海外译介。借鉴海内外的最新研究，开展比较教育研究，吸取新思想、新思路，往往能起到很好的效果。

【案例研讨】

2018 年度教育部重点立项的课题是"中学生物学概念系统化内生与实践性裂变研究"。该项目结合当前新课程生物学教学改革的发展，围绕大概念、重要概念在生物学课程体系中的重要意义和价值，开展系统化建构生物学概念体系，并进行教学实践研究。研究包括四个层面：初中生物学概念体系的逻辑建构；基于大概念的初中生物学教材整合及资源开发研究；基于系统观的初中生物概念教学实践研究；初中生物学概念的实践性裂变策略研究。

如何理解生物学概念教学在中学生物学教学中具有重要的意义和价值？该课题来源于一线教学实践，也来源于生物学课程标准的要求。请谈谈该课题的研究视角在哪些方面体现出了新颖、独特。

2. 课题聚焦，大小适宜（聚焦性）

课题应该具体明确，大小适宜。项目选题往往比论文课题要大一些，论文课题更要强调"精""准""狠"。一般来说，课题应"小题大做"，取其褒义。"小题大做"能更好聚焦问题，发现一般人没有发现的问题。题目切忌求大求全，内容过大，评审专家往往会提出更多的质疑。

课题聚焦如同挖地窖，切口要小，但能挖深、挖透，以小见大。不少选题只给出较大的研究范围，相当于研究的"面"，选题未聚焦研究的"点"，表现为题目大，内容小。

【案例研讨】

请从课题聚焦的角度，分组讨论以下课题选题是否合适，存在哪些问题。如果是你，会如何选题？

案例 1：生物课改实验的理论与实践研究（项目课题）

研究内容：该研究旨在加强对课改核心理念的研究，把理念转化为指导生物教学的观念，并在实践中形成具体的做法。即把宏观的理论进行本土草根性解读，成为中观层面的教育观念，进而在微观层面上进行教学实践尝试，探索对生物学科教育教学发展与改革具有引领性作用的理论成果、具有实践操作指导意义的技术成果，以突破生物课改历程中的高原期，把课改实验引向深入。（市教研员）

研究方法：行动研究；课例、教学案例等。

研究成果：课程观的确立、教学观的转变；教学课堂的回归与重建；教师专业化成长的提速。

案例 2：初中生物学课堂创新教学模式探析（论文选题）

论文主要内容：论文介绍了初中生物学课堂教学中"情境引入—探究学习—巩固拓展—创新发展"的创新教学。对每一个环节做了简单的介绍：情境引入包括问题情境、生活情境、故事情境等；探究学习包括个体研究、小组讨论、集体交流；巩固拓展包括学习巩固、知识深化；创新发展包括生活运用、生产运用、社会运用等。论文未对模式的实践的有效性展开分析。（中学一线教师）

案例3：中学生生态教育初探（论文选题）

论文主要内容：新世纪人类面临着自然环境、社会环境的严峻挑战。中学阶段是学生形成正确的人生观和价值观的重要阶段，中学应当从战略高度对学生进行生态教育，帮助中学生树立正确的生态道德价值观，形成良好的生态道德行为，为我国实施可持续发展战略、构建和谐社会储备和输送高素质的生态环保型综合人才。

论文纲要：

一、中学生生态教育的意义

1. 中学生生态教育是实现可持续发展战略和建设和谐社会的必然要求。

2. 中学生生态教育是新世纪教育发展的内在要求。

二、中学生生态教育存在的问题

1. 在教育理念上，生态教育未得到足够的重视。生态教育推广速度较慢，且内容较为单薄。教育部早已将环境科学作为一级学科，并设立了环境科学教学指导委员会，但在中学以环境科学为主的生态环境教育并没有得到足够的重视，教育理念较为落后。（论证示例）

2. 在教育实施上，教育理念与生态教育相脱离。

3. 在教育内容上，生态教育没有显示出应有的"分量"。

三、我校中学生生态教育的途径与方法

1. 积极营造生态化校园的人文环境。

(1)营造生态教育知识普及的"生态科普廊"。

(2)设计生态教育应知应会的"生态昆虫馆"。

(3)建造生态教育实践场所的"生态实践园"。

(4)改建生态教育课程实施的"生态活动室"。

2. 打造一支适应生态教育的教师队伍。

(1)成立生态教育"教研组"。

(2)配备一支资源丰富的专家队伍。

(3)开展各种活动提升教师专业素养。

3. 培养中学生的生态素养。

(1)进行生态教育的专题教育。

(2)加强学科生态教育的渗透教育。

（3）积极开展生态教育的探究活动。

3. 课题具有理论研究价值（价值性）

课题是否具有研究价值，往往是由课题的理论研究水平所决定的。理论性是教育科学研究的基本属性。

作为研究课题的问题应该要具有研究价值，即所选择研究的问题应该具有一定的学术价值（理论意义）或者一定的应用价值（实践意义）。所谓理论意义，是指所研究的问题对于相关领域发展的贡献，即当下的研究课题与已有同类课题比增加了什么新内容，有什么新观点，在某个理论体系中有什么作用，对后来的理论发展又有了哪些指导意义，等等。而实践意义是指所研究的问题对于实践具有意义和作用，通过实践可以满足人的某种需要，或者可以帮助他人及自己更好地认识某种现象、处理某种问题等。对于教师来说，所选择的课题应该要符合社会发展和教育事业发展的需要，符合培养德智体美全面发展的社会主义接班人和建设者的需要。

所选的课题不能和已经经过实践检验的科学原理相违背，无论是项目课题还是论文选题，都应该要以一定的事实为依据，在充分了解课题研究现状的基础上，对研究是否有意义做出判断，避免无意义的重复。对一线教师来说，选题一定要在科学理论的支撑下，以改革实践和教育教学的经验为基础，才能成为一个合格的选题。

4. 课题与研究者相符（量力性）

课题的选择要与研究者相符，体现在两个方面：一是所选课题有一定的前期研究基础；二是课题对研究者来说难易适度。好的选题决定未来的研究方向，是一个可持续的研究领域，也决定未来系列成果的产出，甚至成为未来数年或一生的研究兴趣所在。

首先，所选课题最好要有一定的前期成果，前期成果一般包括专著、论文或报告。特别是申报项目课题，申报书明确提出要填写前期研究成果。若表格里这块内容空缺，评委很难做出荐举的决心。前期基础表明你在这方面有研究进展，奠定了继续研究的起点与基点，是向评委证明你的申报是最适合的。以零开始申报项目课题往往不会成功，所以对于一般老师来说，前期的论文积累变得很重要。论文选题的前期研究虽然不是那么重要，但是对于一篇较高水平的论文来说，前期的研究基础会使你的这篇论文更加独到和富有见地。

其次，课题对研究者来说难易应适度，符合研究者的研究背景。一线教师或教育硕士生在选题时，有时发现一个问题很有研究意义或研究价值，就确定该课题。殊不知，有价值的课题往往有难度，或者需要调集大量的人力、物力和财力，或者要耗时多年，或者超越研究者的理论水平，等等，这些因素都决定课题不适合选定。例如："教材建设中创新性发展中华优秀传统文化研究"（2018 国家重大课题立项，田慧生，教育部基础教育课程教材发展中心）。该课题专业性强，讨论的是如何在教材建设中，创新性地发展中华优秀文化。不仅牵涉教材建设，还牵涉中华优秀文化，涉及多学科、多领域。一般教师若缺乏教材编写的经验和理解，缺乏对中华优秀文化的深刻领悟，很难能够实现"创新性发展"。

总而言之，研究新问题力求选择热点；研究老问题力求选择新切入点；研究历史问题力求关注现实；研究基础问题力求关注实践应用；研究应用问题力求提升理论高度。

第二节　好的选题来源于大量的阅读与敏锐的思考

【问题聚焦】

1. 选题从哪里来？
2. 作为中学生物教师，应该优选哪些期刊阅读？
3. 为什么从正式公布的立项课题中，可以找到选题的灵感？
4. 基于课题内容的角度，可以从哪些方面进行选题？

【案例研讨】

余老师工作 7 年了，但职称还是二级教师，原因主要是这些年没有写论文。在一次偶然的论文撰写专题报告上，他向专家询问，以下是余老师与专家的对话。

余老师：我其实也写了一些论文，但总是不满意，投稿后也都石沉大海。

专家：你写的都是哪些方面的论文呢？

余老师：这些年生物课堂教学任务多，还常年担任班主任，写的论文大都是课堂教学中如何解决实际的一些教学问题，比如说"如何应用多媒体辅助教学""提问应该注意哪些方面"等。

专家：明白了。

专家说"明白了"，你明白了吗？阅读本节内容，相信你也能明白其中的道理。

选题的来源主要有两方面，一是形式方面，二是内容方面。形式方面主要包括高水平的期刊论文和正式发布的立项课题两方面。内容方面一般来源于有争议的问题、亟待解决的问题以及从教育研究中生成的问题三方面。

一、基于形式方面选题

1.高水平的期刊论文

优秀的期刊蕴藏了大量的教育智慧。阅读文献，可以提高个人的教育研究素养，也可以从中发现值得教育研究的题材或思想的火花。平时养成阅读文献的习惯，结合工作、生活中的教育现象，勤于思考，能抓住当下教育研究的热点或独特的研究视角。初学者往往在阅读文献后，会有这样的体会：研究已经解决了教育方面的所有问题，但与经验丰富的研究人员进行精致入微的理论分析后，你又会发现，你心中涌动的初步思路显得那么幼稚可笑。这个时候，只要你继续研读这些文献，你也会进入较高的思维层次，你的课题研究框架也会更稳固地构建在现有知识基础上。

教育硕士生常会出现抓住无甚研究价值可言的课题或含混不清的课题，其原因可能是把太多的时间用于研究生课程的学习，很少时间用来阅读文献和思考应该选择怎样的课题开展研究。

以期刊或专著为选题来源，关键在于选择高水平的期刊。期刊应优选 CSSCI 刊物。CSSCI 刊物学术水平较高、影响面较大，能反映当前我国教育教学最新研究成果。CSSCI 教育学类刊物连同扩展板大约 50 种，大致包括综合教育、高等教育、基础教育、远程教育、教师教育、学前教育、电化教育等方向。生物学教育属于基础教育学科教学范畴，研究者既可阅读综合教育方面的内容，如《教育研究》《中国教育学刊》《北京大学教育评论》《全球教育展望》等刊物，也要

> **知识链接：**《课程·教材·教法》是国内反映基础教育学科教学领域的第一刊，由人民教育出版社主办。主要栏目包括课程研究与实践、教材评价、中小学各科教材与教学、教学理论与方法、教师教育课程与教学、研究与借鉴、学术动态等。

阅读研究学科教学方面的期刊，如《课程·教材·教法》《教育理论与实践》等。

【案例研讨】

在一次教育硕士生组会上，2018 级某硕士生做了一个读书汇报，汇报的论文标题是"从高中数学新课标看数学实践能力的培养"，该论文发表在《课程·教材·教法》2018 年第 8 期。

论文主要讨论的是：《普通高中数学课程标准(2017年版)》在强化学生数学实践能力培养上有新变化：在高中课程性质和基本理念中体现实践能力培养的价值导向，首次明确提出发展学生数学实践能力的目标；处理好数学学科核心素养与实践能力培养的关系，在核心素养中融入数学实践能力培养的要求；在课程内容设计、数学学习基础、问题解决过程、数学学习评价上加强数学实践要求，力求将数学实践能力培养更好地落实于数学学习的全过程。

该硕士生提出设想：生物学更加强调联系实践，认真分析高中生物新课标，发现无论是课程性质(生物学是农业、医学、环境学科等的基础)、基本理念(教学过程重实践)、核心素养(社会责任)，还是在内容标准中的内容要求、教学提示、学业要求及学业质量标准，都大量地融入了实践的环节。遂提出论文选题"基于新课程标准的生物学实践能力培养"。下一步，将围绕新课程标准，查阅文献，开展教学设计和实践，深入挖掘发展生物学核心素养的各个实践环节。

俗话说"隔行不隔理"，高水平刊物的论文提供了很好的研究范式或模板，其论证结构、研究方法都值得我们初学者学习。《课程·教材·教法》发表有关生物教学的论文不多，但其他学科的论文也能给我们提供很好的启发。

请根据该硕士生的设想，阅读并仿照"从高中数学新课标看数学实践能力的培养"论文，尝试撰写出有关生物学新课程标准与发展实践能力的论文提纲。

除了CSSCI刊物外，还可阅读生物学科教学的一些期刊，如《生物学通报》《生物学教学》《中学生物学》和《中学生物教学》(上半月刊)等。通过这些期刊可以获得当前生物学教学的研究热点、研究进展和研究方法等。同时，也能感悟投稿的栏目及论文格式要求。以上常见的生物学教学刊物栏目大同小异，一般包括综述进展、基础与研究、生物探秘、课程教材改革、课堂教学设计、教学实践与交流、实验与技术等。这些栏目也反映了当前生物学教学一线的热点，也是发表文章选题的主要方向。

2. 正式公布的立项课题

全国教育科学规划领导小组办公室(简称"全国教育规划办")、教育部人文社会科学研究(简称"教育部人文社科")，各省市教育规划办等课题机构每年都会在其官网上发布年度课题立项名单。

能立项，必定有其立项的理由。公布立项的课题往往经过了申报人精心设计和审查人员的重重考验，其选题一定具有研究的社会意义或研究价值。分析研究立项课题，一方面，我们可以从中知晓当前研究热点，通过触类旁通，寻找灵感。这相当于站在巨人的肩膀上，选题就会更加迎合时代的要求。另一方面，学习立项课题名称的语言表述，使题名更加精准，能第一时间博取评委的眼球。在查找已发布的课题时，不应该局限于生物这一门学科，可以广泛的涉猎其他学科的研究成果，特别是物理、化学、数学等科学课程，从中寻找灵感。

【资料研讨】

分组讨论以下课题(表1-2)，尝试分析这些课题研究的内容，对你有什么启发?

表 1-2　全国教育科学"十三五"规划 2018 年度立项课题名单公布(部分)

项目号	项目类别	项目名称	申报人	所在单位
DCA180431	教育部重点	区域新课程网络教学平台助推学习方式变革的研究	蒙广平	北京市顺义区第一中学
DHA180433	教育部重点	小学基于校馆合作的项目式课程建设的行动研究	刘胜峰	厦门实验小学
DEA180435	教育部重点	基于区块链技术的中学生综合素质评价征信体系构建及应用研究	欧阳玲	厦门第六中学
DHA180437	教育部重点	区域推进课堂改革的教育生态模型建构研究	顾俊琪	盐城市教育科学研究院
DHA180438	教育部重点	基于 STEM 教育理念的初中数学"综合与实践"课程教学研究	黄雄	厦门双十中学
DHA180439	教育部重点	对话教学在学科教学中的模型建构及运用研究	潘娜	苏州市平江实验学校
DHA180440	教育部重点	模型认知在普通高中化学教学中的应用研究	雷范军	佛山市高明区纪念中学
DBA180441	教育部重点	中学生涯指导课程的实践探索与效果评价	陆丽萍	中国人民大学附属中学
DHA180442	教育部重点	基于数学核心素养的智慧课堂实践研究	张茹华	厦门市同安区第一实验小学

二、基于内容方面选题

1. 有争议的问题

教育学是一个不断发展的学科，必定会存在一些教育历史遗留问题或新旧观念的冲突，这些有争议的地方往往是选题的来源，通过期刊、著作、学位论文或教学参考等，可以从中挑选符合自己研究方向和兴趣的争议话题。在研读不同观点材料时要注意，这种争议是否可能存在多种论证方式，其论证方式是否矛盾；或是同一个学者前后观点矛盾，我们就需要分析这个矛盾产生的原因和矛盾指向的结果是否不同；抑或是某一个学者极力反对的某个论点，这个观点的合理性就需要进一步研究。此外，我们还需要不断关注教育前沿的新概念或是新课题，从中找到可以进一步研究的问题或是该研究历史上存在的不足，并以此为基础，找到符合自身研究方向和兴趣的选题。

真实的教育道理总是隐含在教育冲突之中，教育实践不过是教育冲突的某种妥协或变形。教育历史充满着争议，有了争议才有教育的进步。了解教育史能使教师明智，能从宏观的视角对教育现象做出正确地分析与判断。对中小学教师来说，完整地阅读中外教育史不容易，但生物学科教师应了解两方面的教育史。其一，可以试探性地了解某一个教育专题的教育史。例如，了解卢梭的教育思想对于进一步理解儿童是教育主体的思想具有重要的历史意义，卢梭开辟了现代教育理论的先河，触及遗传、环境、教育对人发展的作用问题。其二，生物学教师对我国生物学课程百年变迁和现代几次重大课程改革有深入的理解。可以试想，一个生物学教学研究者，在研究某个主题时，对生物学课程改革的历史不了解，这个研究就是不完整的、片面的。

例如《普通高中生学物课程标准（2017年版）》提出生物学核心素养，将核心素养作为教学目标，这与过去知识、能力和情感态度价值观的三维目标是什么关系？其矛盾、冲突、争议的内容也必将是新课程标准落地、落实的系列研究话题。同样地，我们以前将科学思维蕴含在科学探究中，而现在，科学思维作为学科核心素养与科学探究并列讨论，这里会存在哪些讨论的价值和意义呢？

【学以致用】

以下是某生物学教学期刊征稿简则中的内容要求，请分析讨论这些论文选题的内容具有什么特点。尝试在这些内容中选题，并说出选题理由。

生物科学综述：国内外生物科学的重要成就，侧重综合性，力求科普化；

教学参考：具有应用参考价值的教学基础资料，重点关注生物学核心概念；

课程标准与教材：生物学课程标准与教材的研究与解读；

教师教育：高等院校、中等学校和教育专业部门培养高质量生物学教师的实践及体会；

教育教学研究、课堂教学、信息技术应用、国外教育动态、现代教育论坛：生物学教育教学理论与研究、课堂教学设计、国外教育介绍、现代教育技术应用等；

考试与命题：生物学考试命题、解题与研究，全国及地方高考、中考生物学试卷分析及解读；

实验教学：生物学实验教学的研究、设计和实验方法的改进；

科技活动、学生实践与创新、科学·技术·工程学和数学（STEM）：生物学课外科技活动的成功案例，以学生为主体开展的探究式学习活动展示，将跨学科知识和技能融入实践活动实例等；

读者之窗：问题征答、读者对有关生物学问题的来信或建议等。

2. 亟待解决的教育实践问题

在选题时不要一味地追赶潮流，而是将其作为基础，把注意力放在自己教育实践中遇到的问题，若该问题能够通过研究的方式解决并指导教育实践，将其作为研究课题便是再合适不过了。

教育者在教育实践的过程中，往往会遇到各种问题，将实践问题不断提炼升华成理论问题进行研究。亟待解决的问题常见于"解而未尽"的教育理论中，现存的教育理论并不是唯一不变的真理，而是随着时间的推移逐渐接近真理，这就需要源源不断的教育者不断地补充和完善，研究者就可以从中选择课题。此外，亟待解决的问题也可以通过与该领域的专家讨论交流而得。之所以称之为专家，必定是对该领域的内容有较多的研究和独到的见解，在和专家的讨论中不但可以解决已有的困惑，还可以得到新的启示，从而产生新的选题灵感。

例如，随着互联网的普及，许多学校都制作了在线课程视频供学生学习，微课就是典型体现，那么，在这种大规模的在线学习中，学习者应该如何由传统的课堂教学转变成在线学习呢？因此，"大规模的在线课程中学习者的转变学习研究"[①]课题油然而生，讲解什么是在线课程学习，以及学习者在其中应该如何转变自己的角色，或是如何平衡课堂教学和在线学习的利弊关系。

又如，"浙江新高考深化完善方案跟踪与评估研究"[②]。新一轮的高考改革牵动着基础教育的敏感神经。上海和浙江作为改革的试点城市，分别实行不同的改革方案。该课题通过对浙江新高考改革的跟踪和评估研究，试图解决新高考先行先试中遇到的亟待解决的问题，为进一步全面铺开新高考改革提出综合

---

① 全国教育科学"十三五"规划 2018 年度课题立项。
② 全国教育科学"十三五"规划 2018 年度课题立项。

解决方案。

再如，《普通高中生物学课程标准（2017 年版）》中的学业质量标准是新提出的评价办法，这种新提出的评价办法与过去常用的评价办法是否存在矛盾或争议？显然，新课程标准的出台与新高考变革具有重要的联系。学业质量标准规定了合格性考试和等级性考试的学业质量评价标准，其评价标准与过去高考考试大纲是什么关系，有何变化，在这种变化中，其矛盾与争议就可能成为一个研究课题。

3．从教育研究中生成的问题

教师要养成研究的习惯，教育研究需要积累，往往一个研究的结束是另一个研究的开始。教育研究错综复杂，牵涉许多方面，解决一个大问题，常常需要先解决许多小问题，这就为新的选题产生了基础。

选题并非一次尝试就能成功，而是在不断地思考、修改、提炼中诞生的。教师在选题时，可以先确定一个大致的方向，亦即"规划"课题，初步形成研究框架和思路。在长时间对该方向研究的过程中，通过进一步的研究或资料的补充逐渐产生或明确新的选题。每一次题目的更换或修改都会对某个主题有更深刻的理解，但每次的更换并非完全另起炉灶，更应该是对该主题的升华。

例如，"一体四层四翼"视域下的高中生物教学与评价实证研究；基于创新创业教育的生物学课程教学体系改革探索；中学生物学科核心素养下的课堂教学实践研究等。都是基于某种思想的大环境下，对于课堂教学、教材或是考试评价体系的研究。

三、学科教学(生物)教育硕士论文选题的基本要求

2017 年 1 月，全国教育专业学位研究生教育指导委员会全体会议审议通过了最新的《全日制教育硕士专业学位研究生指导性培养方案(修订)》(教指委发〔2017〕04 号)，文件明确规定"学位论文选题应与专业领域和专业方向的培养目标相一致，来源于基础教育学校和中等职业技术学校的教育、教学和管理的实际问题""学位论文应符合研究规范并凸显应用价值，论文的形式可以多样化，如专题调查研究报告、实验研究报告和案例研究报告等。论文正文部分字数不少于 2 万字"。

根据文件的解释，学科教学(生物)硕士论文的选题应与基础教育生物学教育教学相一致，来源于中小学生物学教育、教学和管理的实际问题。论文选题应以"培养高素质的基础教育学校和中等职业技术学校专任教师和管理人员"为目标。学科教学(生物)硕士论文选题应注意以下几方面：

(1)学科教学(生物)学位论文选题必须聚焦中学生物学教育，不能以高等教育作为研究对象；一般情况下，不建议以纯"教育"开展研究，如"农村教师专业发展的需求研究"；也不建议以纯"生物学专业研究"等模糊性概念掩盖基础教育教师的特点。

(2)教育硕士是专业学位，研究的问题应具体且有实践支持，避免理论、概念、范畴、关系的纯学理思辨和宏观问题研究，要避免写成学术型学位论文。

(3)学科教学(生物)学位论文选题应聚焦基础教育生物学课程、教学、教材、技能培养等重点领域，应注意生物学教育专业方向的对应性，避免教育管理、心理健康教育及超专业方向的问题研究。

(4)学位论文形式可以多样化，如调研报告、案例分析、校本课程开发、校本教材编写、教材分析、教学案例设计等。研究内容要与具体实践相结合，避免简单表面的现状调查与问题分析，避免宏观性、学术性、政策性研究，要有典型性、代表性和特色性，应有清晰、专业的分析架构，应有较强的创新性和推广价值，避免简单罗列和介绍。

【学以致用】

某教育硕士生提出要撰写硕士论文"师范生科学知识观与课堂环境构建的相关性"，思路如下：

科学知识观：个体对知识本质和知识认识的所持有的看法和信念。

课堂环境构建：以学生为中心的建构主义课堂环境。

方法：问卷调查师范生，探析二者之间的整体关系。通过对在不同高中实习的10名师范生进行案例研究，利用半结构化访谈、课堂观察记录的方式为每位教师收集数据，将其科学知识观与实际的课堂环境的构建进行比较。

研究假设：师范生的科学知识观与建构主义课堂环境之间呈正相关关系。

研究预期：了解师范生科学知识观发展水平；师范生的科学知识观对课堂环境的构建具有一定的影响。要改变职前生物教师的课堂环境构建，可以从提高教师的科学知识观入手。

结合学科教学(生物)教育硕士论文选题的基本要求，讨论上述案例，你认为该硕士生的选题合适吗？为什么？

第三节 如何精致选题

【问题聚焦】

1. 为什么说选题要"精致"？

2. 选题应遵循哪些要求？

3. 选题应注意哪些策略？

4. 精致选题有哪些步骤？这些步骤各有哪些要求？

【案例研讨】

《普通高中生物学课程标准(2017年版)》颁布，使得核心素养在生物学教学中落地、落实并成为研究的热点之一。某教育硕士写了一篇论文《基于学科核心素养的生物教学研究》，期望能在某刊物上发表。该论文4000字，主要讨论了生物学核心素养的内涵，并以一节课的教学设计为例展开分析和讨论。另一位一线教师也做了一篇论文《基于科学思维发展的"有氧呼吸的过程"论证式教学》。请分析这两个选题，哪个选题更"精致"呢？

一、科研有道，选题亦有规律可循

选题是一种智商和情商的双重考验，既要有敏锐的智慧，也要有不懈的努力，常常面对失败仍能不气馁。在茫茫题海中多少人一生寻找，屡次申报，仍与国家项目擦肩而过，终身遗憾；多少人与项目频频相遇，成就一番事业。相遇一次是偶然，两次是或然，三次或走向必然。科研有道，选题亦有规律可循。

1. 选题需要遵循四大特性：价值性、创新性、聚焦性、量力性

作为一个研究问题，必须具备一定的理论价值或实践价值，理论价值用于补充当下教育理论的缺陷或是有所突破，而实践价值则是改善现有的教育情况进而满足人们对受教育者的期待。创新性是指研究的课题可以是补充已有的观点或者未被研究过的论点，可以从研究方向、内容、方法等多方面进行创新。聚焦性是指课题应该问题聚焦，切中要害，能抓住问题的主要矛盾，一针见血。量力性体现在以下几方面：①选题大小适度。若选题过于宏大，会造成无从下手。②选题的难易程度适宜。若选题过难或耗时较长，则不宜作为首选课题。相反，课题过于简单，可将其作为案例研究即可。③研究者具备了研究的基本条件。包括外部条件，如设备、时间、技术、经费等；内部条件，如研

究者已有理论基础、能力、专业方向等。

2. 选题的基本策略

(1)未雨绸缪。平时要多做积累，时刻关注教育发展前沿，关注教育最新的变化。不断深化自己的研究，探索未知领域，做出特色。成果上要多出论文，出高水平的论文，为申报新的选题做好铺垫。

(2)联想创新。通过分析对比已有课题(期刊或立项公报)，联系自身研究方向，积极创新，提出新课题。

(3)自下而上提出问题，是在教育研究中真实遇到的问题，是亟待解决的实际问题。选题最好是理论上顶天，实践上立地，上下贯通，中间触类旁通。通过将实际问题不断提炼，实现从实践到理论的研究方案。

(4)方向应切口小。课题的选择一定要落地、落实，能解决教育实践中遇到的一些问题，避免研究方向的空泛和虚化。选题要多从自身所处的教育环境入手，结合自身工作经验，制定明确、具体的研究题目。

3. 分清教研和科研的内涵

分清教研和科研的内涵是提高选题能力的关键，一线教师或教育硕士往往会分不清教学研究(教研)和教育科学研究(科研)的区别。教育科研是运用科学方法探求新的教育科学知识的活动。广义的教育科研可以分为三类：①狭义的教育科学研究，其任务是描述和解释教育事业、揭示教育规律，回答"教育是什么"问题。这一般是教育家所研究的。②教育哲学研究，其任务是提供教育价值取向和规范取向，回答"教育应该是什么"问题。这一般是教育专家所研究的。③实践教育学研究，其任务是在教育科学研究和教育哲学研究基础上为教育实践的具体实施提供理论指导，回答"教育应当怎么做(含应当做什么)"问题。这才是广大教育教学的教师们所研究的。但是，仍然要明确，实践教育学本身也不是实践，而是指导实践的理论研究，其最终也是走向理论。

教研广义上是教师对包括教学活动在内的所有教育实践的研究。狭义上，是指对教学工作的研究。研究对象包括教育实践各个环节、教育目标、教育内容的开发和组织、教育过程的实施、学生发展结果的评价等研究。

科研和教研的不同主要表现在以下几方面：

(1)范畴不同。科研是创造性的认识活动，属于理论范畴；教研是创造性的实践活动，属于实践范畴。

(2)目的不同。科研以学术为指向，直接目的是揭示教育规律，发展教育理论，丰富教育科学知识，为教育决策和教育实践提供理论指导。教研则以问题为指向，直接目的不是构建普遍性的教育理论，而是改进实践效果，提高实践质量，促进学生全面发展。

（3）思维路线不同。科研的思维路线有两条：一是从实践到理论的归纳路线，即通过对大量教育实践的抽象和概括，得出普遍感性的理性认识。二是从理论到理论的演绎路线，即从一般公理出发，推导出较为具体的一般结论。教研的思维路线则主要是从理论到实践的具体化。

教研课题用来发表一般论文是没问题的，4000 字以下的生物学教学研究论文的题目往往是教研选题。但是作为申报项目课题或发表 CSSCI 刊物的论文，一般都需要基于科研水平的选题。通常，我们应该以科研项目选题，以教研课题作为实践，基于自下而上、从实践到理论的原则开展教育科学研究。

【学以致用】

科研选题：生物学科论证式教学与中学生论证能力的关系研究（2014 教育部重点）；新高考下选考选课选学研究（2017 国家一般）。

教研选题：初中生物学概念教学的策略研究；提高高中生物实验课教学质量的策略研究。

分析讨论上述两类选题示例，说出科研选题和教研选题的联系与区别。

二、选题的一般步骤

1. 提出问题

提出一个有价值的问题是选题的第一步，也是最关键的一步。如何提出一个有价值的选题？一个课题首先映入评委眼帘的是题目，即要解决的具体、明确的问题，注意这是该课题聚焦的点，而不是要研究的面。选题的价值就在于选出重要且亟须解决的问题，聚焦这个问题点。通过不断提炼和聚焦问题点，锁定选题。

问题的提出往往比解决问题本身更重要。课题要提出重要的问题、真正的问题、亟须解决的问题。课题是用来解决问题的，不是所有的问题都值得研究，课题要具有研究价值。一个问题要上升为课题，要满足多方面的条件，其核心就是价值性、可行性的讨论。主要从以下几方面考量：①问题是否突出地存在；②问题是否具有广泛性，困惑学界；③问题是你这个层次能解决的。超越你能力的问题也是没有意义和价值的；④是否有相对明确的思路或解决方法。

【案例研讨】

张老师从教有五年了，身处山区一所高中。在教学实践中，张老师发现所在学校不重视高中生物课程，校长不重视、学生也不重视，常常出现生物课被其他老师抢课堂的现象。于是，他决定开展"论高中生物课程的必要性"的研究。通过查阅文献、引经据典去证明在高中阶段开设生物课程的必要性。可是，一段时间后，他发现申报市级的课题没有被立项，自己撰写的相关论文也被编辑部拒绝了。他很困惑、迷茫。

为何张老师的选题不能立项，文章不被发表？请从选题的价值和意义上进行分析讨论。面对张老师遇到的问题，聪明的你，又会从哪个角度立意选题呢？

提出的问题除了要遵循四大特性（即价值性、创新性、聚焦性、量力性）之外，还需要考虑该选题其他人研究的结果如何？遇到了哪些瓶颈，如何解决？如何在已有的理论基础上继续深度研究？研究思路和框架怎么设定？现有的条件和设备，能否支撑该研究？在思考这些问题的同时，论文的选题和框架就会逐渐清晰起来。

2. 聚焦问题

问题提出后，要对问题进行提炼和聚焦。首先，基于自己的学术方向和兴趣，通过文献检索，了解该领域最新思想动态，阅读的高水平文献应不下 30 篇，从中整理出 4～5 个选题，并了解他人在每个选题的研究方向、框架和思路。其次，整理近几年自己发表的文章，结合该领域的最新研究成果，从以上 4～5 个选题中筛选出 2～3 个选题。这一步很关键，课题研究总是应有连贯性，在自己已有研究成果的基础上开展新课题的研究，是开展课题研究的一般过程。再次，结合课题指南（如果有的话）、研究的目的和已有的研究条件，选出 1～2 个选题。最后，从这 1～2 个选题中，通过专家咨询或再次文献阅读，最后选出 1 个能够持续研究几年以上的，具有创新性的选题作为申报对象。

【案例研讨】

又到了每年申报省教育科学"十三五"规划 201×年度课题的时间了。刚刚从教 3 年的李老师跃跃欲试，期望通过课题研究提高自身的教育教学水平。可是，他听说申报课题一般都需要发表相关论文，作为课题研究的前期积累。他很郁闷，因为工作的这三年，既要当班主任，又要适应新教师教学工作，没有时间写论文。

他很困惑，他能够去申报课题吗？

3. 解析题目

解析题目又称解题，就是对选题的解释和分析，包括对题目的认识和简介选题的来源。解题就是把题目打开，对每一个关键词做限定或说明。解题的结果往往就浓缩成了申请书的精华。其目的是让专家能够看懂你的课题，认可你的课题。若选题是由指南中的某一选题演化而来的话，可以对此进行简短的说明，若是自选则不用。解题时要阐述研究的对象、方法、目的、内容、结论、意义、创新点等方面内容，熟记选题的核心概念和主题概念，从而对该选题有全面、清晰的了解。这时候，可以是还未开始写申报书，只是申报者在草稿上构建的一个思维蓝图；也可以是已经写好了申报书的初稿，过段时间再对申请的课题名称重新审视，以求精致定题。

4. 精致定题

经过提出问题、聚焦问题和解析题目，最后要对选定的题目加以完善，精致定题。

首先，对选题进行"瘦身"，消除题目中虚词虚字，使词与词之间联系紧密。例如："强调新课程标准核心素养价值的中学生物教学模式研究"。该题目冗长，且不聚焦。分析关键词应包括：核心素养、价值、教学模式。在这里出现了新课程标准和核心素养两个关键词，事实上，核心素养写入了新课程标准，两者重叠，可删去新课程标准；"强调"和"价值"表述过于烦琐，不够简洁，可以删去"强调"，将"价值"改为"价值取向"；"教学模式"过于宽泛，研究内容不聚焦，可以进行范围缩小，如"实验教学""概念教学""探究教学"，抑或"生命观念""科学思维"等。最后修改为"核心素养价值取向的高中生物实验教学模式研究"

其次，对较长术语进行"瘦身"。简短的词语易于记忆和传播，精练的短句比冗长的术语更加让人印象深刻。例如，"翻译和介绍"可以瘦身为"译介"，"对比和翻译"可以瘦身成"比译"等。

再次，对符号的"瘦身"。在题目中，除特殊情况，尽量不要出现括号、冒号、书名号等符号，会让人觉得题目过于冗长，负担较重。可以将冒号、括号或书名号里的内容加以修饰，用简短的词代替。例如：基于永福花乡资源的《花文化》校本课程开发的研究。其中，永福的花乡资源就是花文化的代表，重复用书名号体现花文化显得重复累赘，可以将《花文化》删去，直接以"基于永福花乡资源的校本课程开发的研究"呈现即可。

最后，就是精致定题，如何快速抓住评委眼球，吸引评委的注意力是选题是否能够通过的关键，题目的表达至关重要。怎么做呢？可以通过以下三个小技巧来吸引评委的眼球，使题目更具吸引力：①巧用动词。动词的使用能够使选题更有活力，呈现动态美。例如，"面向 STEM 教育的教师教学能力的评价与提升研究"，首先是对教学能力的"评价"，其次是在"评价"基础上的"提升"，动词表达到位，意义深刻。②多用形容词。形容词可以体现研究对象的价值。例如，"深度教学发展生物学核心素养的实证研究"，"教学"前面加上形容词"深度"，使题目蕴含更深层次的意义。③巧用冒号。许多课题中，采用冒号来表达研究的范围、内涵、方法或结果，题意显得更加简洁、有力。例如，a.体现研究手段，"不同音乐呈现方式在审美教育中的作用：基于行为与脑电的分析"；b.体现研究目的，"STEM教育创新与实践：中小学机器人课程建设的研究"；c.体现研究范围或领域，"形式与功能：中美芬数学课堂关键教学行为比较研究""什么知识改变命运：知识类型及其获得与阶层流动机制的'中国经验'研究"。用短语或问句强调研究问题，用冒号后的内容来阐述短语或问句表达的内涵，这种表述方式也是一种常见的吸引眼球的办法。

另外，我们需要让选题在精致的基础上具有新意。①要避免题目全部由熟悉的词语构成，既无原创性全新术语，又无由旧术语构成的组合式新术语。所谓"熟即俗"，太熟悉了就落入俗套。例如，"对生物学教学的研究""如何提高课堂效率"等，类似的题目毫无新意，也不具有再研究的价值。再如，"基于素质教育的信息技术课堂实践研究"，题目显得老套，缺乏创意。但是，若改成"基于生物学核心素养的智慧课堂实践研究"，则会好得多，既能缩小研究范围，也能紧密联系当前研究热点。②避免使用残缺或欠科学的词语，如"论证探究式教学的实证研究"，到底研究"探究式教学"，还是"论证探究式教学"，在题目上就存在理解上的歧义，会让人捉摸不清，认为作者对重要概念存在认识模糊。③语言表达口语化，概念不清，层次不明。如"基于STEM理论下有关生物学的分析研究"，"有关"是什么意思？生物学哪方面的研究？考试评价？生物教学？还是生物学发展前沿？没有交代清楚，且口语化严重，可以将"有关""分析"等词语删除，改成"基于STEM理论的生物学考试评价研究"或是"基于STEM理论的生物学课堂教学策略研究"，语言表达精练且层次分明。④题目冗长欠简明，词语化程度不高。一般情况下不建议用副标题。⑤题目欠鲜明，或无动词，少动态；或无形容词，少价值判断；或无褒贬，态度不鲜明，未突出核心内容。

【学以致用】

分析下列教育硕士论文题目，从精致选题的角度，分组讨论这些题目可能存在的问题，应如何修改。

- 初中学生科学探究过程技能的调查及其培养策略
- 对话视野下的普通高中生物学有效课堂提问研究

- 多媒体计算机辅助教学在生物教学中应用的研究
- 高中生物新课程情境教学理论和实践性研究
- 高中生物教学中实施合作学习促进学生发展
- 中学生物教学物理模型设计
- 结合教材分析新课标高考生物图表题并提出备考策略
- 积极心理学在高中生物教学中的应用初探
- 高中生物学习兴趣的现状调查及其培养策略研究
- 高中生物课程中的遗传学教与学的解析

第四节 教育研究课题申报

【问题聚焦】

1. 发布课题的单位有哪些？哪些是国家级课题，哪些是省级课题？
2. 申报课题的程序是什么？包括申报时间、申报网站、提交材料等。
3. 撰写申报书的关键是什么？应做哪些前期准备？
4. 分析申报案例，从选题、论证、语言表达、格式等谈谈自己的体会。

【案例研讨】

201×年，××中学的生物学科叶老师申报全国教育规划课题，获得教育部重点课题立项。市教育学院专门为叶老师召开了一次由全市生物科教师参与的开题报告会，报告会邀请了高校生物学课程与教学论的教授、省教科所研究员、市教育学院正高级中学教师等参加课题开题论证。会后，不少生物学科教师询问叶老师，要怎么申报全国性课题？你是怎么申报的？

申报课题是一件很烦心的事。既要阅读大量的文献，还要做周密的设计和论证。一个较高水平的课题申报，往往少则3个月，多则半年、一年。申报课题，做好打硬仗的思想准备是必需的。更为关键的是，怀揣满腔心血的申报书提交系统后，往往石沉大海，很是折磨人。事实上，我们可以反过来想，假如我们撰写的申报书都能成功的话，课题申报岂不是太简单了？正确的申报心态应该是持之以恒、不气馁。要视每一次落选都是头一遭，屡败屡报；每一次申报都有新感觉，在题海中不断超越自己；每一次申报都出乎意外，常有发现，常有惊喜；每一次命中都令人骄傲，短暂骄傲后迅速总结经验。

一、教育研究课题申报简况

教育是推动国家繁荣昌盛的主要动力之一。各级各类教育部门十分重视教育科研工作，每年都会发布定量的教育研究项目供广大教育者申报。涉及发布课题的单位除了全国教育规划办和教育部人文社科外，各省市各级各类的课题类型也很多。这里仅分析讨论三个重要的课题来源：全国教育规划课题、教育部人文社科课题、省教育规划课题。针对中小学教师科研，一些省市教育主管部门给这些课题定性的时候，往往把全国教育规划课题、教育部人文社科课题归为"国家级课题"，把省教育规划课题等归为"省级课题"。高校认定课题级别会更加精细和准确，只有国家社科基金才属于国家级课题，教育部重点、教育部青年、教育部人文社科、省社科基金等属于省部级课题，省市教育规划等课题一般就不做认定了。

全国教育规划课题、教育部人文社科课题、省教育规划课题均有相应网站，网站上都有相应的申报通知，申报通知中包括申报办法、课题指南、申报书、活页、汇总材料等。将这三大类课题汇总比较，如表 1-3 所示。其中，省市教育规划课题以福建省为例。

表 1-3　全国教育规划办、教育部人文社科(一般项目)和省教育规划办申报汇总

项目	全国教育规划办	教育部人文社科(一般项目)	省教育规划办
申报网站	无	https://www.sinoss.net/ 中国高校人文社会科学信息网	http://www.fjedusr.cn/html/lm02/ 福建省教育科学规划领导小组办公室
项目种类	国家社科基金年度项目：重大招标课题(50万元)，重点课题(35万元)，一般课题(20万元)，青年基金课题(20万元)，西部项目(20万元)，教育部重点课题(3万元)，教育部青年专项(2万元)	一般项目： 规划基金(≤10万元)， 青年基金(≤8万元)， 自筹经费(≥8万元)， 专项任务项目(各项资助金额不等)、西部和边疆地区项目、新疆项目、西藏项目等	重点课题(有一定经费) 一般课题(经费自筹)
研究周期	国家重大、重点招标课题2年内完成；其他类别课题在1～3年完成，最长年限不超过5年	3年，可申请延期1～2年	2年

续表

项目	全国教育规划办	教育部人文社科(一般项目)	省教育规划办
申报指南	只设国家重大和重点招标课题指南,其他类别课题不设指南,由申请人自拟课题名称申报	除专项任务外,一般项目不设指南	无
申报对象	大学、中小学幼儿园教师(大学为主)	大学	大学、中小学幼儿园教师(中小学幼儿园为主)
学科范围	教育基本理论;教育心理;教育信息技术;比较教育;德育;教育经济与管理;教育发展战略;基础教育;高等教育;职业技术教育;成人教育;体育卫生美育;民族教育;国防军事教育;教育史	马克思主义/思想政治教育;哲学;逻辑学;宗教学;语言学;中国文学;外国文学;艺术学;历史学;考古学;经济学;管理学;政治学;法学;社会学;民族学与文化学;新闻学与传播学;图书馆、情报与文献学;教育学;心理学;体育学;统计学;港澳台问题研究;国际问题研究;交叉学科/综合研究	无明确规定 课题结合具体的工作岗位、专业、院校和区域特点选择研究主题,鼓励申报反映国家、福建教育教学发展趋势的前瞻性、创新性课题
申报受限	同年度申请国家自然科学基金、国家社科基金、教育部人文社会科学及其他国家级科研项目的负责人不能申报全国教育科学规划课题	申请国家社科基金年度项目(包括重点项目、一般项目、青年项目)、后期资助项目、西部项目和单列学科项目的负责人同年度不能申请教育部一般项目(含专项任务项目)。同一申请者以不同题目、不同内容也不能同时两边申报 申请国家自然科学基金项目的负责人可以同时申报教育部一般项目,但在教育部一般项目批准立项前获得国家自然科学基金项目者视为在研项目,将取消教育部立项资格	承担省教育科学规划立项课题未结题者不得申报;已经获得省级课题立项者,不得以同一内容和题目申报

1. 全国教育规划课题

全国教育科学规划课题由全国教育规划办管理，课题类型包括国家重大和重点课题、国家一般课题、国家青年课题、教育部重点和教育部青年课题。除教育部重点和教育部青年课题外，均为国家社科基金。可以说，全国教育规划办管理了来自国家社科和教育部教育规划的两个类型课题。国家重大招标和重点课题设有课题指南，其余不设指南。课题实行同行专家通讯评审初评和专家会议集中复评的方式。中小学和幼儿园申请人申报课题，实行单列单评，并给予一定比例的立项数量倾斜，这也是中小学和幼儿园教师每年占有一定比例的保证。高校申报全国教育规划课题可以由高校社科处上报，中小学幼儿园往往要由所在的省教育规划办负责上报。

全国教育科学规划课题申报，要体现鲜明的问题导向和创新意识，着力推出体现国家水准的研究成果。基础研究要密切跟踪国内外学术发展和学科建设的前沿和动态，着力推进学科体系、学术体系、话语体系建设和创新，力求具有原创性、开拓性和较高的学术思想价值；应用研究要立足党和国家事业发展的需要，聚焦教育发展中的全局性、战略性和前瞻性的重大理论与实践问题，力求具有现实性、针对性和较强的决策参考价值。

【学以致用】

分析表 1-2 中全国教育科学"十三五"规划 2018 年度立项课题，从选题的角度尝试分析这些立项的研究内容和意义，是否能从中找到选题的思路？

2. 教育部人文社科课题

教育部人文社科基金每年申报一次，面向人文社科领域，其中也包括教育领域。以 2019 年申报情况为例，共立项 3098 项，其中教育领域立项 239 项。教育部人文社科面向高校申请和立项。采取"双盲"形式匿名评审，即函评专家和作者彼此都不知道对方是谁，评审过程严格且公平。

申报课题要体现鲜明的时代特征、问题导向和创新意识；基础研究要密切跟踪国内外学术研究前沿和学科建设需要，体现具有原创性、开拓性的学术创新价值；应用研究要立足党和国家事业发展的需求，聚焦全局性、战略性和前瞻性的重大理论与现实问题，体现具有针对性、实效性的决策参考价值。

【学以致用】

以下是 2019 年教育部人文社科基金立项课题，从选题的角度尝试分析以下项目的研究内容和意义，是否能从中找到选题的立意？

2240 高中数学核心素养理论框架的实证及实践研究

2251 小学生数学核心概念学习进阶的构建与诊断

2271 中学教师核心素养教学倾向水平测量、发展机制和提升实验研究

2273 小学科学教育中 STEAM 与创客整合的路径研究

2274 中小学核心素养测评的模型建构与实证研究

2279 学习科学视域下深度学习机制及实践体系的探索与应用研究

2301 新高考背景下选学选考制度改进策略研究

2309 学科核心素养的发展机制及其应用研究——基于知识分类学的视角

2316 基于问题情境仿真的数学应用题表征辅导系统研究

2342 核心素养视域下小学科学学业测评研究

2349 选课走班背景下班级形态变革与班级生活重建研究

2417 学科核心素养统领的信息技术项目教学设计研究

2454 指向核心素养的数学课堂教学质量测评指标体系构建与工具开发研究

2470 智慧教室环境下中小学生学习适应性研究

3. 省教育规划课题

福建省教育科学"十三五"规划年度课题由福建省教育科学研究规划领导小组负责，每年发布教育科学研究课题，课题分为重点课题和一般课题，主要面向中小学幼儿园教师，重点课题也有面向高校申报。以 2018 年为例，确定批准立项的课题总数为 861 项。其中重点自主课题 100 项，研究周期一般为 2 年。

【学以致用】

以下是 2018 年福建省教育科研规划立项的有关生物学科的课题，从选题的角度尝试分析以下项目的研究内容和意义，是否能从中找到生物学教育科研选题的思路？

229 核心素养指向下生物单元评价的命题设计研究

317 山区学校低成本生物实验教学资源开发的研究

337 体验式学习在高中生物核心概念教学中的应用研究

244 信息化环境下学生物理批判性思维培养的研究

441 基于 STEM 教育的高中生物建模研究

474 基于自主学习的高中生物大概念教学实践研究

519 基于学科核心素养的中学生物智慧课堂研究

249 生物学学科核心素养视域下的项目式学习实践研究

二、如何撰写申报书

1. 做好充足的前期准备

申报前期需要时刻关注相关网站的申报通知，各课题网站的申报通知所公布的申报时间各不同，即使同一个申报单位每年的申报时间也可能发生变化。因此，需要及时关注网站通知，严格遵守申报要求。在规定的时间内提交申报书，超过时间限制，系统关闭，也就意味着只能明年再来了。

申报的前期准备绝不是等申报通知出来后才开始的，而应该是半年甚至一年前就开始准备了，主要包括了解申报规定、选题、文献收集、综述、撰写申请书，等等。

2. 课题论证是关键

(1)申请书基本构成

教育类课题申报书主要包括选题依据、研究内容、思路方法、创新之处、预期成果、研究基础、参考文献等板块。

申报课题往往需要递交申请书和课题论证活页(以下简称"论证活页")。申请书包含了申请的所有信息。论证活页是用来函评的，论证活页主要体现课题的论证内容，不得直接或间接透露个人信息或相关背景资料，否则取消参评资格。

选题依据是至关重要的第一步，这在前面的内容已做大量的阐述。主要介绍国内外相关研究的学术史梳理及研究动态，综述要完整、深入；本课题相对于已有研究的独到学术价值和应用价值等。

研究内容就是阐述本课题的研究对象、总体框架、拟突破的重点难点、主要目标等。

思路方法介绍本课题研究的基本思路、具体研究方法、研究计划及其可行性等。

创新之处要体现出本课题研究在学术思想、学术观点、研究方法等方面的特色和创新。

预期成果是展示成果形式、使用去向及预期社会效益等。

研究基础体现课题负责人前期相关研究成果、核心观点等。

参考文献是展示开展本课题研究的主要中外参考文献。

(2)课题论证要严密、精要

论证至精体现在两方面，其一，选题各关键词之间推理严密、逻辑清晰；其二，论证活页各部分之间关系严密，逻辑性强，体现在文献深入、全面，研究思路、方法得当，框架设计合理、预期可期等。论证应环环相扣、步步推进。

选题依据、创新之处和研究基础是评委主要看的三部分，被广大教育研究者称为"金三角"。首先，选题依据是判断该选题是否有价值的标准之一，是否有研究的必要，是评委关注的重点。当评委认同该选题的意义之后，便会将目光移到"创新之处"，选题具有意义，但研究的内容都是别人研究过的，或是较为陈旧的话题，则选题被批复的概率就会降低。若选题具有一定的新意，有作者独特的见解或研究思路，便可进入下一步"研究基础"。评委需要先了解，申请人或是参与人前期做了哪些相关研究，前期的准备是否足够，已有研究的核心观念是否鲜明等。"金三角"是评委重点看的三个项目，做好这三者的课题论证是课题申报成功的关键。

（3）各板块布局合理，详略得当，语言清晰流畅

申请书受文字限制，各板块整体布局要讲究，应注意轻重缓急，宜松紧结合。如研究内容是重点，一定要充实、切忌空洞，论证要严密翔实；思路方法要明晰，图示往往更容易说明研究的思路，也能使申报书庄谐并重，增加文本的活泼性；文献综述要简要精练、点到为止，不可面面俱到；研究价值适当，既体现有较大的研究价值，也不过于夸大；创新之处和预期成果要明晰，不可过于展开，含混不清；研究基础重在体现前期的研究课题和已发表的研究成果与本课题的关系。

申报书重在"认真"，要敬畏学术，如履薄冰。要强调学术的严谨性，但也不要流于呆板。语言表达流畅，分寸有度，标号清晰准确，切忌出现错别字等低级错误。

三、生物教育科学研究课题申报案例

【案例研讨】

课题名称：核心素养导向的科学课程高中学业水平考试实施策略与命题研究①

一、本课题研究的理论和实际应用价值，目前国内外研究的现状和趋势（限2页，不能加页）

（一）课题研究的理论与实际应用价值

2014年9月，国务院印发了《关于深化考试招生制度改革的实施意见》（国

---

① 2016年撰写，2017年获得教育部人文社科规划基金立项。受篇幅限制，仅呈现部分内容。

发〔2014〕35 号），由此拉开了新一轮高考改革的序幕。文件要求"完善高中学业水平考试"，积极"探索基于统一高考和高中学业水平考试成绩，参考综合素质评价的多元录取机制"。根据"统筹规划、试点先行、分步实施、有序推进"的实施原则，上海、浙江两省市对自 2014 年入学的高中生开展了先行先试。根据计划，2020 年全国所有省市均要实施新考试招生制度。2014 年 12 月，教育部出台《关于普通高中学业水平考试的实施意见》（教基二〔2014〕10 号），明确了普通高中学业水平考试实施的具体办法。学业水平考试的任务是检验学生学习程度，并作为学生毕业和升学的重要依据。由此，学业水平考试正式纳入高考人才选拔的体系。既往的高中会考、已有高中学业水平考试都将被新一轮高考改革背景下的学业水平考试所取代。

正值考试招生制度改革之时，为把党的十八大和十八届三中全会关于立德树人的要求落到实处，教育部出台了《关于全面深化课程改革，落实立德树人根本任务的意见》（教基二〔2014〕4 号）文件，要求研究制定学生发展核心素养体系和学业质量标准。核心素养被置于深化课程改革、落实立德树人的基础地位。明确学生应具备的适应终身发展和社会发展需要的必备品格和关键能力，突出强调个人修养、社会关爱、家国情怀，更加注重自主发展、合作参与、创新实践。核心素养体系由各学科核心素养组成，构建学科核心素养成为当下各学科课程专家研究的热门话题，也是新一轮高中课程改革的重点内容。各学科高中新课程标准即将出台，新课标将学科核心素养置于学科课程的核心地位，成为构建课程目标和课程内容的基本理念。

本项目主要研究基于学科核心素养导向的科学课程（物理、化学、生物）学业水平考试的实施策略和命题研究，其根本任务是明确科学课程的核心素养及其共同本质特征是什么。基于这些核心素养要求，借鉴国外先进的教育测量与评价理念，按照新一轮考试招生制度改革和课程改革的精神，依托上海、浙江的先行先试经验，研究讨论新时期学业水平考试的实施策略，确定科学课程（物理、化学、生物）学业水平考试的考试大纲及命题要求。为全国各省市在不久将来实施的新一轮考试招生制度改革，提供学业水平考试实施的一揽子解决方案。

（二）国内外研究的现状和趋势

1. 核心素养

21 世纪信息化、全球化时代的特征，给面向未来的教育带来了巨大的冲击。许多国家、地区及国际组织都在努力研究制定基于核心素养的教育和课程标准，期望在核心素养统领下以教育和课程标准为抓手，施行教育改革。在联合国教科文组织(UNESCO)、欧盟(EU)、经济合作与发展组织(OECD)等国际组织推动下，世界各国纷纷研制学生核心素养导向的课程标准，我国正在组织修订的课程标准就是以核心素养为中心的新一轮课程改革(邵朝友，2015)。然而，我国对核心素养的研究尚处于起步阶段，国外发达国家对核心素养的研究较为丰富，架构相对成熟。英国继续教育联盟(FEU)最早提出核心素养，曾提出100多个关键能力，这些能力被描述为"素养"，并且分为社会技能、科学技术、创新发展等十个领域(Haworth David，1992)。澳大利亚梅耶委员会(Mayer Committee)1992年提出核心素养是个体融入社会、高效率参与工作不可或缺的基本素养，能以知识、能力整合的方式应用于解决实际问题。梅耶委员会提出了获取信息能力、计划组织能力、合作能力、数学能力、解决问题能力等素养分支(Haworth David，1992)。21世纪，经济合作与发展组织(OECD)在"素养的界定与遴选：理论和概念基础(DeSeCo)"项目中提出了核心素养的总体框架，为世界各国建立本土化的核心素养体系提供了重要参考。DeSeCo通过多学科联合，归纳出"能在异质社群中互动""能互动地使用工具""能自主地行动"等核心素养(柳夕浪，2014)。2006年，欧盟议会(European Parliament)和欧盟理事会(European Council)提出了"终身学习"的八大核心素养，包括母语交往、外语交往、数学、信息、学会学习、社会公民、创新、表达等素养。核心素养是具有多种功能的技能和态度，是个体获得成就和自我发展，融入社会，胜任工作的必备素养，强调核心素养的培育要在义务教育阶段完成(Matida Karamatic Brcic，2014)。

《人民教育》社评提出：学生核心素养是指学生应具备的适应终身发展和社会发展需要的必备品格和关键能力。从价值取向上看，它反映了学生终身学习与国家社会公认的价值观；从指标选取上看，它既注重学科基础，也关注个体适应未来社会生活和个人终身发展所必备的素养；核心素养不仅反映社会发展的最新动态，同时注重本国历史文化特点和教育现状。钟启泉(2015)认为核心素养是指"学生借助学校教育所形成的解决问题的素养和能力。核心素养是作为客体侧面的教育内容与作为主体侧面的学习者关键能力的统一体而表现出来的"。核心素养应当以个体在现在及未来社会中应该具备的关键能力、知识技能及态度情感价值观等为重点，强调个体能够积极主动，并且具备一定的方法获得知识、技能。学科核心素养是个人通过该学科的学习而获得的学科知识、技能、方法与观念，能够从学科的角度或视野观察事物，应用掌握的学科技能解决相关问题的涵养(汤国荣，2015)。学科核心素养是该学科最本质、最关键的东西，能满足个体终身发展所必备的学科思维与方法，具有个体性、稳定性、关键性、再生性和实践性的特点(常珊珊，2015)。

2. 国内外高中学业水平考试

学业水平考试(Achievement Test，简称"学考")又称学业成绩测验，用于评价学生的学习效果，为诊断学习提供反馈，或为毕业升学提供依据。国外对学考多从测试命题范围或目的进行定义，如用来测量预定内容的学习程度，取得的成绩或测量某个学习阶段后的掌握程度，可在国家、地区或学区进行，一般基于课程标准界定的目标进行测评。美国"国家教育进步评估(NAEP)"主要用于监控国家基础教育质量，与大学招生无关。韩国的"学生学业成就度评价"以及我国台湾地区的"台湾学生学习成就评估(TASA)"也属于此类考试。州层面的"学生学业水平考试"用于检测学生学业水平和州教育质量，作为高中毕业文凭的依据，同时与大学录取相关。"诊断性评价"则服务于日常教学活动。英国中等普通教育证书(GCSE)考试、德国的高中毕业文凭考试(Abitur)、澳大利亚新南威尔士州的高中证书考试(HSC)、芬兰、俄罗斯的高中学业水平考试均有高中文凭认定及大学录取的参照功能(杨向东，2010)。日本的高中毕业程度认定考试，作为高中同等学力认证的同时，合格者即获得大学入学资格。法国的高中毕业会考在历经了两个世纪的长足发展后，形成了自己独特的优势，表现在会考科目设置涉及职业技能领域、毕业考试成绩和学生的平时成绩联系密切、业士文凭证书"含金量"高等特点(王兆璟，2016)。

我国的学考经历了两个阶段。第一阶段是普通高中学生学业基础会考(俗称"会考")，主要是检验学生高中阶段学科学习程度，是学生毕业的重要依据。第二阶段是随着2004年新一轮课程改革，一些省市将"会考"改为高中学业水平考试。不论何种学考或会考，由于定位错误，普遍不受重视。新一轮考试招生制度改革要竭力避免重蹈传统学考名存实亡的覆辙(陶百强，2015)。要将学考成绩纳入高考体系，应从五个方面对学考进行相应的改革：重新认识并定位新高考下的学考的地位、实现学业水平考试的专业化、改革学业水平考试成绩的表征方式、保证考试结果的公平性和建设学考试题库(周剑清，2016)。当前，上海、浙江在先行先试中提出了各自的学考方案，都在新高考改革的实施中不断地总结经验化解学考的阻力和矛盾，在学考改革的宏观层面上取得了较大的进展。但对于学科、领域以及高中毕业学业水平标准的微观层面研究未见更多的文献资料，下一步实施学考命题与管理将面临诸多困难。张远增(2016)提出，高中学业水平考试要突破三个问题：构建学考标准体系、构建学考测试体系的制式结构、构建学考运作体系的架构等。其中标准体系由学科学业水平标准、领域学业水平标准及高中毕业学业水平标准构成；测试体系由学科学业水平考试和领域学业水平考试构成，每一种考试的测试工具都有自己的制式标准；运作体系由组织者、执行者、考生及保障系统构成。

新一轮高中课程标准即将出台，构建学科核心素养和学业质量标准是新课程标准的重要特征。学业质量标准是核心素养和课程内容结合后制定的水平标准，用以指导教师课堂教学和教育评价。依据学业质量标准，考试评价能够更好体现对学生能力素养的考查，促进核心素养在教育评价领域落地（辛涛，2016）。未来高中学业水平考试将以学科学业质量标准为依据开展与实施。可以预见，应用学业质量标准构建高中学业水平考试的标准体系将成为未来学考的工作重心和研究重点。

二、本课题的研究目标、研究内容、拟突破的重点和难点（限 2 页，不能加页）

（一）本课题的研究目标与研究内容

目标1：研究并构建适合纸笔测验的科学课程核心素养考查目标

（1）明确核心素养与学科课程的关系，横向整合、融会贯通科学课程核心素养。

核心素养指导、引领、辐射科学课程教学，彰显科学课程教学的育人价值。核心素养的达成，也依赖科学课程各个学科独特育人功能的发挥。核心素养还是学科壁垒的"融化剂"，以核心素养为基础，科学各课程教学将实现统筹统整。从国际上看，学生核心素养和学科核心素养之间的基本关系呈现出两种具体的实践样态。一是"一对多"的关系，即每门学科都要承担起所有核心素养的培养责任，如新西兰；二是"一对分"的关系，即一门学科侧重承担核心素养的某个方面，如我国台湾（邵朝友，2015）。一个具有学科素养的人，应该表现出形成了该学科思维和方法的习惯，它富有底蕴，且自然显露。一个具有学科核心素养的人，还会对学科知识产生信任感、依赖感、归属感以及忠诚感（李艺，2015）。本研究将以物理、化学、生物三门自然学科在核心素养中所承担的"科学素养"为研究目标，明确科学课程的统一特征，努力打造核心素养导向的科学课程素养体系。强调课程的整合性、注重科学课程之间的相互融合。依靠课题组现有掌握的物理、化学、生物最新课程标准修订征求意见稿，从科学本质观、科学思维与方法、科学实验和科学社会观等方面，凝练三个学科作为科学课程的共同核心素养特征。

（2）将学科学业质量标准提升到科学课程层面，构建适合纸笔测验的科学课程核心素养考查目标。

科学课程的核心素养并不能都通过纸笔测验进行评价，如生物学实践价值观，就无法通过纸笔考查考生是否能够"乐于传播生物学知识和健康的生活方式，自觉抵制不良习惯和生命问题上的虚假宣传"。教育评价的实践层面，应将核心素养落实为具体的学业质量评价体系，明确评价的具体办法。在研究中，我们不仅要注意到每个学科的核心素养学业评价质量标准，还要注意到将物理、化学、生物的学科考查提升到科学课程的层面。因为在个体运用科学技术解决实际问题中，面对的是一个复杂的情境，应用科学课程的核心素养解决实际问题具有十分重要的意义。课题组将努力总结出科学课程共通的素养特征，并尝试与学科核心素养水平要求相结合，构建适合纸笔测验的各学科学业水平考试命题的考查目标。

实验操作是科学课程共有的一大特征，实验操作技能应通过单独的实验考查完成，设计各学科实验操作项目及技术指标的评价办法也是本课题重要的研究内容。

目标2：高中科学课程学业水平考试实施策略

高中学业水平考试具有两个功能，高中毕业认定和高考成绩计分。上海实施先合格性考试，后等级性考试，合格性考试用于高中毕业认定，等级性考试用于高考成绩，等级性考试只占70分。浙江则将学考和选考两场考试合二为一，采用"同场加试"的方式，选考多用30分钟，多考30分，最后以100分计入高考成绩。上海的等级性考试70分，在高考成绩中占比合理吗？浙江选考纳入高考成绩，仅仅是多了30分，命题范围却增加了3个选修模块，能有区分度吗？赋分是否还从40分开始呢？诸如此类，已有许多教育专家或社会人士对高考改革方案提出了诸多质疑。

课题组将依照国务院、教育部关于深化考试招生制度改革和高中学业水平考试的文件精神，参考国际有益经验，分析研究我国学业水平考试历史发展轨迹，讨论上海、浙江先行先试办法，在比较研究和实践中总结出适合"大片区"使用的若干学业水平考试方案。"大片区"可以地域划分，也可以属性相似划分，如以经济发展或教育发展水平进行归类。实施方案包括：考试性质、考试原则、考试科目与类别、考试内容与方式、考试组织与实施（对象、考试次数、组织形式、时间安排）、成绩评定与使用办法等。实施策略与方案能为2020年前逐步进入新一轮考试招生制度改革的省市提供重要参考。

目标3：高中科学课程学业水平考试命题设计

上海、浙江方案中，均有对纳入高考成绩的等级性考试或选考成绩，按照考生总数的相应比例划分等级，分别划分11级和21级，并指定每个等级的约占比例。这无疑给命题产生了巨大的压力，试题要在不同分阶上都有合适的难度和区分度，考验着命题者的智慧。以浙江方案为例，选考科目分为21等级，第1等级占1‰，赋分100。命题专家应确保考生总数的1‰获得原始分满分或最高分数区间，比例不能大，也不能小。若原始分满分人数超过总人数的1‰，此时如何赋分？同理，若试卷难度过难，方案规定的"第21等级不超过1‰"如何控制？科学合理地设计学考的考试质量指标变得尤为重要。课题组将进行以下研究：

（1）依据新课程标准关于学业质量标准的评价水平要求，制定物理、化学、生物学业水平考试纲要。包括考试目的、性质和对象，考试核心素养目标要求，素养要求的等第描述，考试内容与学习水平要求的二维表等。考试纲要是考生参加考试的指南，也是命题者命题的依据。

（2）根据科学课程核心素养考查目标以及高中学考计分方案，研究设计物理、化学、生物学业水平考试试卷结构。包括设计不计入高考招录的合格性考试和计入高考招录的选考科目考试。试卷结构主要包括分值、题型、题序、题量、区分度、信度、难度、时长、题长等参数。科学、合理的试卷结构是有效提高测量效度的保证，也为学考命题提供直接的技术参考。

（3）根据科学课程核心素养考查目标体系，设计规范的各学科学考命题规程，为学考命题工作提供行动指南。命题规程研究主要包括以下内容：

①试题政治性、科学性、技术性控制；

②理、化、生学业水平考试命题程序设计，包括命题组织、命题素材、双向细目表、试题打磨、试题审校等；

③理、化、生学业水平考试选择题、填空题、分析题等不同题型的命题一般原理和方法研究，即各学科学考命题通则研究；

④理、化、生学业水平考试审题质量控制。

（二）本课题拟突破的重点和难点

1. 重点

（1）通过横向整合、融会贯通物理、化学、生物学科核心素养，构建适合纸笔测验的科学课程核心素养考查目标体系。考查目标是学业水平考试的指导思想，也是教师教学、学生备考、命题教师命题的直接依据。学考命题"素养立意"，就如高考命题"能力立意"。只有这样，"核心素养"才能真正成为新一轮课程改革的基础地位。

（2）物理、化学、生物学业水平考试命题设计。制定各学科学考考试纲要，设计各学科学考试卷结构，制定规范的各学科学考命题、审题规程。

2. 难点

（1）研究制定适合纸笔测验的科学课程核心素养考查目标体系。

（2）研究各学科学业水平考试试卷结构，为各省市学业水平考试试卷结构设计提供多种解决方案。

分析以上案例，重点讨论：该课题选题的意义和价值是如何阐述的？课题综述具有什么特点？课题研究内容是如何展开论证的？

【章后拓展】

选题是个技术活，也是个时间活。前期的准备至关重要，通过阅读大量的文献，尝试作一些小论文作为积累，重视在工作实践中发现教育问题，针对问题进行深入的思考，再查阅大量的文献，由此周而复始，遂成选题。掌握课题申报的级别和要求，进行严密的论证，规范的书写申报书，申报课题能屡败屡战，待到天时、地利、人和，终能打动评委，即能立项。

尝试仿照上述步骤，"规划"一个研究课题，找个有经验的"师傅"，开启属于你的教育科研之路吧！

第二章　文献研究法

【学习目标】

1. 说出文献研究法的基本内涵、类型、特点和价值。
2. 阐述文献研究法的基本步骤及应用方法。
3. 能够仿照案例的研究思路运用文献研究法进行文献综述。
4. 尝试应用文献研究法就某一生物学教育科学问题开展研究。

【内容概要】

本章介绍了如何开展文献研究、检索文献、阅读文献、分析文献以及撰写文献综述等内容。通过提供典型的案例及解析，详细地指导读者如何在生物学教育研究中开展文献研究。

【学法指引】

结合"学习目标"和"问题聚焦"，认真研读本章内容。本章主要从生物学教育科学研究出发，按照"文献—文献研究法—文献研究法的应用"的思路进行内容编排。从基本的理论知识到具体的案例解析，再到实践训练与指导，帮助读者全面领略和深度学习文献研究法的主要内容。文献研究法不仅是其他章节介绍的各研究法的基础，其本身也是一种独立的研究方法，所以对于文献研究法的过程和方法的学习尤为重要，需要学习者在理解的基础上进行应用的尝试，因此要结合文中的"案例研讨""问题呈现"等进行思考与训练。在本章各节的内容中我们渗透了一些生物教育研究问题的示例供大家参考。建议读者学习的时候，先阅读所给例文的原文，然后对照案例的点评，加以深刻领会和内化。最后，希望学习者们能举一反三地独立进行文献研究及撰写文献综述。

第一节　文献研究法是生物学教育研究中最基础的方法

【问题聚焦】

1. 什么是文献研究法？
2. 文献有哪些类型？
3. 文献研究法的基本过程是什么？

4. 文献研究法与其他教育科学研究方法有什么关系？

一、文献是文献研究法的重要基础

1. 文献的定义

通俗地讲，文献就是图书、期刊、学位论文、会议论文、科学报告、档案、年鉴等资料。随着信息化时代的到来，大量的电子文献逐渐涌现。

我国《文献著录总则》中将文献定义为："记录有关知识的一切载体。"国际标准化组织在《文献情报术语》中将文献定义为："在存储、检索、利用或传递记录信息的过程中，可作为一个单元处理的，在载体内、载体上或依附载体而存储有信息或数据的载体。"由此可见，文献的基本要素有三点：知识、载体和记录。

> **核心概念**：文献是记录有关知识的一切载体，既包括已经发表过的知识和信息的载体，也包括虽未发表但已经过整理的知识及其他信息的载体。

不同学科、不同专业的知识，构成了不同性质的文献。在各种不同的载体上记录各种知识就形成了不同类型的文献。如刻、写、印、摄、录等不同的记录方式以及记录时采用的如图形、文字、代码等不同的符号。因此，文献除了内容丰富外，形式也是变化万千的。

教育文献即记录有关教育理论与实践的知识载体。它通过教育案例、课件、研究报告、数据、学科论文、专著等多种形式记录了教育的各项理论成果和实践经验。

2. 文献的产生与发展

文献是记录、积累、传播和继承知识的最有效手段，是人类社会活动中获取情报的最基本、最主要的来源。文献一词始见于《论语·八佾》："夏礼，吾能言之，杞不足徵也，殷礼，吾能言之，宋不足徵也。文献不足故也，足则吾能徵之矣。"宋儒朱熹《四书集注》云："文，典籍也，献，贤人也。"

中国有着几千年的历史文明，在历史的长河中我们的祖先留下了大量的各种类型的文献。随着科学技术、网络技术、多媒体技术的发展和社会的进步，

> **知识拓展**：1. 如果要追溯文献的产生，中国的甲骨文献便是世界上最古老的文献之一。人们将古代形成并遗留下来的文献叫作古代文献。主要是指五四运动以前形成的竹简、缣帛、金文、雕版、活字版和手抄本等各种文献。而将五四运动以后现代社会生产的文献称为现代文献。2. 缩微制品：以各种符号、文字、图像形式，高密度缩摄并能使印刷型等文献成为体积很小的载体。

信息资源大量涌现，文献的外延也在不断地扩大，不仅包括传统的书刊资料，还包括缩微制品、音像资料、多媒体资料和电子出版物等。

文献的发展不仅是文化繁荣的标志，同时也是科学进步的标志。随着现代文献的飞速发展，古代文献在整个文献整体中的比例将会越来越小。但是，古代文献对推动人类文明进步和文献史的发展的贡献是不可磨灭的。

国际上各国的文献并不是相互孤立的，随着世界文化的日益发展和各国文化交流的不断深化，文献成了各国之间政治、经济、文化、教育的交流媒介。从某种意义上讲，中国文献的发展丰富了世界文献史的内涵，而世界文献的发展又促进了中国文献的发展。

3. 文献的类型

文献从古代发展至今，类型多种多样，我们可以从不同的角度对文献进行划分。

(1)根据文献的载体形式和记录技术划分

根据文献的载体形式和记录技术划分，可分为印刷文献、视听文献、电子文献。印刷文献主要是指可以直接阅读和研究的纸质版的文献。视听文献是通过如唱片、录像带、电影和相片等来记录信息的文献。电子文献则是后来发展起来的，通过编码程序，将记载知识内容的信息转换成二进制数字代码，记录在光盘、计算机等数字载体形式上的文献。电子文献的信息存储量大、存取速度快、检索便利，是目前较为常见和常用的文献类型。

(2)根据文献的原始程度和加工程度划分

根据文献的原始程度和加工程度划分，可分为零次文献、一次文献、二次文献和三次文献四种类型。其中，一次文献具有较高的参考价值，因为具有原创性。

零次文献也叫"非正式出版文献"，主要包括未经过记录、未形成文字、口耳相传的材料，未公开发表的原始文献，以及没有正式出版的各种书刊资料，如一些仅供组织或机构内部使用的书刊资料。

一次文献也叫作原始文献，它是人们在社会实践和科学研究中，根据研究的成果或者发明创造而撰写的文献，是原始的创作。它的载体形式有图书、期

> **知识拓展：**标准文献是经过公认的权威机构批准的标准化工作成果。它反映了当时的技术工艺水平及技术政策。如 GB1897—2008 为我国 2008 年发布的有关盐酸作为食品添加剂的强制性标准。因此标准文献主要是针对生产活动的范畴，教育研究范畴一般不涉及。

刊论文、会议论文、科技报告、专利文献、政府出版物、标准文献和学位论文等。

二次文献也叫检索文献，是对已有研究的综述或评述，对一次文献进行加工整理，使之成为系统，便于查找。研究者通过二次文献可以了解某个或者某些专题研究的进展和动态。

三次文献是指以二级文献为工具，查选一次文献或二次文献的内容而编出来的成果，如综述、评述、进展报告、专著、教科书、字典、百科全书、数据手册等。

在教育论文中，应该选用什么文献作为参考文献呢？

4. 文献的参考价值

一是对知识文化的积累和保存。人类在生产、科学技术、社会交往的各类事件中所获得的经验，通过提升，形成理论、知识。文献就是一种有效地将这些知识存储积累起来的方式。社会和科技的进步依赖于人类实践经验的积累和保存。同时，文献也可反映人类文化、科技的进步历程与现今的发展状况。就某一学科的文献而言，它的内容可以反映这个学科的研究内容、体系结构、不同时期的研究成果和发展趋势等。

二是对教育研究的价值。教育研究工作者进行教育科学研究，搜索、阅读和利用已有的文献是不可或缺的研究步骤。

(1)在选择研究题目时，参考已有的文献，可以避免重复做无意义的劳动，提高研究的效率。在制订研究计划时，相关的文献可以帮助研究者清晰研究思路和方法，吸收前人研究的经验，少走弯路，保持较高的研究水平。

(2)研究者可以就某个问题或主题对文献进行分析、对比、统计、归纳、推理等，发现事物的内在联系及事物的发展规律，从而得出某种研究结论。

(3)研究者引用合适的文献资料能够提升其研究成果的充实程度、可信度。

5. 生物学教育研究的主要文献来源

生物学教育研究者需要阅读大量的文献资料，了解研究领域的最新进展。可供生物学教育研究参考的主要期刊，如表 2-1 所示。

表 2-1　主要的生物学教育科学研究相关期刊

期刊类型	期刊名称
综合教育期刊	《课程·教材·教法》《教育研究》《比较教育研究》《中国教育报》《教育学报》《华东师范大学学报(教育科学版)》《上海教育科研》《外国教育研究》《中国教育学刊》《中国考试》
生物学教育期刊	《生物学教学》《生物学通报》《中学生物学》《中学生物学教学》

续表

期刊类型	期刊名称
教育类的外文期刊	*Journal of Biological Education*，*The American Biology Teacher*，*The Science Teacher*，*American Educational Research Journal*，*British Journal of Educational Psychology*，*International Review of Education*，*Dissertation Abstract International*

二、文献研究法既有明显的优势也存在局限性

1. 文献研究法的定义

文献研究法是一种古老又富有生命力的科学研究方法。作为研究问题的方法，它起源于历史领域，而后发展到其他各个研究领域，不仅能用来研究历史，也能用来研究现状，在教育科学研究中有着不可替代的重要地位。虽然近年来也有人对文献研究法是否是一种研究方法提出异议，但是

核心概念：文献研究法是指针对某研究对象（如教育研究的某种现象），对相关联的文献进行搜索、查阅、对比、分析、判断、整理，从而找出研究对象的本质属性或内在规律的一种科学方法。

文献研究法确实是教育科学研究中最为基础的方法，其他的各种研究方法如问卷调查法、访谈调查法、教育观察法等，也需要以文献研究法作为基础。

进行教育研究需要充分地进行文献调研，以便掌握有关的教育研究动态、研究现状与进展等。文献研究法是每个教育科研工作者必须掌握的基本方法。

观点碰撞：有研究者认为很多作者在教育科学论文中写其研究方法为"文献法"，这里的"文献法"并不能作为一种独立的研究方法，因为他可能只是分析了大量的期刊文献，并没有得到大量的零次文献，属于对别人观点的"炒剩饭"。只有使用了大量的原始文献进行研究的方法才算文献研究法。你的观点如何呢？

2. 文献研究法的优点与局限性

（1）优点

①文献研究可以不受时间、空间的限制，研究者通过对古今中外的文献进行搜索和调查来了解研究内容。而其他研究方法不具有这样的优点。

②文献研究主要是书面调查。收集到的真实、可靠的文献比口头调查更准确、更可靠。

③这是一种间接的、非介入性的调查。它只对各种文献进行调查和研究，

而不与被调查者接触，不介入被调查者的任何反应。这就避免了直接调查中经常发生的调查者与被调查者互动过程中可能产生的种种反应性误差。

④这是一种非常方便、自由、安全的调查方法。文献调查受外界制约较少，只要找到了必要文献，就可以随时随地进行研究。即使出现了错误，还可通过再次研究进行弥补，因而其安全系数较高。

⑤文献研究省时、省钱、效率高。文献调查是在前人和他人劳动成果基础上进行的调查，是获取知识的捷径。可以用比较少的人力、经费和时间，获得比其他调查方法更多的信息。

(2)局限性

①由于条件限制，有些文献难以获得，获得的文献资料价值和质量难以判断。

②对于一项专门的调查研究来说，已有的文献往往不够系统、完全，无法全面地说明问题。

③由于文献并不是为了某一研究问题编制的，缺乏系统性，所以在分析上往往存在一定难度。

3. 文献研究法的一般过程

文献研究法的一般过程包括五个基本环节：提出课题或假设、研究设计、收集文献、整理文献和撰写文献综述。

(1)提出课题或假设：是指依据现有的理论、事实和需要，对有关文献进行分析整理或重新归纳研究的构思。

(2)研究设计：首先要建立研究目标，研究目标是指使用可操作的定义方式，将课题或假设的内容设计成具体的、可以操作的、可以重复的文献研究活动，它能解决特定的问题，且具有一定的意义。例如，针对"我国近十年生物教学研究热点与分析"这个选题，可以建立"收集十年以来与生物学教学研究有关并且研究次数、频率比较高的专著和文章，对其进行分析、整理、归纳和做出综述"这样的研究目标。

(3)收集文献：这是非常重要的工作，可以说文献研究法的实施是从文献检索开始的。研究者只有广泛地收集文献，确保所需要的文献都收集到了，才能保证文献研究法的顺利进行。关于如何搜索文献、文献检索的方法和技巧等，我们将在本章第二节中详细介绍。

(4)整理文献：不是所有收集的文献都能被研究所利用，研究者需要对文献的有效性进行梳理，删去低端、无效的文献，抽取高端、有效的文献。在我们的教育论文中，我们应该选用什么文献作为参考文献呢？如何进行文献的整理和阅读、文献信息的整合和利用，也是研究的重要内容，我们将在本章第三节中详细介绍。

(5)撰写文献综述：文献综述是指针对某一主题，就一定时期内发表的相关文献进行归纳汇总后形成的书面成果。文献综述不是简单的文献观点罗列，要能真实反映研究对象现有研究的基本情况，突出客观性、全面性和重点性。

【案例研讨】

陈老师在生物课堂教学中善于利用现代教学技术，特别是利用信息技术与生物教学进行整合。先后开设了生态系统的结构、DNA 的结构、细胞的吸水和失水(实验探究课)等信息技术与教学融合的公开课，都取得了较好的效果。不仅课堂气氛活跃，学生的能力也得到表现。于是，陈老师开始思考信息技术与生物学教学之间的联系；信息技术的融合能否提高生物学教学有效性；能否促进学生生物学核心素养的发展等一系列的教育研究问题。因此她提出了"信息技术在高中生物教学中的应用"的课题研究。在研究开始，她检索了相关文献，进行初步分析，将课题的内容细化，确定研究目标为信息技术与教学融合的研究现状；信息技术与生物学教学的关系；信息技术对生物学教学的影响等具体的研究内容，通过文献收集和整理，完成了文献综述。而后，为了佐证和丰富研究的成果，她又设计了调查问卷、教师访谈，并在她所教授的两个平行班里进行了信息技术融合教学方式与传统模式的实际教学效果比较，从中得到一些研究结论，通过发表文章分享了她的研究成果。

如果你是陈老师，你将如何进行该课题的文献研究？文献检索的关键词可能有哪些？罗列出来的文献哪些是有效的？哪些是无效的？

结合课堂观察，尝试针对某个教育教学现象，提出一个研究问题，并根据文献研究法的一般过程列出该研究的具体操作步骤。

第二节　文献检索是开展文献研究的前提和基础

【问题聚焦】

1. 文献检索对文献研究法的重要意义是什么？

2. 文献检索的一般步骤是什么？

3. 检索文献有哪些常用的途径？

4. 如何快速有效地查找到与研究问题相关的文献？

一、文献检索在生物教育科学研究中具有重要意义

文献检索是指利用检索工具查找文献的过程，简单地说，就是用科学的方法，利用专门的工作体系，从一个大量的文献集合中找出少量的特定的专门文献的过程。当一位教育科学研究者在着手某个课题研究时，先要弄清楚有哪些实际问题，前人关于这个课题所持的观点，做过的相关研究和结论是什么，等等。而要弄清楚这些问题，就必须借助于与该课题相关的古今中外的文献。因此，文献检索就成了教育科学研究非常重要的步骤之一。

1. 有助于研究者选择和确定研究课题

通过文献检索可以了解他人已经进行了哪些探索和研究，得到了什么结果，有哪些问题还需要进一步的研究。对研究问题还不太明确的研究者来说，查阅文献可以启发和帮助其确定选题。

2. 有助于研究课题开展的深入和具体化

对于已经确定研究问题的研究者来说，可以通过文献搜索来调整和修订自己的研究方向和范围，寻找可以借鉴的研究方法和观点。例如，阐述一个教学设计往往有多种方式，有些采用列表式，有的采用师生对话式，究竟采用哪种方式进行论述与表达，这时候就可以通过查阅文献，比较这些论证方式的差异性，最终找寻一种适合的研究方法。

3. 有助于提升教育科研成果的价值

避免重复劳动，确保研究的成果有意义。可以帮助研究者站在更高的高度上开展研究、获得结论，使得研究更具有价值和意义。

【学以致用】

文献检索的重要作用体现在哪里？能否就某一个生物学教育研究问题，谈谈通过相关的文献检索，可能给你哪些帮助和启发？

二、文献检索途径多样，应根据研究需要选择

查阅文献本身就是研究过程中的一部分，需要一定的技能。一个成功的研究者，往往对自己研究领域的文献分布和检索途径、方法等十分熟悉。文献检索以查找文献线索为目的，需要借助二次文献进行，但检索的结果是文献的线索，不能直接利用，还要进一步查找原文。要想获得大量的信息就得借助于文献检索工具及网络搜索引擎，从海量的信息中挑选对研

> **观点碰撞**：你平时查找文献都是通过什么样的途径呢？你觉得平时在检索文献的时候常常会遇到哪些问题呢？

究有价值的文献线索，获得原文，进而利用文献。

传统的文献检索一般采用手工的方式，可以通过图书馆、档案馆、博物馆、学术会议、事业单位或机构、个人交往等进行。随着网络与信息技术的发展，如今文献检索普遍借助网络数据库和网上图书馆来进行。当然，还有一些教育类的网站也可以成为教育研究者搜索文献的途径。如国内外期刊的网站，往往会有一些论文供读者下载。每一种渠道所保存的资料和信息不同，在文献检索中也起着不同的作用。

1. 图书馆

图书馆是收集文献最早、最主要也是最直接的渠道之一，教育研究工作者可以在图书馆中查寻所需的研究资料。在图书馆中，教育研究工作者可以根据工作人员的编目和分类，查阅有关的著作和期刊，也可以请工作人员帮助收集和查找所需的文献。如果有期刊索引的话，查找起来更加方便。

我们在本章第一节中介绍过的一些生物学教育科学文献，如《课程·教材·教法》《生物学通报》《生物学教学》等，每年都会有当年所载论文索引，在许多高校的图书馆里或者资料室里也会有收藏。此外，《中国教育学刊》《中国教育报》以及一些按年度编写的大型文献（如《中国教育年鉴》等）一般也可以在图书馆找到。

2. 档案馆

档案馆是收集和保存档案的机构。有些教育研究的问题，如研究某所学校的办学历史沿革、某位教育学家的生平、某地区教育问题的决议等，往往需要查阅档案。在我国，档案工作向来都是非常受重视的，所以档案里记载的都是比较可靠的、真实的记录。可以说，档案是一次文献，是第一手资料，在档案馆获得的资料往往十分珍贵。

3. 学术会议

学术会议是收集研究文献资料的一条重要渠道。在学术会议上，研究者可以阅读会议论文等资料，可以与其他研究者面对面地研究、探讨和交流教育研究中的新成果和新进展。在与同行专家的交流中，研究者还可以获得许多动态情报，有利于其研究的开展和资料的获取。例如，每年举办的"全国高等师范院校生物学课程与教学论专业学术论坛"研讨会。在会议上，生物学教育专家会就目前生物学教育研究问题的动向进行介绍和交流。研究者从专家、同行处获取信息、咨询问题，这要比自己去查找分散的各种有关资料省时、省力得多。

4. 计算机互联网

当前，随着信息化和网络化的发展，利用互联网进行信息的查询与交流、收集与保存，已经成为研究工作者普遍采用和首选的方式之一。正如萧伯纳提出的"苹果理论"，信息通过网络的相互传递和交流可以使得研究者方便快捷地获得更多。研究者在工作单位或者家中，足不出户便可以快速地查询到所需的最新的文献和其他资料。

电子文献包括电子报刊、电子图书、电子图书馆、电子论坛等。电子报刊就是网络上定期发布新内容的期刊。有的是与纸质期刊配套的，只是通常比纸质期刊发布的时间要晚一些。电子图书分为作者自行上传的和单位集中在网上发行的电子图书版本两种类型。电子图书馆有"超星数字图书馆"和一些大型数据库，如中国知网（CNKI）、维普（维普中文科技期刊数据库）等。由于研究问题的需要，教育研究者往往还需要查询外文文献。下面我们将主要介绍几种常用的中文数据库、外文数据库、特色资源库和教育类网站。

（1）中文数据库

常用的中文期刊全文数据库有三个：一是中国知网（CNKI）；二是维普（维普中文科技期刊数据库）；三是万方（万方数字化期刊）。还有一些如"读秀""龙源"等也可以提供相关文献的搜索。

①中国知网（CNKI）

中国知网（CNKI），即中国国家知识基础设施（China National Knowledge Infrastructure，CNKI）的简称。网址为 http://www.cnki.net/。中国知网已建成的数据库有"中国期刊全文数据库"（CJFD）、"中国优秀博硕士学位论文全文数据库"（CDMD）、"中国重要会议论文全文数据库"（CPCD）、"中国医院知识数据库"（CHKD）等。其中，"中国期刊全文数据库"（CJFD）是目前世界上较大的大型中文期刊全文数据库之一。目前积累全文文献1550万篇，每年新增160万篇。利用中国知网可以查询题名和摘要等信息，但是下载全文需要付费。一般高校都会购买其中部分刊物的使用权限，教育研究工作者可以在校园网内免费查询。

> **知识链接：** CNKI 是由中国学术期刊（光盘版）电子杂志社、同方知网（北京）技术有限公司主办，基于"中国知识资源总库"的全球最大的中文知识门户网站，是全球信息量最大、最具价值的中文网站。

②维普

维普的"中文科技期刊数据库"，是中国较大的数字期刊数据库之一，也是我国网络数字图书馆建设的核心资源，许多高校、公共图书馆和科研机构都会采用该数据库。维普数据库已成为我国图书情报、教育机构、科研院所等系统必不可少的基本工具和获取资料的重要来源。

③万方

万方数据资源系统（http://www.wanfangdata.com.cn/index.html）是以中国科技信息所（万方数据集团公司）全部信息服务资源为依托建立起来的网络服务系统。该系统具有强大的检索功能，能够为研究者提供准确、全面、详细、可靠、快捷的检索服务。万方期刊全文数据库汇集了理、工、农、医、哲学、人文、社会科学、经济管理与教科文艺 8 大类近 6200 种期刊（其中核心期刊 2500 余种）。

（2）外文数据库

搜索外文期刊文献一般采用 JSTOR、OALib、SJO 和 Web of Knowledge 等数据库。

①JSTOR

JSTOR 全称是 Journal Storadge（http://www.jstor.org/），主要提供人文及社会科学方面的期刊（图 2-1）。除了进行文献搜索之外，研究者还可以通过 JSTOR 研究某一份或者某几份教育期刊，进行"内容分析"。如搜索打开《教育研究评论》（*Review of Educational Research*）、《美国教育研究杂志》（*American Educational Research Journal*）等期刊并进行内容分析。

> **知识拓展：**《教育研究评论》和《美国教育研究杂志》都是美国教育研究协会的官方刊物和教育学领域的顶尖学术刊物。

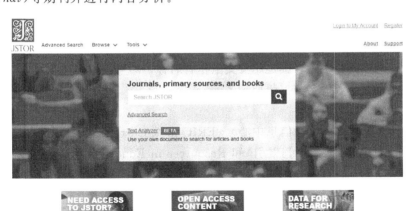

图 2-1　JSTOR 网页

②OALib

OALib 是 Open Access Library（开放存取图书馆）的简称。可以下载免费的期刊文献（http://www.oalib.com）（图2-2）。SJO，全称 SAGE Journals Online（SAGE 期刊在线），也可以免费下载期刊论文。

图2-2　OALib 网页

③Web of Knowledge

Web of Knowledge 是一个基于 Web 而构建的整合的数字研究环境。通过强大的检索技术与基于内容的连接能力，将高质量的信息资源、独特的信息分析工具和专业的信息管理软件无缝整合在一起，兼具知识的检索、提取、分析、评价、管理与发表等多项功能。它的平台包括 Web of Science、CSCD（中国科学引文数据库）等数据库以及 ISI Essential Science Indicators 和 Journal Citation Reports 等。

④SSCI

SSCI（Social Science Citation Index，社会科学引文索引），通过该索引，研究者针对其研究主题，锁定相关文献作者名称，即可找出引述此篇论文的其他相关文章、作者姓名与出版期刊名等。

⑤ERIC

ERIC（美国教育资源信息中心）。ERIC 出版 Current Index to Journals in Education（CIJE，教育期刊索引）和 Resources in Education（RIE，教育资源）两种检索期刊。CIJE 收录了近 750 种教育专业期刊，RIE 中记录各种教育文献：研究报告、会议论文、评论、法规文件、学位论文、教学指南、教材、课程安排及其他材料。网址为 http://www.askeric.org/。

此外，研究者还可以通过 Springerlink（http://link.springer.com/）、EBSCO 数据库、PQDD 硕士和博士学位论文数据库等途径检索或下载相关文献。

（3）特色资源库

教育研究者一般在搜索文献时会首选本校的图书馆资源。此外，教育研究者还可以在"读秀""Google 图书""爱问共享资料""百度文库""超星数字图书馆"等资源库中检索或者下载相关的资料。

①读秀

读秀是由海量全文数据及资料基本信息组成的为用户提供章节内容和全文检索的超大型数据库。可以高效查找和获取各种类型学术文献资料，其中的部分文献还可以原文试读，也是一个很好的学术搜索引擎。

②"Google 图书"

Google 学术网站为 http://scholar.google.com.cn，是比较权威和全面的免费学术检索工具，但是由于来源数据库的局限，文献的漏检现象可能比较严重，因此这一数据库可以作为研究者在前期研究时参考的一种线索。

③百度文库

百度文库是由百度发布的在线分享文档的平台。读者可以在线阅读和下载通过搜索得到的相关文档。其中包括教学资料、考试题库、专业资料、公文写作、法律文件等多个领域的资料。

（4）教育类网站

教育研究者可以通过一些教育类的网站搜索到一些相关的咨询信息和研究信息，如中国教育部官方网站、中国教育技术学网、中小学教育教学网、教育技术通讯、生物教学网、生物资源网等。

三、掌握生物学教育文献检索的方法，提升研究效率和质量

前面我们已经介绍了文献具有的价值和功能。文献资料是十分宝贵的，蕴藏着无数前人的努力和智慧的结晶，对于教育研究者来说，要正确地、快速地选题并出成果，就必须懂得如何高效利用文献资料。利用文献的第一步当然是搜索文献。

检索者要明确自己的检索目的，如检索的课题的范围和要求等，确定表达主题内容的词语和所属类目等。网络文献检索工具多用自然语言、关键词检索的方式，不需要用规范的语言，可以用同义词、近义词或者有关联的词等进行检索，这样可以提高检索的查全率。

1. 文献检索的原则

文献检索要遵循以下原则：第一，在检索的开始，从检索问题表述中识别术语或者概念，然后选择最恰当的主题和标题进行检索。第二，检索文献时，要查找与研究相关的各方面文献，即要求研究者应该尽可能地全面查阅资料，

这样才能得出比较正确的结论。第三，文献检索时应该收集时间上较新的文献，因为新的文献资料可以反映最新的信息，比旧的文献更全面、更可靠。第四，尤其要注意到刊物、出版社等级别高的文献，这些文献具有较高的话语权，其主要观点往往更具代表性和权威性。如学科教育教学领域，《课程·教材·教法》的参考价值就比较重要。第五，不仅要收集和自己观点一致的资料，也要收集和自己观点不一致的资料，这样才能从中进行比较、分析，使自己的研究更加全面、充实、客观和有说服力。

2. 文献检索的方式

(1)字段检索

字段检索是限定检索词在数据库记录中出现的字段范围的一种检索方法。检索时，系统只对指定的字段进行匹配运算。数据库中可供检索的字段可分为主题字段(表示文献内容特征)和非主题字段(表示文献外部特征)。主题字段包括题名、文摘、关键词等，非主题字段包括作者、机构名称、文献类型等。为了提高检索的查准率，可以采用字段限定的检索方法。基本索引字段用于主题检索，如检索"生物学核心素养"方面的文献。如要查找北京师范大学发表的有关"生物学核心素养"方面的文献，则需要同时使用基本索引字段和辅助索引字段。

(2)全文检索

全文检索时，直接对原文进行检索。这种检索技术通常用于全文数据库和搜索引擎中。分为全文主题词检索和全文任意词检索。前者指输入的检索词为规范化的词，数据库中所有包含该主题词的文献都会被作为检索结果输出。后者输入的检索词可以是规范化的词，也可以是不规范的词。可见，使用全文检索技术可以提高文献的查全率，但是会出现大量与检索主题不相关的信息，即检索结果的相关性不高。

(3)简单检索

简单检索也叫初级检索，是指在数据库检索时利用一个检索词进行的检索，这也是一种快捷的检索方式。如检索关于"思维导图"的文献时，在万方数据库中输入检索词"思维导图"，就可以显示出 28080 条相关信息(图 2-3)。

(4)高级检索

我们以"中国知网(CNKI)"为例，现检索有关"生物概念图教学"的文献，利用字段检索，如果设定主题词为"概念图"，检索到了 5852 条相关的文献记录。但是与生物学教学相关的并没有这么多，所以如果在检索时设定了所要查找的文献是"生物学教学"有关"概念图"的信息，即输入"'生物学教学'＊'概念图'"，就可以把一些无关的内容去除，这样检索出来的结果缩小为 424 条（截至 2019 年 12 月 24 日）（图 2-4）。

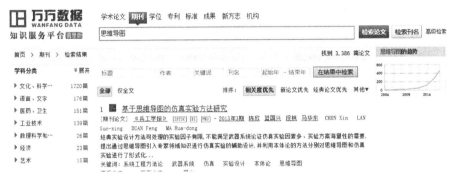

图 2-3　万方数据库搜索"思维导图"页面

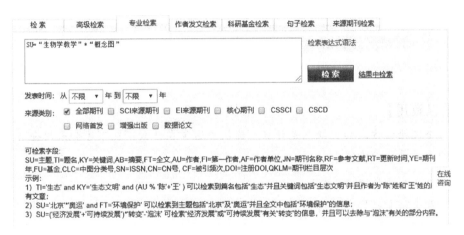

图 2-4　中国知网搜索"生物学教学有关概念图的文献"页面（一）

（5）再次检索

再次检索是指在一次检索或多次检索结果的基础上进行的又一次检索，可以缩小检索的范围，除去一些无关的信息，使得检索出的文献更符合研究者的需求。例如以上的例子，搜索"生物学教学"有关"概念图"的信息，可以在一次检索时输入"概念图"，再在结果中检索"生物学教学"，当然，也可以在一次检索中输入"生物学教学"，再在结果中检索"概念图"（图 2-5）。

(0) 清除 导出 / 参考文献 分析 / 阅读 找到 39 条结果 浏览1/2 下一页

	篇名	作者	刊名	发表时间	被引	下载	预览	分享
1	围绕生物学科思想和核心概念的教学	安军	课程.教材.教法	2017-04-01	14	1396	HTML	
2	生物学教学中引入概念图策略的实验研究	徐洪林; 刘恩山	生物学通报	2003-03-20	82	1778	HTML	
3	概念图评价在生物学教学中的运用	胡玺丹; 陆建身; 卞慧芳	生物学教学	2007-03-08	28	639	HTML	
4	生物概念图及其运用初探	徐平	湖北师范大学学报(自然科学版)	2017-06-25	4	94	HTML	
5	概念图在高中生物学教学评价中的应用	金海华; 邵晨	四川教育学院学报	2009-04-25	8	466		
6	概念图在生物学教学中的应用	郭杏; 郑晓蕙	生物学教学	2006-05-08	13	441	HTML	
7	高中生物学核心概念教学策略	刘晓慧	中国校外教育	2018-05-30	1	248	HTML	
8	近10年高中生物学概念的教学	缪仁票	生物学通报	2005-12-20	22	757		
9	把握课标新特点 探索教学新思路——对《义务教育生物课程标准(2011年版)》的认识	胡萍	西藏教育	2012-07-20	5	287	HTML	
10	生物学高考复习中的概念图策略	赵崴	高师理科学刊	2007-03-30	4	435		
11	概念图策略在高中生物学教学中的应用综述	赵映红	现代交际	2017-07-30	1	140	HTML	
12	基于大概念的专题复习教学——以"细胞是生物体结构与生命活动的基本单位"为例	杨波; 周业宇	生物学通报	2019-03-20		53	HTML	

图 2-5　中国知网搜索“生物学教学有关概念图的文献”页面(二)

【学以致用】

全文检索方式的优缺点是什么？你认为通常在什么情况下才会采用全文检索的方式进行检索呢？

3. 文献检索的方法

在进行文献检索的过程中，主要采用以下三种方法。

(1)常用法

常用法包括顺查法、逆查法和抽查法三种方法。

①顺查法

顺查法是按照时间范围，以课题研究的发生时间为检索起点，按照时间或者研究的进展时序，由远及近，由旧到新的顺序查找，逐步查找到当前较新的文献。此法比较费时，但是能得到比较全面的资料，有利于了解课题研究的全过程，它适用于较大课题的文献检索，一般在撰写学科发展动态、综述、述评或申请专利时使用这种方法。

例如：要查找关于“生物探究性学习”的相关文献。以万方数据库检索为例，如果采用顺查法，输入“生物探究性学习”，有 8079 条搜索结果，在结果中检索限制起始年为“1990”年，结束年为“2000”年，有 3 条搜索结果，时间设置为 2000—2001 年，检索结果仅有 16 篇文章，则顺查法就是从 2000—2001 年这 16 篇文献开始，再把时间往后推移进行查找，如查找 2002—2003 年的结果，有 166 篇论文，到 2004—2005 年有 297（截至 2019.12.24）篇文献，依此类推，一直按时间的推移查找下去，直到查询到最新的文献。2016—2017 年有 1296 篇文献，而 2018—2019 年就显示没有相关结果了。因此查询从 2000—2017 年的这些文献就是通过顺查法检索到的文献。从这些数据我们也可以看出，这样方法检索的工作量大，而且比较费时，但是有利于了解本课题研究的全过程。

当然，我们在检索时为了得到更为全面的文献信息或者当用检索词检索到的文献结果不多的时候，还可以将检索词的范围扩大，如"生物探究性学习"换成"探究性学习"进行搜索，判断是否有更多有用的文献信息。同时，也可以选用其他数据库进行检索。

②逆查法

逆查法与顺查法相反，可以帮助研究者站在更高的高度上开展研究、获得结论，重点是近期的文献。所以早期的文献不一定要查找到最初的文献，只要满足研究需要即可停止了。

③抽查法

抽查法只是查找某一时期的文献。即根据需要有重点地检索某课题领域发展迅速、研究成果较多的时期的文献。这种方法比较节省时间，但是容易检漏。

（2）追溯法

追溯法也叫引文法，是指利用手头的文献所提供的参考文献为线索，追踪查找参考文献的原文，再由这些原文中所附的参考文献展开追查，依此类推，不断扩展的查找法。这种方法方便易行，但是由于作者列出的参考文献有限，故能够获得的相关文献也不够全面，也是容易漏检的。

（3）综合法

综合法又称为分段法或者循环法，是将以上两种方法结合起来使用，既使用常用法，又使用追溯法的查找法。取长补短，以达到较好的检索结果。

4. 文献检索的步骤

做任何研究包括教育科学研究都没有唯一的、固定不变的方法。文献检索也一样，没有固定的步骤，因为不同的研究对象，所需要的资料和信息也不一样。一般情况下，我们可以采用以下的步骤来进行。

（1）利用检索工具来搜索

一般来说，如果有现成的检索工具，尽可能地利用检索工具来进行文献的查找。一般学校里广泛使用的有中国知网、万方数据等方便快捷的中文数据库。

①分析课题

为了提高检索的效率，研究者需要对研究的课题进行分析，真正搞清楚课题研究的关键问题及其实质，使得检索的目标明确。如课题的类型、课题内容涉及的主要学科范围、需要的文献类型和数量、语种、地区、课题涉及的概念，等等。当研究者尚未确定自己的选题或者关键词时，也可以先翻阅某些文献，在这些文献中逐步形成自己的选题和关键词。选题和关键词确定好后，再借助选题及这些关键词进行更为系统的文献检索。

②选择数据库

选择合适的数据库是成功检索的前提。选择数据库，首先要考虑资料的权威性、全面性、新颖性。选择数据库应该尽量选择专业的数据库，根据需要，还可以选择多个数据库进行检索。在教育科学中，常用的中文数据库有知网（CNKI）、万方数据库等，英文数据库有 Web of knowledge，检索 SCI、SSCI 等刊物，此外，还有 Sciencedirect 等网站。

除了选择网络数据库外，还可以选择网络大众搜索引擎，如 Google 搜索引擎、百度搜索引擎等。中文方面：包括教育论文索引、中文期刊论文分类索引和硕、博士论文摘要等。英文方面：包括 Research in Education（RIE）和 Education Index（EI）等。

由大众搜索引擎检索得来的资料信息非常庞杂，其中往往还有一些垃圾信息。但由于方便快捷免费，还是经常被研究者用于扩大视野，进而提炼主题。大众搜索引擎所得的信息来历往往不明，一般不宜将其作为研究参考文献。

③选择检索词

检索词也非常重要。因为好的检索词对检索的成功有很大的作用，能帮助研究者快速找到适合和切题的研究文献。研究者可以把研究需要转化为一系列研究问题或关键词。可以说选择合适的检索词是提高查全率和查准率的关键之一。在大多数情况下，课题名称一般都能反映检索的主题内容和所涉及的概念。从课题中提取的相关概念或者关键词是选择检索词的依据。

选词的一般步骤为：首先分析检索课题，从中提取概念，将概念作为检索词进行检索。有时根据研究需要需查准查全的，还需要用同义词或者相关词进行搜索以确保查全。

当课题涉及多个概念时，将这些概念按照重要性排序。通常研究对象作为最重要的概念，其次是研究方法，再次是研究目的。选择的词汇尽量精准，不宜太过宽泛，例如"研究""影响""趋势"等就指向不明确，缺乏针对性。

　　确定检索词要灵活变通，如果查找的资料过多，可以将问题改小一点或者缩小检索的范围；反之，可以扩大问题和检索范围。此外，检索时加引号和不加引号也有区别，加引号是保证了检索词的完整性，没有加引号表示可以将检索词拆开进行检索。

　　④筛选资料

　　从搜索到的文献资料中选择与研究主题紧密相关的文献，即保留那些有利用价值的文献，去除那些关联性不大的文献。

　　⑤保存检索到的文献资料

　　将检索到的文献汇集起来，并根据研究要求对文献或者文献线索进行分析，为进一步的阅读、记录和整理做好基础。

　　(2)利用已有线索来搜索

　　如果不具备利用检索工具搜索的条件，或者没有必要利用检索工具进行大规模的搜索，我们也可以利用已有的线索进行搜索。如已有专著或者已有论文中涉及的参考文献，对其进行跟踪追查，获取自己想要的资料。运用这种方法，虽然查得的文献有限，但操作起来比较简单，也比较省时。

【案例研讨】

　　某位教师计划开展关于"农村生物教师专业发展"的课题研究。在进行研究前，他想了解一下该领域的研究历史、研究现状和研究进展，以便于开展进一步的研究。他采用了中国知网进行文献检索，在"快速检索"栏中输入了"教师专业发展"，输出结果 79884 条，在结果中继续检索"生物"，输出结果 4594 条，继续在结果中检索"农村"，得到 1291 条结果。

　　你觉得这位教师的检索方式正确吗？面对这么多条的检索结果，这位教师应该怎么进行文献的处理以供下一步的研究使用呢？

第三节　文献的有效阅读与精准分析是文献研究法的关键

【问题聚焦】

　　1. 如何对检索到的文献进行有效阅读？

　　2. 文献分析主要有哪些方法？

　　3. 什么是文献定性分析和定量分析？

4. 文献计量法在生物学教育科学研究中的作用是什么？

5. 什么是内容分析法？

一、文献阅读讲求技巧，信息整合需要提炼

搜索、查阅文献资料，是为了利用这些文献资料来帮助教育研究顺利开展。要科学、合理地利用文献的信息，就必须有效地整理、阅读文献，并理解文献的内容。阅读时，既要全面地浏览，又要重点地阅读。此外，研究者往往要将收集和阅读文献的工作同时交替进行。因为二者可以相互促进和相互补充。通过文献的阅读和理解可以发生"量"到"质"的变化，即在阅读了一定"量"的文献后，对研究问题的理解可以达到一个"质"的提升。

1. 文献浏览

文献收集告一段落后，研究者应该将所收集的文献资料进行阅读，大致了解文献的内容并判断文献的价值。可以进行粗读，只看"干货"或者精华的部分，只关注文献的主要观点和有关数据，而忽略那些无关紧要的内容，包括引文和推理过程等。如果要提高阅读效率，可以重点阅读文献的摘要、导言和结论部分，大致了解该文献的全貌。

2. 文献筛选

研究者在文献浏览之后，可根据课题研究的需要，从收集的文献中选出可用的文献。但是这些看似有用的文献，是否真的可以被利用和提供研究信息呢？这还需要研究者做进一步的甄别和筛选。筛选的时候需要注意鉴别文献的真伪和质量，同时还要注意文献研究内容的可靠性、代表性和新颖性等。

要注意尽量选择那些被引用次数较高的文献，或是等级较高的期刊文献，或是该研究领域比较知名的作者所撰写的文献。此外，要注意记录文献的来源，以保证引用文献的规范性，避免出现侵犯他人知识产权的情况。

3. 文献精读

所谓的精读，就是分析性阅读。就是要"一字不漏，即一个字，一个名词，一个人名、地名，一件事的原委都清楚；细读，从头到尾地读，对照地读，反复地读。要详细做札记；不是只读一书，是同一时间只精读一书，精了一书再精一书"。

对于筛选后的文献都是可用的文献，但是在这些文献中又可分为必用、选用和备用文献等。其中与选题密切相关的重点文献(即必用文献)，需要进行精读。

(1)阅读思考

为充分理解文献,研究者在阅读的过程中思路要清晰,同时要思考这些问题:①文章里谈的内容是什么?即找准文章的主题和论点。作者对问题的陈述是否清楚、简洁?②作者是如何论证的?即找出论据及论证的过程。③作者的结论正确吗?是否具有意义?

(2)阅读笔记

精读文献的同时,要做阅读笔记(也称文献记录)。主要内容有该文献的书目资料,方法、发现、结论和评论等。精读时可以对文献的重点、难点、疑点或者精彩的内容进行标记,也可以在空白处标上自己的疑问和见解等,或者可以将文献中的要点以及估计今后要用到的材料,摘记在自己的笔记本上,同时标明出处,方便日后查找、引用和核对。也可以做札记,记录自己阅读文献的心得、随想等,为以后的整理成文打下基础。此外,边阅读还可以边思考和记录哪些内容可以作为值得以后研究的主题。

阅读笔记根据撰写方式可分为四类:①直接引用,直接引用原作者的文句,即引用了"文本",那么引用的整句必须以双引号加以标明。②阐释要义:用自己的语言来表达作者的主要观点,即引用了作者的观点。③概略摘要:摘述论文的主要内容。④评论:根据自己的思维对作者的文章内容进行评断,解释作者的观点,并指出自己同意或者是不同意之处。

4.阅读顺序

阅读研究文献应该遵循一定的顺序,这有助于提高阅读效率。一般是先中文后英文、先一般后专业、先理论后应用、先近期后远期、先摘要后方法与讨论,等等。当然,不同的专业研究,阅读顺序也可能不同。

5.阅读难点的处理

(1)反复读

通过反复阅读、推敲可以帮助研究者理解文献的内容。

(2)暂时避开难点

如果暂时理解不了,也可以先避开难点,先看其他部分,再回头过来看这个问题,可能由于思路的变化或者上下文的提示就豁然开朗了。

(3)利用工具书或者其他文献阅读

积极地翻阅工具书,如字典、百科全书等,或者阅读其他文献,也可能对文献的理解有帮助。

(4)请教导师或同行

可能研究者对一些文献的研究方法、结果分析等方面的理解存在困难,通过查阅相关文献也不能理解，这时可以请教导师或同行帮助建立阅读的视角，形成阅读的主见。

6. 容易发生的错误

(1)研究者在拟订研究计划时，阅读文献过于仓促，以至于忽略了以前他人的研究中有助于修正计划的部分。

(2)研究者过分依赖于间接资料，并且在阅读研究报告的时候，只专注在研究发现与结论的部分，忽略了研究方法、研究背景等有价值的资料。

(3)只专注在教育研究的期刊，忽略了其他教育论题报道的资料来源。

(4)未能界定满意的题目与文献研究的范围，导致资料过多，代表性不足或者缺乏足够的资料。

(5)抄录的参考书目不全，导致日后寻找所需参考文献时遇到困难。

二、文献分析：在生物学教育研究中定性与定量分析相结合

传统的文献分析法通常是指收集统计文献，以叙述方式归纳所有显著的结果来做结论的方法，有的采用列表整理的方式，有的采用比较统计结果显著与未显著的论文篇数作为结论。传统法过于主观，重视研究结果的统计意义而忽略其实质意义，容易造成两个人分析同一份文献，却得到不同的结论，对研究发现可能产生错误的解释。因此，对文献的研究应尽可能采用定性和定量相结合的方法。

(一)文献定性分析

定性分析一般是对文献中所包含的信息进行分类，选取比较典型的或者有价值的例证加以重新组织，然后做出定性的描述，并在此基础上得出相应的结论。

> **核心概念**：文献的定性分析，是指通过对文献内容的分析，来揭示文献所反映事物的性质、本质特征及其发展规律。

1. 定性分析的主要步骤

(1)厘清文献，形成观点

对于初步整理好的文献资料，仔细反复地推敲，厘清文献资料内在的逻辑关系，并从中归纳出一个个精准概念，然后由概念演绎成推理，形成基本的观点。

(2)明确观点与主题的关系，形成理论架构

认真思考这些基本的观点以及观点所反映的内容，找到其与研究的主题之间的关系，能够明确其说明主题的要义所在。同时要注意逻辑层次和逻辑顺序，从而形成研究课题的理论架构。

2. 定性分析的特点

(1)注重对文献的性质做出分析,目的在于探索事物的特殊性和规律性,因此,不用太多考虑所用文献资料的数量情况和完整程度。

(2)注重对个人文献的研究,即注重个案的研究。主要关注的是文献作者的动机与影响效果,并且允许作者选择足以证明某一观点和问题的例子。

(3)类似观察研究,研究时比较灵活随意,研究过程的复杂程度不太高。教育研究者可以根据自己的兴趣来选择一个小样本或者个案进行研究。

3. 文献定量分析

(1)文献定量分析的必要性

文献作为教育研究的重要参考资料,构成了一个复杂的系统,文献资源的数量庞大、变化快。借助于统计学所提供的数据收集、数据分析的方法与技术,可以帮助人们从大量随机的文献资料中,探索文献信息系统的本质特征和内在规律,以达到对这一客观事物的认知。

常用的统计分析的软件有 Excel、SPSS、MATLAB。Excel 是目前应用最普遍的电子表格软件,具有较强的数据处理与分析的功能,还能提供图表的制作。SPSS 是 SPSS 公司开发的统计软件,其中有各种专业分析数据的功能。MATLAB 是由 MathWorks 公司开发的数值计算软件,为一种计算机编程语言,提供了常用的统计函数,把数值计算和可视化环境集成到一起,具有直观性,是一般统计软件不能比拟的。

(2)文献计量法

文献计量法是一种定量研究方法。该方法选取文献的某种外部特征为计量对象,对其进行统计和分析,在此基础上建立适当的数学模型来揭示其中包含的规律性内容。在实际研究中,文献计量法通常会结合内容分析法进行。因为研究者除了要对文献的外部特征做统计和分析外,还要对文献的内部特征做分析和归纳。表 2-2 列举了在中国知网上搜索到的 5 篇采用文献计量法研究的文献,并列出了每篇文献选取的文献计量分析的研究细目

> **核心概念:** 1. 文献计量法的研究对象是文献的各种外部特征,如作者、关键词、文摘、引文等,研究其分布特点和规律。2. 内容分析法是一种基于定性研究的量化分析方法。它以文献信息的内容特征(包括显性和隐含的信息)为研究对象,以定性的问题假设为出发点,利用定量的统计分析方法和工具处理研究对象,并从统计数据中得出定性的结论。

和统计分析结果,为大家呈现文献计量法的主要内容,我们在本章第四节中还

将结合具体的案例对文献计量法进行更具体的分析。

表 2-2 几篇文献计量法文献的示例

文献题目	文献计量法研究细目 (文献外部特征和内部特征)	统计和分析结果举例 (摘自文献原文)
1. 广东省中学生物教师教研发展水平研究——基于 2000—2017 年 CNKI 的文献计量学分析	1. 论文的年代分布；2. 论文的期刊来源；3. 论文的被引频次；4. 论文受项目资助情况；5. 论文的主题分布；6. 作者的发文量；7. 作者的合作情况；8. 作者的地域分布；9. 作者的机构分布	"论文期刊来源"的统计分析结果：权威刊物占比 0.19%，CSSCI 0.09%，核心刊物 21.82%，一般期刊 77.90%。论文的整体质量和影响力还需进一步提高
2. 我国高中生物探究性实验研究的文献计量学分析	1. 论文年代分布；2. 作者发文量；3. 作者所属机构；4. 涉及的实验课题分析；5. 研究论文的内容分布（包括研究现状、策略研究、内容创新研究、总结反思、其他）	"研究论文的内容分布"的统计分析结果：① 研究现状论文占比 3.97%，高中生物探究性实验研究领域在该类型的研究还有很大的研究空间；② 策略研究论文占比 24.76%，研究相对成熟，一直以来受到较高的关注度；③内容创新研究论文占比 2.65%，④反思总结论文占比 39.7%，高中生物探究性实验研究主要集中在经验的总结反思
3. 我国生物学教学研究十年回顾与反思	1. 时间分析；2. 期刊分析；3. 期刊作者分析；4. 主题分析	"期刊分析"的统计分析结果：发表"生物教学"研究论文的核心期刊共 28 种，平均刊载论文 4.64 篇。这说明目前生物学教学的研究成果还仅主要发表在有关生物教育类期刊以及以教学为主要研究对象的教育类期刊当中。 "主题分析"的统计分析结果：从主题的分布可以看出，生物学教学的模式方法研究论文 80 篇，占总数的 61.6%，这说明人们对生物学教育的研究主要是从具体方法层面来进行的

续表

文献题目	文献计量法研究细目 （文献外部特征和内部特征）	统计和分析结果举例 （摘自文献原文）
4. 2009—2014 年我国生物概念教学的文献计量	1. 论文的年度分布；2. 论文的期刊分布；3. 作者所在的区域分布；4. 作者工作单位的分布；5. 研究性质的取向；6. 研究学段的选择；7. 研究主题的倾向	"研究性质的取向"的统计分析结果：理论型研究的论文占 8%，实证型研究的论文占 92%，理论型研究的论文数量远少于实证型研究。 "研究学段的选择"的统计分析结果：高中的占 67.6%，初中的占 32.4%，关于高中生物的概念教学论文多于初中。 "研究主题的倾向"的统计分析结果：概念的教法研究高居第一位，占 62%，远超过其他方面的研究
5. 我国中学生物学教材研究的文献计量学分析	1. 期刊文献数量；2. 文献作者情况（作者所属机构、作者发文量和合作者）；3. 关键词分析；4. 教材内容及呈现方式；5. 教材的比较研究；6. 关于教材历史的研究；7. 高中与初中教材相关性的研究	"关键词分析"的统计分析结果："课程标准"与"教材编制"、"科学素养"与"科学史"、"科学本质观"等成为 15 年来我国生物学教材研究领域联系较为紧密的关键词

由以上案例我们可以看出，文献计量法主要从文献的年度、作者区域、作者单位、期刊来源等外部特征和文献的一些内部特征来对文献的内容进行统计与分析。应用文献计量法进行文献分析包括以下几种类型。

①文献数量统计

文献数量统计是最常见的文献定量分析之一。统计对象包括图书、期刊、科技报告、专利文献等各类文献。可以统计某一研究者、机构、地区、国家发表文献的数量在时间分布上的发展趋势；也可以统计某一学科、领域、主题的文献数量，按时间或地域的分布来分析其发展趋势及横向比较研究。可以利用文献数据库如 CNKI、SCI 等收集数据资料，按作者、机构、地区、国家、学科、主题等统计文献数量即可。

②作者数量统计

通过对不同学科、国家的作者数量的统计分析，可以了解这些学科、国家的研究发展水平、侧重点等。而统计关于某个领域或主题研究的作者数量可以反映该研究的热度。

③词频统计

词频统计是文献内容分析的常用方法，主要以词频的高低揭示研究主题受关注的程度。词频中的"词"是指能够表达文献主题特征的各类主题词。一般来说，某一主题词的出现频率越高，说明该主题的研究越热门，受关注的程度越高，可以代表相关领域的研究特点。可利用各类文献数据库收集数据资料，用Excel进行词频统计分析。

④引文数量统计

学术论文或者著作所附的参考文献是文献被利用情况的客观记录，对它们进行统计分析就可以了解文献被利用的程度。

⑤其他类目统计

研究者根据其课题研究的需要通过内容分析法可以进行其他研究类目的归纳与统计。

在进行文献分析时，需要结合内容分析法进行研究，可以说内容分析法是一种定量与定性相结合的分析方法。例如，上述提到的《2009—2014年我国生物概念教学的文献计量》这一文献中，作者通过内容分析法将各文献汇总的资料内容进行分类，制定了研究性质、研究学段和研究主题的研究细目。

再如，可以通过内容分析法来分析生物教材的结构，对生物教材编制的合理性做出定量、定性的分析；也可以用它来分析学生在生物学科中的学业表现，对学生在表现中出现的错误种类做出定量的描述与分析；还可以用它来分析中学生物教师或者学生的作品、语言、动作等，从而对生物教师或学生的个性特征等作出判断。在教育科学研究领域，内容分析法既是一种主要的文献分析方法，又是一种独立、完整的科学研究方法。它可以用于对教育及教育研究的趋势做出预测和判断。

【学以致用】

你认为文献计量分析法有哪些突出的优势？如何将文献的定量分析与定性分析相结合呢？请你以表2-2中的5篇文献综述为例，阐述如何在生物学教育科学研究中将文献的定量分析与定性分析相结合。

第四节 文献综述是对文献的阅读评述和内容分析的综合

【问题聚焦】

1. 为什么要撰写文献综述？文献综述有什么价值？
2. 文献综述有哪些类型？
3. 撰写文献综述的方法和步骤是什么？
4. 如何利用文献研究法进行生物学教育研究呢？

前面我们提到了文献研究法的一般过程包括提出课题或假设、研究设计、收集文献、整理文献和进行文献综述这五个基本环节。文献综述是对文献的阅读评述和内容分析的综合，是在全面收集有关文献资料的基础上，经过归纳整理、分析鉴别，对一定时期内某个学科或者专题的研究成果和进展进行系统、全面的叙述和评论。

一、文献综述是某一专题的研究成果和进展的综合评述

1. 文献综述的价值

文献的数量繁多，研究者在研究过程中往往没有足够的时间来查找和阅读自己所需的文献，所以文献综述对相关问题的归纳提炼就显得很有意义，研究者只要通过该研究的文献综述，就可以大致了解所需的内容，节省了时间，提高了查找文献资料的效率。有统计分析表明，综述与其所用的参考文献的数量比通常为 1 :（30～40），也就是说 1 篇综述就集合了 30 多篇普通论文的观点和主要内容。所以可以帮研究者节省很多的阅读时间。一篇好的文献综述能够以其严密的分析评价和有根据的趋势预测，为新课题的确立提供强而有力的支持和论证。

> **核心概念：** 文献综述是指针对某一主题，就一定时期内发表的相关文献进行归纳汇总后形成的书面成果。所谓的"综"即收集百家之言，进行整理归纳，使材料更加精练明确；"述"即对文献的观点、结论等进行评论。

2. 文献综述的类型

文献综述的类型可以从不同的角度进行划分。

（1）根据文献综述的信息量不同划分

①叙述性文献综述

叙述性文献综述也叫传统综述，常常就某一专题在一段时间内的文献资料

进行分析研究，归纳整理，最后做出综合性描述，从而全面反映某一专题过去、现在及将来的发展方向。在作叙述性文献综述时，可以根据需要进行必要的组织和构思，但观点、数据等必须忠实于原文，文中不能加进综述者自己的观点，更不能修改数据。由于叙述性文献综述会因为作者不同而对同一问题的观点不一致，得出不同的结论，所以综述的重复性往往比较差。

②评论性文献综述

评论性文献综述也叫分析性综述，是指在对某一问题或某一专题进行综合描述的基础上，从纵向或横向上对比、分析和评论，提出作者自己的观点和见解的综述报告。评论性综述的主要特点是分析和评价。在综述各种观点、理论或方法的同时，还要对每种意见、每类数据、每种技术做出分析和评价，表明撰写者自己的看法，提出最终的评论结果。由此可以启发思路，引导读者寻找新的研究方向。在作评论性文献综述时，虽可以加进综述者自己的观点，但综述者观点所占的篇幅不能太大，同时要将综述者的观点独立开来，放在最后，让读者一眼就能看出哪些是文献中的观点，哪些是综述者的观点。

(2)根据文献综述的作用不同划分

①开题报告中的文献综述

开题报告中一般要有规范的文献综述。研究者往往在开题之前要进行大量文献的查找和收集后，对所要研究的问题有一个全面的掌握以及明确的研究方向和研究设计。所以开题报告的文献综述需要对已有的相关研究展开详细、完整、系统的梳理和陈述。

②正式学位论文中的文献综述

学位论文的文献综述可能会以专门的章节在学位论文中呈现出来，或者是仅在学位论文的"前言"部分简要地叙述已有的相关研究，并由此引出研究的假设或者立场。

③公开发表的论文或研究报告中的文献综述

有些公开发表的论文就是文献综述。实证研究的报告中也有文献综述，而这里的文献综述往往只要在前言部分提示已有的相关研究及有待进一步研究的问题。

3．文献综述的特点

文献综述属于三次文献，是经过了分析、评价、总结已发表的文献资料撰写而成的，所以具有以下特点。

(1)全面的概括，高度的提炼

文献综述是关于某一时期或者某一主题的众多原始文献的综合归纳，通过作者的提炼可以反映该主题各发展阶段的主要研究成果和目前的研究现状。既有纵向的比较，也有横向的对比，可以使读者对课题的历史、现状和未来的发展趋势有一个全面和概括性的了解。

（2）具有较高的学术价值

文献综述，特别是评论性综述，通常由某一领域的专家编写，多发表于年鉴、期刊或综述性刊物等出版物中。这些综述的文章学术性较强，通常论述的主题也是当前的学科研究热点、重点等，因此具有较高的学术价值。

（3）具有较多的参考文献

文献综述是作者集合了众多文献撰写出来的，因此参考文献的数量较多。而且在文末都有标明参考文献的来源，具有较强的真实性和可靠性，同时也为读者提供了进一步阅读和搜索文献的线索。

（4）时效性较长

文献综述的信息量大，凝聚了大量的精华。有统计表明，学术期刊上发表的一般性论文的有效使用期为 3～5 年，而综述性文章的有效期可达 5～8 年。

4. 文献综述的要素

文献综述一般包括三部分：一是关键文献及其主要观点，这是文献综述的核心部分。二是对文献综述的小结。小结是对已有的研究及其观点进行更简洁明了的提炼、归纳和分类。文献综述的小结是为了让读者一目了然地把握关于某个研究问题国内外已有的相关研究及主要观点或者成果。三是由文献综述的小结引出"本研究的假设"或者"有待进一步研究的具体问题"。

【学以致用】

请你选择某一生物教育研究问题，检索一篇相关的文献综述，分析并阐述该文献中包括的文献综述的各个要素。

二、如何撰写生物学教育研究的文献综述

在文献检索和文献阅读过程中，研究者需要全面了解相关文献及其重要观点。文献综述就是在对文献进行整理、阅读、思考、分析、综合、概括的基础上，用自己的语言将与研究课题相关的文献内容叙述出来，并根据需要进行评论。因此，文献综述需要在大量阅读和理解文献的基础上进行，此外，还需要作者对文献信息、内容、观点等进行综合思考，加以评述。

（一）文献综述的结构

文献综述的格式多样，但是一般来说，主要包含标题、前言部分、主体部

分、总结部分和参考文献五部分。

1. 标题

标题是综述内容的总体概括，可以反映本综述论述主要问题。

2. 前言部分

前言，也叫导言或引言，一般是说明写作的目的，介绍有关的概念及综述的范围。扼要说明有关主题的现状或争论的焦点，帮助读者对全文要叙述的问题有一个初步的了解。

3. 主体部分

综述的主体部分要对各种主要的观点或者学术流派进行介绍。首先是回顾该课题的研究历史，其次是介绍研究现状，最后是预测发展趋势。即按时间顺序讲清楚以下几个问题：

(1)课题研究的主题和历史过程；

(2)目前已经解决的问题，主要存在的困难和问题；

(3)预测未来，在综合文献资料的基础上找出课题的发展方向。

4. 总结部分

将全文主题进行扼要总结，对所综述的主题，能提出自己的见解。

5. 参考文献

参考文献是综述的重要组成部分，一般放在文末。它不仅是引用文献的依据，也代表着对被引用文献作者的尊重，同时也为读者提供了进一步阅读的查找线索。

(二)文献综述的要求

1. 表述言简意赅、直奔主题

文献综述的语言表述应该观点明确、简洁明了。应该避免大篇幅地讲述历史渊源等并非重点的内容，也不需要讲同行熟知的或者教科书中的常识性内容，在有必要提及他人的研究成果时，以参考引文的形式标出即可。

2. 内容要全面综合、高度凝练

文献综述属于三次文献，是为了分析、评价、总结已发表的文献资料而撰写的。因此，文献综述应该反映某一时期某个研究问题的主要研究成果。让读者通过阅读综述，能够获取较为全面的信息和主要的研究成果。当然，这也要求作者要全面掌握文献资料。全面的、大量的文献资料是文献综述的基本保障。

3. 内容要突出重点、详略得当

在作文献梳理的时候，应该有重点，并且内容要紧扣文章标题，围绕标题

介绍背景时只要几句话概括即可。突出经典研究，突出研究中的差距。在提示所用的方法时，不要求写出具体的方法步骤，结果不要展开讨论。不要长篇罗列参考文献的内容，不能把前言写成了该研究的历史发展。

4. 表述客观，价值中立

比较和对照不同作者对某一问题的观点，保留观点之间的分歧。同时注意，不要在表述中掺杂个人的感情色彩，表述要科学、客观，评价要有依据、实事求是。最好不要用"本研究是国内首次""没有相关研究"这样的评语。引用文献要有依据，要忠实文献的内容。但是要分清楚作者的观点和文献的内容，不可篡改文献的内容。一般篇幅有限，只需要引用主要的研究结果和结论性观点即可。

5. 循序渐进，条理清晰

文献综述应该呈现一定的顺序、层次和结构。最好按照时间顺序呈现关键文献及其主要观点，使不同类型的文献及其观点呈现为某种递进关系。让读者看到已有研究呈现出逐步拓展、逐步深入的进程。

如果文献中出现两种不同的观点，可以打破时间的顺序，将相同结论的作者放在一起，先综述所有正方的观点，再综述所有反方的观点。

如果有国内的学者和国外的学者都对某个研究主题发表了相关的论述，那么可以分别叙述"国外学者的相关研究"和"国内学者的相关研究"。如果有的文献既没有推进前面的相关研究，也没有提出不同的观点，可以说没有任何知识贡献，那么研究者在文献综述中最好不要采用这样的文献。

6. 保持文献综述结构的完整性

结构完整性指的是前面提到的文献综述的三大要素都不要缺少，即关键文献及其主要观点、文献综述的小结和由小结引出的"有待进一步研究的问题"或"本研究重点关注的问题"。

7. 不要遗漏关键文献

研究者在作文献综述时，有时会只关注最新的研究进展，而遗漏了虽是早期的但也很重要的研究成果。或者只陈述了早期的研究成果而没有写出最新的研究进展。还有一些研究者可能只写了国内的相关研究，而遗漏了国外学者的相关研究。

8. 只需要出现重要作者的姓名

在文献综述中只需要写出重要作者的姓名即可，不必呈现所有作者的姓名。重要的作者指的是那些较早提出自己的观点并被频繁引用的作者。有些作者如果没有对相关研究问题的进展有所贡献，那么就不必列出来。

(三)文献综述的撰写关键在于层次清晰、符合逻辑

文献综述的写法或者说写作的思路架构没有固定的方法，因人而异。每位作者都有自己的惯用的方法和套路。这里介绍两种常用的写作思路架构。

1. 根据现有文献编写综述的基本框架，再将文献内容填入

第一，粗略阅读相关的文献数十篇，并根据其中最重要的数篇文献制订文章大致的框架，并列出标题，编写提纲。

由最重要的文献开始阅读，通过我们前面介绍的阅读记录的方式，将重要的内容记下，按照内容的归属在框架下插入。

反复调整各级标题下的相关内容，注意层次分明以及前后的逻辑关系。

处理每一级标题，将其内容串联起来，在此基础上写成段落。

不断地对文章进行阅读、思考、推敲、修改。必要时可以重新查找文献后重新阅读文献，加以补充，或者修改内容，要注意细节揣摩和修饰，力求主题明确、层次清晰、文字精准。

2. 先构建综述的基本框架，再根据框架需要找文献

这种方法是先写文章的主要思路，厘清文章打算从哪几个方面和角度来展开，有了一个大致的思路和基本框架后，再利用文献细写每一个部分。

以上两种方法有时可以混合起来使用，具体采用什么样的方法还要根据作者个人的习惯和对课题研究的熟悉程度而定。作者在写作的过程中，可以先从自己认为比较容易着手的部分开始写，不必一口气完整地写完整个综述。

> **知识拓展**：元分析法是指对文献进行定量化综述和分析的研究方法，即研究者对某一议题的所有相关研究结果进行定量的整合。

对于文献综述而言，传统描述性的文献往往很难消除读者的种种质疑，研究者可能会在主观上为了确保研究逻辑的一致性，突出某种研究结论，而回避既有研究中一些重要文献，进而丢掉科学研究的客观公正性。

基于实证研究的理念与方法来撰写文献综述，有助于提升文献综述的质量和可信度。如果研究者能够采用元分析等研究整合法进行文献综述的撰写，那么文献综述就会更客观和严谨。当然，有的教育研究并不是以探讨以往的文献为目的的，文献只是研究的基础和前提，那么就不一定要采用元分析等整合研究的方法来撰写文献综述。

三、文献研究法在生物学教育研究中的应用案例

文献研究法是教育研究中最基本的和最常用的方法之一，正确认识并合理

运用这种方法有重要的意义。在教育研究中，文献研究法的科学运用往往能帮助研究者很好地完成对问题的研究。研究者对收集到的文献资料，不能只是简单地描述和叙述，而是要运用理论思维方法进行研究。研究时可采用分析与综合、比较与归纳、抽象与概括、演绎与具体化等方法，力求去粗取精、去伪存真。研究时应尽可能采用定性与定量研究相结合的方法。

(一)以文献综述式的期刊论文为例

1. 案例基本情况

研究课题：我国中学生物概念教学研究的现状与趋势——基于中国知网2011—2016年发表的文献计量分析①

论文提要：基于文献计量学的理论和方法，对2011年以来CNKI中《中学生物学》《生物学通报》等4本生物教育专业期刊发表的概念教学文章进行了统计分析。结果发现：自2011年义务教育生物课程标准颁布以来，中学生物概念教学研究越来越受到关注，并形成了以刘恩山教授为代表的主要研究团队，但该领域的作者合作程度不高，且缺少跨学段的合作；研究热点以基于概念图的教学方法的研究为主。

论文框架：前言、文献来源与分析方法、统计结果分析、启示与反思、参考文献。

前言：(略)

1. 文献来源与分析方法

1.1 文献来源

以中国知网(CNKI)为检索平台，以"概念"为主题，词频为3(即在文题、摘要及关键词中概念一次超过3次便可检索到)，检索时间范围固定为2011—2016年，文献来源分别选择《中学生物学》等4本期刊进行精确检索，经过手动筛选和排除，最终获得样本文献272篇。

1.2 分析方法

利用Excel对历年发文的年度、作者、地区及发文机构分布进行统计分析。利用Bicomb书目共现分析系统软件对关键词的频次进行统计分析，利用文献题录分析软件SATI、社会网络分析软件Ucinet对关键词的中心性进行统计分析；并利用Netdraw绘制作者合作网络。

---

① 李增娇，张美娇，王嘉远，等. 我国中学生物概念教学研究的现状与趋势——基于中国知网2011—2016年发表的文献计量分析[J]. 中学生物学，2018(4).

2. 统计结果分析

2.1 历年论文数量分布

历年发文量情况可以反映出某科学研究领域的历史发展轨迹，进而达到揭示和把握该研究领域发展总体趋势的目的。作者利用 Excel 软件呈现近六年来发表在 4 本生物教育专业期刊上概念教学研究论文的数量分布（图略）。可见，近六年该领域的研究论文数量总体上呈现出上升的趋势，其中 2012—2013 年的上升幅度最大，这与 2011 年初中生物课标的颁布关系密切。至 2015 年，有关生物概念教学研究的论文达到顶峰，随后在 2016 年有所下降，但这并不能说明研究者对概念教学研究的关注度有所下降。相反，随着高中生物新课标即将颁布，概念教学研究的视角也会随之发生转换。（部分文字省略）

2.2 研究机构分布

通过对论文第一作者所属机构类型的文献计量分析，可以进一步了解生物概念教学领域的研究现状。统计结果中单位机构类型包含有小学、中学、大学、教研室（包括教学研究室、教育局、各种科学研究所、研修部等机构）及出版社等五大类。统计结果见表 1（表略）。由表 1 明显可得，论文作者群主要来源于中学，说明一线中学生物教师是概念教学研究的主力军。作者经过二次文献检索发现，研究者们的主要研究内容更多地聚焦在生物概念教学的实践研究上，如教学模式在概念教学中的应用、概念教学策略的选择、基于概念建构的教学设计及概念图的应用等。而高等院校和教研室的研究内容主要聚焦在概念教学的理论研究、如何转变学生的前科学概念、课标的解读、概念的建构等方面的内容上。（部分文字省略）

2.3 论文的研究热点分析

文献计量学相关理论认为：通过关键词的词频分析和共现分析可以侦测一段时间内众多研究者共同关注的问题，也就是所谓的研究热点。作者利用 Bicomb 软件提取关键词，共得到关键词 641 个，并对意思相近的关键词进行合并处理：将"高中生物学""高中生物"合并为"高中生物学"；将"初中生物""初中生物学"合并为"初中生物学"；将"课程标准""生物课程标准"合并为"生物课程标准"；最终选择前 20 位的高频关键词。随后用 SATI 软件生成 30×30 的共现相似矩阵，用 Ucinet 计算高频关键词中心性，最终选择前 20 位的高中心性关键词。将两类关键词对比整理成表 2（表略），以便进一步分析该领域的研究情况。

综合分析关键词发现，研究热点主要集中在以下几个方面：

(1)在研究学段的选择上，高中生物学概念教学的研究论文要多于初中生物学。

（2）重视对教师概念教学的方法研究，如关键词概念教学、生物学教学和课堂教学。

（3）重视对学生学习方法的研究，如认知结构、前概念、概念学习、概念转变、建构等的研究颇多。

（4）研究工具多以概念图和概念工具为主。

（5）最常被研究的内容是呼吸作用和同源染色体。（省略部分内容）

3. 启示与反思（略）

3.1　生物课程标准始终是概念教学研究的风向标

3.2　大学与中学一线教师的进一步合作有利于提高理论研究的深度

3.3　研究热点应更加关注学生能力的发展和科学素养的提升

参考文献：（略）

论文原文：请扫描二维码阅读原文。

2. 案例点评与分析

本文献综述思路清晰、方法科学、论据充分、结论可借鉴。作者主要采用文献计量法，通过大量文献的搜索、阅读与分析进行了关于"中学生物概念教学研究"的思考和归纳，并用丰富的图表呈现文献研究的结果，同时分几个主题展开细致准确的分析。其中作者根据不同的分析需要，采用了不同的文献统计工具，如 Bicomb 书目共现分析系统软件、文献题录分析软件 SATI、社会网络分析软件 Ucinet 和 Netdraw 绘制作者合作网络，这些工具的使用大大提升了文献分析的科学性和可靠性。作者选用的样本来源于《中学生物学》《生物学教学》《中学生物教学》和《生物学通报》这 4 本中学生物教育领域的重要专业期刊，具有一定的权威性。由此可见，文献研究法在本研究中起着十分重要的作用，即以文献为基础，以文献计量法为研究方法，以文献分析结果作为结论的依据。

通过对原文全文的阅读，我们可以发现该综述论文主要从以下几方面的内容进行撰写：

（1）前言部分：简要介绍了本文研究的背景和意义、资料的来源、文献的年限、研究方法以及作者利用这些文献主要做了什么。

（2）主体部分：作者将 272 篇文献分 3 个主题（即前文提到的研究细目）进行分析和介绍，3 个主题分别是历年论文数量分布、研究机构分布及论文的研究热点分析，从而对"生物概念教学研究现状"这个问题达到具体层面的分析。每个主题得出相应的结论。例如，研究机构分布：小学占比

0.37％；中学 59.19％；大学 17.28％；教研室 20.22％；出版社 2.94％。论文作者群主要来源于中学，说明一线中学生物教师是概念教学研究的主力军。得出各个关键词的出现频次（略）；说明了高中生物学概念多于初中生物学概念；重视对教师概念教学的研究；重视对学生学习方法的研究；研究工具以概念图和概念模型为主；最常被研究的内容是呼吸作用和同源染色体。

（3）总结部分：作者通过以上几个主题的结果与分析，得出综合性的、概括性的结论。并提出了 3 点启示与反思，即生物课程标准始终是概念教学研究的风向标；大学与中学一线教师的进一步合作有利于提高理论研究的深度；研究热点应更加关注学生能力的发展和科学素养的提升。

参考文献：文末作者给出参考文献 4 篇。严格来讲，参考文献应该将文中所提到的作者所参考的 272 篇文献都罗列出来，但是由于数目庞大，显然不太现实。

通过此篇题为《我国中学生物概念教学研究的现状与趋势》的文献综述，读者便能在较短的时间内对近几年来关于"生物概念教学"这个领域的研究现状、动态、未来的发展趋势以及还有待进一步研究的问题有一个全面概要的了解。当然，这也正是文献综述的意义和价值所在。

3. 案例思考题

（1）在本案例中，作者主要从历年论文数量分布、研究机构分布以及论文的研究热点分析，这 3 个主题展开文献分析，你认为还可以从哪些角度提出新的分析主题呢？

（2）结合案例，讨论采用文献计量法应注意哪些问题？

（二）以期刊论文中的综述部分为例

1. 案例基本情况

研究课题：中学生物教材插图识别特征的眼动研究[1]

论文提要：被试对教材中的插图特征点总体注视情况较好，基本达到编辑的意图。被试对插图的注视情况与插图所包含的特征点数密切相关，而插图的类型不是影响学生视图效果的根本因素。被试对文字的关注程度较高，而对字母的关注程度较低。插图中的文字标识有助于学生对相关特征点的注视。被试知识水平影响被试对插图的理解。学业成绩好的被试对特征点多的插图的理解

---

① 姚宝骏，丁树良. 中学生物教材插图识别特征的眼动研究[J]. 课程·教材·教法，2018(2)：103-109.

显著好于低水平学业成绩的被试。

论文综述：国外已有研究主要描述了插图对促进学生概念理解的作用。例如：施诺茨（Schnotz）及班内特（Bannert）研究表明，图像可以促进学生对分子生物学的理解，但迈巴赫（Marbach-Ad G）认为不同类别的图像的作用是有区别的。门杰（Menger）、扎娜（Zana）、林德曼（Lindman）、库克（Cook）和施伯恩（Schnborn）等研究表明，图像设计中的含糊、简化以及潜在的误导造成学生理解困难或者形成歧义。哈里森（Harrison）及特莱格斯特（Treagust）研究表明，学生普遍将教材上的模型当作真实的结构。这种情况不仅在初高中学生中存在，在大学生中也同样存在。另外，莱瓦尔特（Lewalter）、特沃斯基（Tversky）等认为，很难确定动画对于学习的价值。

Schnborn 和 Anderson 认为，科学课程教学研究需要将更多的注意放在了解学生如何阅读图像以及如何获得读图技能上。为此，首先需要解决以下问题：①学生读图时注意到什么特征；②学生读图时理解了什么内容。鉴于此，本研究采用眼动分析加问卷及口语报告的方法对以上问题进行研究。

论文原文：请扫描二维码下载原文阅读。

2. 案例点评与分析

该作者撰写的综述言简意赅、思路清晰，文字虽不多，却不失深度和广度，并且具有较好的完整性。在综述中作者列举了国内外的研究情况，如 Schnotz、Bannert、Marbach-Ad G、Menger 等人的研究结果：图像可以促进学生对分子生物学的理解；不同类别的图像的作用是有区别的；图像设计中的含糊、简化以及潜在的误导会造成学生理解困难或者形成歧义等。作者受到 Schnborn 和 Anderson 的观点的启发，接着，阐明了本课题研究需要解决的两个核心问题：①学生读图时注意到什么特征；②学生读图时理解了什么内容。作者还交代了将基于其他研究者的研究结论与观点对以上这两个问题展开研究，同时也说明了研究的方法和方式为"眼动分析"、问卷和口语报告。

作者运用了文献研究法，对其他研究者所做的与本课题相关的工作进行了收集、阅读、整理、分析与提炼，为本研究的顺利开展确定了研究的关键问题和研究思路，这体现了文献研究法在教育科学研究中的重要作用。

3. 案例思考题

(1)期刊论文中的综述主要包含了哪些方面的内容？

(2)结合案例，请说出文献综述的重要性以及对教育科学研究的重要意义。

(三)以学位论文中的综述部分为例

1. 案例基本情况

研究课题：基于 HPS 教育的高中生物学教学设计①

论文提要：HPS 教育将多种维度的知识渗透到课堂教学中，学习者能够比较清楚地明白科学概念形成的全过程，认识到科学概念是如何呈现的，深切体会科学家的钻研精神，同时学习科学研究的方式方法。HPS 教育可以提高学习者的理性思维与科学探究的技能，从而促进其生物学核心素养的达成。

面向生物学核心素养的培养，对基于 HPS 教育的高中生物学教学设计开展了初步的研究。论文分为五部分。第一部分是引言，呈现了本文研究的背景、意义、内容、方法和思路。第二部分是研究综述，通过阅读大量的文献，对"生物学核心素养""HPS 与 HPS 教育"以及"HPS 的一般教学模式"进行了概念界定，并剖析了国内外 HPS 教育的研究现状。第三部分是本次研究的主要成果，阐述了基于 HPS 教育的高中生物学教学设计的步骤，挑选了适合的HPS 教学内容，分别依据"历史—探究"模式和"自然观察—探究"模式进行了详细的教学设计和分析。第四部分是在前面研究的基础上，归纳了融入 HPS 教育的高中生物学教学设计的特点。第五部分是对前文的归纳总结，同时提出发展期望，对研究中发现的优点与缺点进行总结，在此基础上进行更深入的研究，提出了自己的思考。

论文综述：略(扫描二维码下载原文)

2. 案例点评与分析

作者撰写的研究综述全面、深入、完整，条理清晰、样本足量、论据充分，其中包括了概念界定、国内外研究现状以及过去研究存在的不足等内容。

原文：为了确保在一定的理论基础上开展基于 HPS 教育的教学设计，笔者通过文献检索、广泛阅读、重点精读等方法对"生物学核心素养""HPS 与HPS 教育"和"HPS 的一般教学模式"等相关概念与研究现状进行了概括。

通过阅读案例原文，可以发现，文献研究法在本研究中起着非常重要的作用。

例如，作者在综述部分收集、阅读和参考了共 100 篇以上文献，虽然文中只标出 15 篇的参考文献。作者的综述主要参考了这 15 篇文献的结论与观点。其余搜索到的文献主要用于了解 HPS 的不同层面的研究情况、不同学科的

---

① 李梦婷. 基于 HPS 教育的高中生物学教学设计[D]. 武汉：华中师范大学，2017.

HPS 论文情况以及论文的数量变化情况等。从而得到以往研究存在的不足、需要进一步研究的问题以及本研究的意义。

原文：以"HPS 教育"为主题在中国知网里搜索，统计数据截止到 2017 年 3 月，共有 79 篇，分别是从理论和实践两个角度进行研究的。其中，理论层面的研究有 40 篇，绝大多数是对 HPS 教育内涵的研讨，但它们并没有借助具体的学科，几乎没有实证性的研究；实践层面的研究有 39 篇，绝大多数是对物理、化学、生物、数学、地理五个科目中的内容进行教学设计，但有些设计比较粗略，并没有细致地阐述其具体流程。因而，如何在实际教学过程中贯彻好 HPS 的教育理念仍需要我们进一步的探究。

又如，"概念界定"这部分明确阐述了本研究的重要概念——HPS 和 HPS 教育。作者通过查阅相关的文献，获取了两种对 HPS 的普遍解释，并根据马修斯的论著和国内学者丁邦平的观点，确定了本研究中的 HPS 所指的含义，得到明确的概念界定，为后面的研究工作奠定了重要的基础。

原文：在进行相关文献收集当中，笔者发现马修斯的论著和研究中更侧重于前面的一种解释，而国内学者丁邦平在翻译、引进 HPS 过程中更多地采用后面一种的理解。本研究提到的"HPS"倾向于后一种解释。

再如，由于本课题研究的是"基于 HPS 教育的高中生物学教学设计"，这显然和教学模式、教学策略、教学方法等内容是分不开的，因此，作者还对"HPS 的一般教学模式"的相关文献进行了收集和观点提炼，得到了两种一般教学模式："历史—探究"模式和"自然观察—探究"。这非常重要，因为作者研究的主体部分包括了通过这两种模式进行的教学设计的案例及分析，这也说明文献研究法帮助了研究者进一步地明确了研究的思路与方向。

原文：学者乔伊斯和韦尔认为，教学模式是一种范式或计划，具有参与课程的构成、选择教材、提示教师教学活动的作用。所谓"HPS 的一般教学模式"，即在 HPS 教育理念的指引和要求下，可以在课堂实践中真正进行的具有良好稳定性的活动架构与程序，是拥有某种特定结构形态的策略。通过精读大量的文献，笔者发现 HPS 的一般教学模式有两种，分别为"历史—探究"模式和"自然观察—探究"模式。

此外，根据本学位论文的综述包含了以下几个方面的内容：①阐明问题，即重要概念和主题内容。②文献回顾，总结国内外的研究现状及不足。③简述本研究要解决的问题，突出研究的价值和意义。可以说，本学位论文的综述部分在结构和内容上均符合学位论文综述的要求，是一篇较好的范例。

　3. 案例思考题

(1)本学位论文中关于国内外的研究现状，作者参考了哪些文献？如何根据文献得出相应的观点呢？

（2）本学位论文中"研究综述"对本课题研究起到哪些重要的作用？

文献研究法是教育研究中最基本的和最常用的方法之一，正确认识并合理运用这种方法有重要的意义。在教育研究中，文献研究法的科学运用往往能帮助研究者很好地完成对问题的研究。研究者对收集到的文献资料，不能只是简单地描述和叙述，而是要运用理论思维方法进行研究。研究时可采用分析与综合、比较与归纳、抽象与概括、演绎与具体化等方法，力求去粗取精，去伪存真。研究时应尽可能采用定性与定量研究相结合的方法。运用文献研究法进行教育研究的基本步骤这里再作一个简要的归纳，即：文献检索→分类摘录→文献分析→研究结论→撰写文献综述。

【学以致用】

通过本章的学习，你是否能运用文献研究法来开展教育科学研究了呢？你也可以运用本章学习的文献检索方法对"文献研究法"的相关文献进行检索，通过阅读、自学，了解更多的关于文献研究法的相关内容，包括文献研究法在各教育研究领域的应用等，无须局限于生物教育科学研究。因为在不同的视角下或者不同的学科之间，往往有许多可以相互借鉴的地方，可以为本专业的教育研究开辟新的思路和方向。

【章后拓展】

1. 如何从文献中获取有价值的信息资料并进行整合和利用？

2. 如果要撰写一篇关于"基于生物学核心素养的科学史教学策略研究"的文献综述，你觉得应该如何做呢？请结合本章学习的内容阐述研究的基本思路和步骤，并尝试写出文献综述。

第三章　问卷调查法

【学习目标】

1. 概述问卷的类型、结构与特点。

2. 简述调查问卷设计的一般步骤。

3. 能针对生物学教学问题，正确设计调查问卷。

4. 能科学地实施问卷调查，并对问卷结果进行统计分析，形成问卷调查报告。

【内容概要】

本章首先介绍了问卷调查法的概念、类型、结构和特点。其次介绍了调查问卷设计的一般步骤，并详细描述了问卷中问题与回答设计的具体内容；对问卷调查法的实施做了明确的阐释；阐述了问卷调查后的数据处理方法。最后提供了一个生物学教育问题的问卷调查案例。

【学法指引】

本章学习应结合生物教学问题，根据调查问卷法的基本要求，尝试自己设计调查问卷，并实施，完成调查数据处理；在实践中领悟问卷调查法，把问卷调查法的理论和教学研究实践紧密地结合起来。

第一节　问卷调查法是生物教学研究中广泛应用的方法

【问题聚焦】

1. 什么是问卷调查法？

2. 问卷调查法具有哪些特征？

3. 调查问卷一般有哪些类型？

4. 调查问卷包括哪几个关键部分？

5. 问卷调查法在教育研究中具有什么优势？

【案例研讨】

某高中生物教师为了了解所教班级生物学核心素养水平情况，针对"生命观念"部分设计了如下的问卷。

亲爱的同学：

你好！感谢你在紧张的学习之余来填写问卷，本次调查只作教学研究，旨在了解同学们的生物学核心素养情况；调查采用不记名方式，你的回答都仅仅作为统计数据来使用，答案无所谓好坏，对成绩等其他方面没有任何影响，你的回答将对我们的课题研究提供有价值的参考，希望你如实填写。多谢合作！

基本信息：

性别：_____   班级：_____

	A. 符合	B. 比较符合	C. 不确定	D. 不太符合	E. 不符合
1. 了解"生命观念"这个概念					
2. 平时关注过自己或身边的生命问题					
3. 主动了解有关生命的知识					
4. 了解生命的本质					
5. 对生命体微观成分比较了解					
6. 认为生命体结构和功能是统一的					
7. 有科学的自然观和世界观					
8. 能用生物学知识解释生命现象					
9. 不了解生命体的微观成分					
10. 物质是功能决定结构的					

想一想，这个问卷结构完整吗？需要补充哪些信息？问题设计合理吗？问卷的类型与想获得的信息之间相符吗？问卷调查是教育研究常用的方法，一个好的问卷决定了调查的质量。本节我们从问卷调查的内涵、类型与结构方面来开始了解生物学研究中的问卷调查。

问卷调查法（Questionnaire）是教育研究中常用的资料收集方法，广泛应用于教育教学研究、教育心理学研究和社会学研究等领域，是人文社会科学中使用频率较高的一种调查研究方法。美国社会学家艾尔·巴比（Earl Babbie）把问卷调查称为"社会调查的

> **核心概念**：问卷调查法是通过问卷获得有关信息的一种研究方法。问卷的问题设计是问卷调查法的核心内容；问卷信度与效度检验是问卷调查法实施的质量保障；问卷结果的处理是问卷调查法的效果体现。

支柱"，英国社会学家莫泽（Moser）则说"10 项社会调查中就有 9 项是采用问卷进行的"，可见问卷调查法的普遍性和实用性。本节将从问卷调查的特点、类型、结构等方面展开叙述。

一、问卷调查法在教学研究中具有明显的优势

问卷调查法是研究者根据所需研究的课题，设计一系列的问题，形成一份自填式问卷并呈现给被调查者，探求被调查者的意见，通过对收集的大量资料进行数量化处理，从而获得有关信息的一种研究方法。问卷是问卷调查法的核心内容，是按事先设计的反映调查目的和调查内容的一系列问题及答案，从调查对象那里获得信息（如个人行为和态度倾向性等）的结构化书面材料。一次问卷调查主要由抽样、问卷设计与填写、统计分析等部分组成。问卷调查在教育教学研究中具有以下优势。

1. 调查范围具有广泛性

问卷调查法的调查范围不受区域及人数的限制。因此，研究者在一定时间内，可以进行广泛的、大样本的调查，收集到大量的数据资料。例如，可以调查某省的高中生物实验教学的现状、某年级学生对生物学习兴趣、学生生物学社会责任水平等问题。

2. 调查结果具有客观性

问卷调查一般采用不记名的形式作答，并且对被调查者的信息进行保密，有利于被调查者根据自身的实际情况，表达真实的想法和态度。一般能对问卷中的问题做出真实的回答，只要问卷设计科学，问卷操作过程规范、问卷数据处理正确，问卷结果、结论就具有客观性。

3. 调查数据具有标准性

问卷调查使用统一的问卷对所有被调查者进行调查，为了使被调查者能够快速有效地做出回答，在问卷题目的设计时，会给出有限的答案供被调查者选择。这样得出的答案一般在选项内，标准化程度高。同时，在处理数据资料时，由于答案的标准化，数据易于量化和统计分析，能将质性的资料转换成数据，经过专门的统计计算与分析，得出调查结论。

4. 信息收集具有高效性

问卷调查是获取信息较快捷、较高效的一种方式。由于问卷所呈现的调查内容相同，可快速进行多个样本的调查，经济省时地获得想要的信息。同时问卷的统一性让被调查者的回答范围标准化，使问卷资料适于计算机处理，也节省了分析的时间。

二、调查问题的种类划分

1. 按问题的性质不同划分

按问题的性质不同，可以将问题分为背景性问题、客观性问题、主观性问题和检验性问题。背景性问题主要是了解被调查者个人的基本情况，是对问卷进行研究的重要依据，常常放在调查的第一部分，也是调查研究的重要变量；客观性问题是指已经发生和正在发生的各种事实和行为；主观性问题是指人们的思想、情感、态度、愿望等一切主观方面的问题；检验性问题是特别为检验回答问题的真实性、准确性而设置的问题。检验性问题常常采用同质性问题或反向性问题作为检测工具，当出现逻辑明显错误时，可以判定该填写问卷的被调查者存在敷衍或乱答现象，应在数据统计中剔除。

2. 按问题的回答形式不同划分

按问题的回答形式不同，可以将问题分为封闭式问题、开放式问题和综合式问题三种。

（1）封闭式问题

封闭式问卷的题目设置了有限的答案，被调查者只能选择所提供的选项。其问题的设置具有结构化的特点，因此，又称为结构式问卷或标准问卷。封闭式问卷的问题类型一般包括是否式、选择式、评判式和画记式等，其主要区别如表 3-1 所示。

表 3-1　封闭式问卷的类型

类型	问题表现	举例
是否式	答案列出肯定与否定两种	你是高中学生吗？ A. 是　B. 否
选择式	从多个答案中挑选一个或多个适宜选项	你现在的政治面貌： A. 党员　B. 团员　C. 群众
评判式	按照重要性将多个答案排序	你对未来专业和职业的认识来源于： （　）学校安排的课程与讲座 （　）老师的授课过程 （　）书籍、网络资源 （　）父母、亲戚、朋友 （　）社会实践 （　）其他

类型	问题表现	举例
画记式	按同意或不同意在答案上标记"√"或"×"	（　）考试前我非常紧张，常常担心成绩会落后他人

封闭式问卷通过提供有限的答案供被调查者选择作答，较容易作答，有利于提高问卷回收率。同时在处理资料时，由于答案的标准化，数据易于量化和统计分析，因此此类问卷被广泛使用。但是封闭式的问题，往往收集的资料较有限、调查可能不够全面。例如，为了调查新高考实施后，学生对选考课程选择的原因，设计了如下的问题：

你选择生物学课程的主要原因：

A. 自己兴趣　　　B. 为求职打下基础　　　C. 学校强制　　　D. 受父母影响

此问题明显限制了回答的范围，忽视了可能还有其他原因，导致收集的信息不真实。采用选择式的封闭性问题往往导致答案无法穷尽，在实际调查中往往在后面加上一个选项"E. 其他"，来弥补这个不足。

（2）开放式问题

开放式问卷由自由作答的问题组成，不设置答案。这种形式的问卷多半用在探索性研究中，一般被调查的人数较少，不用将资料量化。对于被调查的人来说，可以与其他被调查的人回答相同，也可以完全不相同，回答格式自由。这种问卷回答属于开放式，没有固定的回答格式与要求，因此也称非结构型问卷。这种问卷收集的信息较多，相对比较全面，统计分析的难度也会相应上升。例如，为了了解某高中生物课程渗透职业生涯教育情况，对生物教师进行调查，设计了如下的问题：

①你对生物课程渗透职业生涯教育有何建议和意见？

②你觉得什么样的作业对学生发展来讲更重要？

③你对生物课程的高中与初中的衔接教学，还有哪些更好的建议和想法？

……

（3）综合式问题

综合式问卷，即一份既有封闭式的问题也有开放式问题的问卷。封闭式问题与开放式问题在调查中各有优缺点，如表3-2所示。在实际调查问卷中，往往采用以封闭式问题为主，根据需要加上部分开放式问题的综合型问卷。这样既可发挥封闭式问题的便于统计、被调查者方便作答的优点，又可发挥开放式问卷的探索性研究功能，探询到某些特殊意见或者对某项研究的补充。同时，对于开放性问题，因被调查者通常需要花费一定的时间进行作答，容易被拒绝回答，在一份问卷中开放式问题不宜出现太多。

表3-2 封闭式问题与开放式问题的比较

项目	封闭式问题	开放式问题
优点	①填答方便 ②数据统计分析易于操作	①被调查者自由发表意见，具有自主性 ②收集到丰富、真实的信息
缺点	得到的资料是调查者经过设计的，可能会失去某些有用信息，缺少自发性和表现力	①后期统计分析十分复杂 ②对回答者的文化要求较高，花费精力时间，无法保证收集信息的有效性

三、问卷包括标题、前言、指导语、问题与答案、结束语等几个关键部分

问卷是教育研究中用来收集原始资料的一种精心设计的问题表格。调查者将自己想要调查的问题以问卷的形式，分发给被调查者填写，以此来了解每个问题的作答情况。问卷通常包括标题、前言、指导语、问题与答案、结束语等几个关键部分。

1. 标题：反映一份问卷的主题和设计目的

标题能够反映一份问卷的主题和设计目的，也是衡量问卷效度和信度的一个重要指标。问卷的标题应有价值性、科学性和可行性等特征。同时，标题设计还应做到新颖独特、简明扼要和通俗易懂，使被调查者能在最短时间内捕捉到该问卷所要调查的主题是什么。标题尽可能避免出现生涩、繁难、偏僻的词语和被调查者所不能理解的专业术语，否则会直接影响问卷调查的信度和效度。

例如，"生物新教师教学能力调查问卷""××省高中生物实验教学现状调查"等都能较好地体现调查的主题。但是，"中学生习得性无助感和学习动机的关系调查问卷"，由于学生可能对"习得性无助感"不理解，指导学生填写问卷的一些教师在理解上也可能存在偏差，这必然影响问卷的填答。如将其改为"中学生学习情况调查问卷"，问卷题目则更加具体明确、通俗易懂。

除此之外，问卷标题的设置应避免敏感性或具有引导性的词语，反之，应使用一些中性词，以体现客观性。例如，在调查教师的工作压力情况时，设计问卷标题就不应用"压力"等带有明显贬义的词语，可用"教师基本情况调查问卷"等模糊化和中性化的语句进行阐述。因为教师若知道是关于压力的问卷调

查时，不可避免地会将把平时觉得压力大的想法间接反映出来，以致选择答案时偏向高的等级，使问卷的信度和效度降低。

2. 前言：帮助被调查者接受调查并认真如实地填写问卷

前言位于正文之前，一方面是向被调查者说明调查目的、调查者身份、调查的大致内容及调查结果的保密性，鼓励被调查者根据自身情况如实填写；另一方面对被调查者的作答做出一些解释和说明，指导其完成问卷。前言篇幅不宜过长，语言简洁，态度诚恳，一般为200字以内。

前言虽然篇幅短小，但在问卷调查过程中却有特殊的作用。能否让被调查者接受调查并认真如实地填写问卷，在很大程度上取决于前言的质量。一般而言，在前言中应涉及以下几方面：①对被调查者进行称呼。如"亲爱的同学们、尊敬的老师们……"前言的一开始对被调查者进行问候，可以表明此份试卷的调查对象，明确研究范围。②说明该项研究组织者的身份，使被调查者认为此项调查研究是合理合法的。例如，"……我们是××师范大学的研究人员……"，在前言中首先表明自己的身份，有助于取得被调查者的信任，有助于后续的问卷调查的实施。除了写清单位、组织外，如若还能附上调查者的地址、电话号码等，可以增进调查者与被调查者的联系。③说明该项研究的目的，争取被调查者的配合。简述此项研究的大致内容和进行这项调查的目的，如有必要还可用一句话来阐述此项研究对于本人或单位的重要性。例如："……为了解新课改后××市高中生物实验教学现状，并为以后的实验教学提出可行、有效的建议和对策，进行了此次调查……"在前言中既不能对调查内容只字不谈或含糊其词，也不能事无巨细地阐述，因此通常的做法是用一句话指出其内容的范围，并阐明此项研究的意义，表明被调查者回答问题的重要性，有利于调动被调查者的积极性和责任心。④承诺对调查结果保密，不透露个人信息。例如"本次调查仅用于科学研究，采用不记名方式，不对外公开任何数据和信息，不会给您带来任何影响"。通过不记名的调查方式以及保密承诺，在一定程度上可以消除被调查者的戒心，从而使被调查者的回答能够反映其真实的想法。⑤说明回答不存在对错之分，只要真实客观地反映本人的行为与态度即可，如"回答没有对错，不用与同学讨论，不要犹豫，根据自己的第一反应如实做出选择"。作这样的一句说明可让被调查者各自独立作答，增加问卷数据的真实性。⑥对被调查者的合作和帮助表示真挚的感谢。

【学以致用】

以下"前言"是否包含了调查对象、调查者身份、调查目的、调查承诺与说明、致谢等组成要素？他们分别是什么？

亲爱的同学们：

你们好！我是××师范大学的研究生，非常感谢你参与本次问卷调查！本次问卷调查主要是想了解问题教学在高中生物教学中的应用情况，调查结果将只用于我的毕业论文中的相关研究，以期能为改进高中生物的教学现状尽一份绵薄之力。调查结果不存在任何商业用途，更不会泄露你的任何隐私，请放心作答！整个问卷中涉及的题目均没有对错之分，请根据你的实际情况填写，无须署名。衷心感谢你的合作与支持！祝你身体健康！生活愉快！学业有成！

××师范大学的研究生

××年×月

3. 指导语：指引被调查者用正确的方式进行作答

指导语是填答问卷的各种解释和说明，便于被调查者用正确的方式进行作答。有些问卷的填答方法比较简单，指导语很少，通常只在封面信中用一两句话说明即可。例如，"各小题均为单选，请选择最符合你的实际情况的选项，在所选选项的字母上打'√'，如有其他见解可填写在'其他'后面的横线上"。有些指导语则集中在前言之后，并标有"填表说明"的标题。其作用是对填表的方法、要求、注意事项等做一个总的说明。例如，某问卷调查的"填表说明"：

填表说明

1. 本问卷已将所有需要回答的问题编号，您只需要按照卷面上标明的要求回答即可，请在您选择答案对应的符号前画圈。不论是单选还是多选。

2. 无特殊说明的情况下，一律只选一项。若要求选择多项答案，题目后面都有注明。

3. 有些题目如果没有您想选择的项目或题目需要注明您填写，请直接填在选项后的_____上面。

4. 问题与答案：问卷的主体

问题与答案是调查问卷的主体部分，也是问卷设计的核心内容。一般问卷中的问题大致可分为背景信息、个人行为和个人态度等方面的题目类型。

（1）背景信息

"背景信息"类型的问题常用于了解被调查者的基本情况，通常置于问卷的开头，可作为调查的变量来使用。例如，个人基本因素中的年龄、性别、职业、婚姻状况等；教育条件因素中的教育程度、所在年级等；家庭环境因素中的家庭成员人数、父母职业等。

【案例研讨】

为了调查师范生的职业规划情况，某调查小组设计了如下"背景信息"类型的调查问题。

1. 目前在读学校：_____

2. 性别：A. 男　B. 女

3. 年级：A. 大一　B. 大二　C. 大三　D. 大四

4. 16岁前家庭生活地区：A. 城市　B. 乡镇　C. 农村

5. 父母双方受教育最高程度？A. 未受教育或小学　B. 初中　C. 高中或中专　D. 大专或本科　E. 硕士及以上

6. 大学在读期间是否担任过学生干部？A. 是　B. 否

7. 大学在读期间是否参加过与目标工作相关的社会实践工作？A. 是　B. 否

职业规划与个人的受教育程度、家庭文化背景、学习经历等多方面存在着联系。上述问题既是了解被调查者的基本资料，也是调查研究的重要变量，调查结论就是根据这些变量的调查结果得出来的。分析该调查问卷的背景信息，结合调查目的，尝试分析该背景信息的调查包含了哪些与职业规划相关的重要变量。

（2）个人行为

为了解被调查者已经客观存在的行为事实而设计的一类问题，"个人行为"的调查是问卷调查的主体之一。例如，为调查生物实验课实施情况，可设计如下调查问题：

1. 每次生物实验课提供的实验器材是否够用？（　　）

A. 只够老师演示使用　　　　　　B. 只够一起合作使用

C. 实验器材比较充足，能够满足需求

2. 生物实验室内是否有现代教学用具（如投影仪等）可以使用？（　　）

A. 有，并可以使用　　　　　　　B. 有，但已经不能使用

C. 有，但不知道可否使用　　　　D. 没有

3. 生物实验室对学生自由开放吗？（　　）

A. 经常　　　B. 有时是　　　C. 从来不　　　　D. 不清楚

4. 你是否经常参与生物课外实践活动？（　　）

A. 只要有，就会参加　　　　　　B. 偶尔会参加

C. 不太感兴趣　　　　　　　　　D. 学业紧张没有时间参加

（3）个人态度

为了解被调查者对某些现象或者行为的相对稳定的心理倾向，即所表现出

来的态度。例如，表 3-3 是关于个人态度方面的调查。

表 3-3　某教师职业规划调查问卷(部分)

序号	项目	非常符合	比较符合	符合	较不符合	非常不符合
1	我有兴趣当一名生物教师					
2	我觉得自己的性格气质适合做生物教师					
3	我的知识结构和能力能做一名合格的生物教师					
4	我清楚了解生物教师职业的具体工作内容及特点					
5	我清楚了解生物教师职业的从业要求					

"个人态度"的调查往往采取态度量表，如李克特量表(Likert scale)。在问题的设置上采用多个等级的答案，每个等级的程度层层递进，被调查者可根据实际情况，选择最符合自身态度的一个选项。具体内容详见本章第二节"四、介绍几种常见的问卷量表"。

5. 结束语：真诚地表达你对被调查者的态度

结束语一般放在问卷的最后面，用来简短地对被调查者的合作表示感谢，如"问卷作答完毕，感谢您的支持!"也可征询一下被调查者对问卷设计和问卷调查本身的看法和感受。

第二节　设计问卷是开展问卷调查研究的前提

【问题聚焦】

1. 设计调查问卷一般包括哪些步骤?

2. 调查问卷中的问题设计是有效调查的关键，设计问题应遵循什么原则?

【案例研讨】

李老师为了解当地高中学生生物学概念学习情况，设计了一份调查问卷。通过文献查询，没有发现比较满意的现成的调查问卷。为此，李老师根据生物学概念学习的特点，设计了如下学生问卷，并用于大规模的教育调查中。

1. 你觉得生物学中的概念学习重要吗? (　　)

A. 非常重要　　B. 比较重要　　　C. 不太重要　　　D. 不重要

2. 你认为重点讲解生物学概念在整个高中生物学学习中处于什么地位？（　　）

　　A. 核心　　　　　　B. 重要　　　　　　C. 一般　　　　　　D. 次要

3. 在学习生物学概念过程中，什么是你最常用的学习方式？（　　）

　　A. 背诵定义　　　　　　　　　B. 听老师讲解

　　C. 自主构建　　　　　　　　　D. 题海战术

4. 学习了生物学新概念后，你最常用哪种方法记住它们？（　　）

　　A. 强化记忆　　　　　　　　　B. 与已学的知识结合形成知识网络

　　C. 与生活中的例子结合　　　　D. 做一些相关的习题

5. 你认为哪种因素最能影响你对生物学概念的学习？（　　）

　　A. 概念抽象难懂　　　　　　　B. 教学方法不当

　　C. 教学方法得当　　　　　　　D. 考试很少考有关概念的题目

6. 你对自己目前的生物学概念学习情况感到（　　）。

　　A. 很满意　　　　B. 较满意　　　　C. 一般　　　　　　D. 不满意

7. 你发现在生物学概念教学中老师最常用的教学评价方法是什么？（　　）

　　A. 背诵定义　　　B. 描述概括　　　C. 试题检测　　　D. 自我展示

李老师的问卷设计步骤合理吗？问卷的问题设计能实现所要的目的吗？分组讨论并尝试设计一份合理的教学问卷。

　　一份设计合理的问卷，将使问卷的回收率提高，增加研究数据的真实性，如果问卷设计不恰当，将会使研究失去意义。因此，问卷设计是进行问卷调查前应该严格把控的一个环节。

一、调查问卷设计的一般步骤

　　调查问卷的设计一般包括确定问卷的题目和调查对象；细化问卷主题，列出调查分层目标；设计问题，形成问卷初稿；检验问卷并修订等几个步骤，如图 3-1 所示。

1. 确定问卷的题目和调查对象

　　调查研究首先要根据研究的目的确定问卷的题目以及调查的对象。作为提出问题、收集资料到具体问卷设计阶段的过渡，这个阶段是把一个研究问题或想法转化为具体内容的第一步。具体包括：①确定研究内容，明确调查目的。在设计一份问卷时，首先需要认真考虑，你想从问卷的结果中获得什么，从而确定你的调查目的。②确定调查对象。调查目的一旦确定，就可以确定调查的

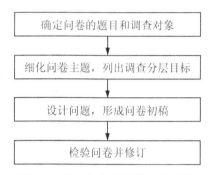

图 3-1 调查问卷设计的一般步骤

对象。③拟订问卷题目。

问卷调查的研究目的，实际上决定了问卷设计的核心，决定了提问的方式和问卷的类型，也决定了调查对象的范围。例如，"××市普通高中生物课程渗透职业生涯规划现状调查问卷"，从题目可知，主要调查普通高中学生对未来的规划意识和职业认知、学校是否开设相关职业规划课程、希望如何在生物学课程中加入职业生涯规划相关内容，等等。

2. 细化问卷主题，确定调查分层目标

依据调查目的设计一份行之有效的问卷，一个重要的步骤是将已经确定的调查目的进行逐步分层，也就是将目的一步一步具体化，逐级分解成具体且明确的目标，最终建构有层次的目标结构。实际上就是对目标进行分层，总目标是什么，它包含多少二级目标，每个二级目标又包含多少三级目标。然后对每一个分层目标收集相关资料，熟悉和了解每一个层次目标的基本情况，以便确保目标分层具有逻辑性和全面性。例如，某调查小组设计了"××市普通高中生物课程渗透职业生涯规划现状调查问卷"的调查分层目标。一级目标包括"自我认知水平""职业认知水平""生涯决策能力""教育认知水平"四方面；将一级目标分解，形成二级目标，即6个维度；每个维度设计若干问题。结构如表 3-4 所示。

表 3-4 "××市普通高中生物课程渗透职业生涯规划现状调查问卷"的调查分层目标

一级目标	二级目标
A. 自我认知水平	①对自我职业选择的认知
B. 职业认知水平	②对所选职业的认知

一级目标	二级目标
C. 生涯决策能力	③学生最喜欢的学科 ④选择该科目以及选择该科目相关职业的原因
D. 教育认知水平	⑤现行职业生涯教育的情况 ⑥对现行职业生涯教育的改进建议

上述案例围绕学生职业发展所需，在查阅相关资料的基础上，将问卷主题分为 6 个维度的二级目标。

3. 设计问题，形成问卷初稿

问题设计应根据之前确定的分层目标，从最末级的目标开始。每个末级指标应设计若干个具体的问题，具体写出该目标所要提出的问题及答案，并根据问题的逻辑顺序和被调查者阅读的合理性等方面进行检查、调整。将各个目标的问题整合起来就形成一份问卷初稿。例如，某调查小组设计了"××市普通高中生物课程渗透职业生涯规划现状调查问卷"，其中针对"现行职业生涯教育的情况"二级目标提出以下问题：

1. 您知道什么是职业生涯教育吗？（　　　）

A. 非常了解　　　　　　　　B. 大概知道

C. 不是很了解，只听说过　　D. 这是第一次听说

2. 老师在讲课过程中会为您介绍高校情况、专业设置、职业特点等方面的内容吗？（　　　）

A. 经常介绍　　　　　　　　B. 偶尔提及

C. 没有提到过　　　　　　　D. 不是很清楚，没注意过

3. 你们学校有开展职业生涯教育吗？（　　　）（例如请成功校友介绍经验，请家长介绍职业，开设职业生涯指导课程，高考志愿报考辅导等）

A. 常常有　　　B. 一两次　　　C. 没有　　　D. 不清楚

4. （可多选）有的话，主要是针对哪些方面的指导？（　　　）

①高考志愿填写辅导　②对自己性格和兴趣等方面了解　③高校专业和社会职业分类介绍　④如何进行学业和职业生涯规划　⑤如何处理日常人际关系　⑥其他

5. 这些指导对您有用吗？（　　　）

A. 十分有用　　　B. 有点儿用　　　C. 完全没有用

6. 您认为自己是否需要学校对您进行职业生涯方面的教育？（　　　）

A. 十分有必要　　　　　　　　B. 比较有必要

C. 有点必要　　　　　　　　　D. 完全没有必要

7. (可多选)您认为职业生涯教育的内容应该是什么？（　　　）

①如何认识自我　②如何更好地学习　③如何规划未来职业　④有关社会的知识　⑤有关大学专业的设置　⑥有关社会职业以及工作的状况　⑦其他

4. 检验问卷并修订

问卷的初稿形成后，需要经过专家审议、局部试用和修订方能用于正式调查，一般包括以下步骤。

(1)征求专家意见。将设计好的问卷，分别送给该研究领域的专家、研究人员及典型的被调查者，请他们阅读并分析问卷初稿，根据他们的经验和意见对问卷进行修订。

(2)问卷试测的组织。从计划抽取的调查对象中采取随机抽样的方法选取若干样本进行小规模测试，人数可以在 50 人左右。问卷前测量表应多设置一题，即对此问卷提出批评和修改意见。在前测的过程中要留意以下几个方面：有效回收率、对未回答的问题的分析、题目是否能够读懂、被调查者能否了解问卷的真实意图等。通过对调查结果认真检查和分析，从中发现问题并做修改。如果第一次测试后有很大的改动，可以考虑组织第二次预测。

(3)试测数据分析。主要是对每一个问题进行数据分析，评价该题是否有调查的意义。例如，在一份通过赋分统计的调查问卷中，可以先将各题项分数求和，生成总分变量，并依据总分对数据进行排序，以前后 27% 进行分组，生成低分组和高分组。然后对每一个问题的调查结果分值，按高分组和低分组进行独立样本 t 检验，检测两组在这一题中的差异显著性水平。如果差异不显著，则说明该题在高分组和低分组中没有差异，该题就需要进行分析，讨论其中的原因，根据原因做适当调整或删除。

二、调查问卷中的问题设计

1. 问题的数量不宜太多

在设计调查问卷题目时，不仅要对调查内容认真研究分析，还需兼顾到被调查者的做题感受。一份问题数量适中的调查问卷能更好地激发被调查者参与答题的积极性。一般而言，问卷的长短与问题的多少要根据研究目的、研究内容、样本的性质分析方法等多方面决定。但总的原则，问卷不宜太长，一般将题目控制在 20 个以内，不要超过 30 个，使被调查者在 15 分钟内完成为宜。

问卷太长，容易引起被调查者心理上的厌烦情绪，从而随意答题或者拒绝回答，影响填答的质量或回收率。

2.问题的次序要符合答题的习惯

问题的次序安排是问卷设计中的一个重要问题。为了便于被调查者回答问题，也便于调查者对调查资料的整理和分析，问题的排列顺序一般遵循以下原则。

(1)先易后难、先简后繁

简单的问题放在前面，复杂的问题放在后面。问卷的开头部分应安排比较容易的问题，这样可以给被调查者一种轻松、愉快的感觉，以便于他们继续答下去。如果一开始就遇到难答的问题，就会影响他们继续回答问题的积极性。难易程度根据问题的性质和被调查者的熟悉程度进行区分：把被调查者熟悉的问题放在前面，把较生疏的问题放在后面；先问一般性问题，后问特殊性问题，或者说先问能引起被调查者兴趣的问题，然后再问容易引起他们紧张、顾虑、厌烦的问题；先问事实、行为方面的问题，然后才是观念、情感、态度等方面的问题；先封闭性问题，后开放性问题。从问题类型来看，一般应将封闭性问句放在前面，开放性问句放在后面。因为封闭性问题较易回答，若将较难回答的开放性问题放在前面，可能一开始就有遭到被调查者拒绝的危险。

(2)相同性质或同类问题尽量集中排列

按问题的性质或类别排列，便于被调查者作答时，其思路不会被不同性质的问题所隔断，也不至于过分频繁地在不同内容之间跳跃，从而减少或预防被调查者的疲劳程度和厌烦情绪，提高问卷的回收率和作答质量。例如，把背景方面的问题放在问卷的前面或后面，把教师课堂教学方面的问题、家庭方面的问题、个人兴趣方面的问题，分别相对集中地放在一起。这样，就便于被调查者按问题的性质先回答完一类问题，再回答另一类问题。

(3)按问题的时间顺序排列

有些问题具有时间上的逻辑联系，可以考虑按照时间顺序。也可以根据调查事物的过去、现在、将来的历史顺序来排列问题。不宜远近交错、前后跳跃，打乱被调查者的思路。

当然，也可以对某些问题按逻辑安排。例如，许多人在回答逐年收入情况时，往往有"不断增加"的回答定式。为了打破这种回答定式，就可以把有关问题的时间顺序颠倒一下，或分别安排在问卷的不同部分询问。此外，检验性问题也应分别设计在问卷的不同位置，否则就难以起到检验作用。

3. 问题的内容要全面覆盖调查目的

首先，调查问卷设计的问题要能客观地覆盖调查研究主题的所有方面，即问卷的题目要具有客观性和全面性，这实际上就保证测量的内容的效度。若是遗漏了某些重要的方面，结论的准确性和可靠性也就降低了。其次，题目之间不能相互包含、叠加，应有独立性，否则就会累加某些方面的因素。最后，设计的问题必须符合被调查者回答问题的实际。凡是超越被调查理解能力、记忆能力、计算能力、回答能力的问题，都不适宜提出。

4. 问题的语言要通俗易懂

问卷所运用的语言表述和提问的方式直接影响被调查者对问题的理解和回答问题的情绪，影响问卷的回收率和回收问卷的质量。因此，如何用恰当的语言和提问方式表述所要询问的问题就成为问卷编制中至关重要的问题。一般来说，调查的问题语言表述要简短、明确、通俗、易懂。问题的语言表述应注意以下基本原则。

（1）具体性原则

具体性原则，即问题的内容要具体化，使被调查者明确问卷所要询问的问题，不要提抽象、概括性的问题。例如，"您认为高中生应该建立什么样的人生观？""您所在学校的学习氛围好吗？"对于"人生观""学习氛围"这样一些抽象、笼统的问题，不同的人往往有不同的看法；在没有明确的操作定义下，被调查者容易出现误答或是无法回答，即使回答了，答案也是五花八门，无法进行数据的整理和分析。

（2）单一性原则

单一性原则，即问题的内容要单一，不要把两个及以上的问题糅合在一起呈现在问卷中。例如：

你父母赞成你参加课外兴趣小组吗？（　　　）

A. 非常赞成　　　B. 比较赞成　　　C. 无所谓　　　D. 不太赞成

E. 不赞成

这道题就隐含了双重含义，因为若父母意见不统一的话，被调查者则无从选择。在问卷设计中，经常出现这种语言表述看似没有问题，但存在双重或多重含义问题。对于类似上述例题的多重含义问题应当进行分解处理，把一道题分成几个问题来问。如上例可改为：

你父亲赞成你参加课外兴趣小组吗？

你母亲赞成你参加课外兴趣小组吗？

(3)通俗性原则

通俗性原则，即表述问题的语言要通俗易懂。不要使用被调查者感到陌生的语言，不要使用过于专业化的术语，或是缩略语、抽象概念等，不要问被调查者不知道的问题。问题都应该是被调查者能正确理解的。问卷设计要根据研究对象总体的文化程度等状况，使用通俗易懂的语言来表述问题，使用被调查者能理解的、熟悉的词汇。例如，对家长调查时就不宜问：

您知道什么是交互式教学吗？

您同意在课堂上多使用小组合作学习的方式吗？

(4)准确性原则

准确性原则，即表述问题的语言要准确，不要使用模棱两可、含混不清、容易产生歧义的语言或概念。应该避免使用"也许""好像""可能"这些模棱两可的词语。例如：

你经常上网吗？（　　　　）

A. 经常　　　　　B. 较少　　　　　C. 偶尔　　　　　D. 从不

该题在我们的教育调查中较为常见，表面看似乎没什么错误，但细想或试填反馈后会发现，题目中使用的"经常""偶尔""很少"等词语，表述是不清晰的。"经常"是表示行为频率的常用词，但究竟多少频率可算是"经常"，各人理解不同。比如，有人认为一天上网 3 小时算"经常"，而有人可能认为一周上网 2 次就算"经常"。如果不可避免要用到模糊词语，应当进行限定说明，把模糊词语具体量化。如改为：

你每天上网的时间是多少？（　　　　）

A. 经常（3 小时以上）　　　　　B. 较少（1 小时以上 3 小时以下）

C. 偶尔（不到 0.5 小时）　　　　D. 从不

(5)简明性原则

简明性原则，即问题的陈述要尽可能简单明确。问题的陈述越长，越容易产生含混不清，回答者的理解就越有可能不一致。陈述问题过长，容易使人望而生厌，影响被调查者的情绪，回答效果会大打折扣。因此，陈述问题时最好不要使用长句，问句越短，产生这种含糊不清的可能性越小。

(6)客观性原则

客观性原则，即语言要避免带有个人倾向性或诱导性。所提问题应保持中立的立场，尽量使用中性语言，避免对被调查者产生暗示或者诱导作用。如果问题中隐含着假设或期望的结果，答卷人可能从问题的措辞中揣摩出研究者的本意，在选择答案时就会考虑怎样答或不该怎样答，使真实性受到影响。例如：

上海市教委提出幼儿园不能进行拼音教学，你认可吗？（　　　）

　　A. 是　　　　　　　　　　　　B. 否

在题干中出现"上海市教委"这种官方机构，容易使被调查者在作答时受到影响，改变自己的真实态度。又如：

大家都认为王老师音乐课上得好，你也这样认为吗？（　　　）

　　A. 是　　　　　　　　　　　　B. 否

这类明显使用褒义的词语进行问答，对于被调查者一般很难做出真实的回答。

(7)非否定性原则

非否定性原则，即问卷中的问题不以否定形式提问。例如：

你是否赞成在考试中不抄袭？（　　　）

　　A. 是　　　　　　　　　　　　B. 否

否定形式提出问题，答题者易忽略问题中的"不"字，由此造成错误的理解。并且，读起来拗口，不符合人们阅读习惯。该题回答"是"的人很可能是不反对在考试中抄袭的人，回答"否"的人则可能是反对在考试中抄袭。如果将其改为"您是否赞成在考试中抄袭？"就不会产生上述误解。因而用否定句形式表述问题往往会造成一些误解，所以在问卷中问题要避免以否定形式进行提问。

三、调查问卷中回答的设计

调查问卷中回答的设计也就是答案的设计。问卷中的每一道题都是在对某一个变量进行测量，如果我们将题目比作测量的尺子，那么，答案便是尺子上的刻度。刻度制作是否准确，是否符合测量的基本准则，将决定研究者是否能够获得想要的数据。答案设计得不好，调查对象难以回答，或不想回答，问卷的信度、效度就会降低。因此，一份好的问卷不仅要求每个题目提得好，答案也要设计好。

1. 回答的类型和方式

根据问题的类型和需求，将问卷的回答分为三种基本类型，即开放型回答、封闭型回答和综合型回答。

(1)开放型回答

开放型回答，即不对所提出的问题提供任何可供选择答案，而由被调查者自由填写。例如：

你对中学生物教师在实验教学中的探究式教学有哪些建议或意见？

答：_____。

你选择教学策略时主要依据什么？（请列举最重要的两个条件）

第一个条件：

第二个条件：

（2）封闭式回答

封闭式回答，即对问卷中呈现的问题提供若干答案选项，供被调查者选择。主要有以下六种答案的呈现方式。

①填空式。填空式指在题目中挖空，让被调查者进行回答，一般这种问题属于事实性问题。例如：

学校实验室情况调查（填写多少间）

你的学校有：准备室_____　　实验室_____　　标本室_____　　培养室_____ 生物园地_____　　其他_____。

②两项式。两项式指在答案的选项上只有两个选项，且这两个选项是互斥的，即这种两项式的答案设计只适用于二选一的问题。例如：

你的性别是？（请在适当的方格内打"√"）

男□　　　　　　　　　　　　女□

你的学校有开设生物实验课吗？（请在适当的方格内打"√"）

有□　　　　　　　　　　　　没有□

③选择式。选择式指在问题后列出若干种答案，由被调查者自由选择最符合自身情况的一项或多项的回答方式。例如：

你认为哪种教学方式能更好地理解实验内容？（单选题，请在你选择的项目前的□内打"√"）

□课上看教师演示，一边演示一边讲解

□课上看视频演示实验，学习科学的实验原理和规范操作

□为了应对各种考试，老师直接讲解理论知识就可以

□亲自动手实验，教师及时指导并解答问题

你的老师在实验课上使用最多的教学方法是（　　　）。（多选题，请在你选择的项目前的□内打"√"）

□只采取口头讲授，内容侧重考点

□教师动手演示，边做边向学生讲解细节，学生不做实验

□教师利用多媒体演示，只在重点之处向学生强调，学生不做实验

□教师讲实验与学生做实验同时进行，并且教师会给予指导

□教师先讲实验，然后学生做实验

□教师根据不同的实验采用不同的方法

□教师不讲实验，直接自学，并做有关的实验题

④顺序式。顺序式指列出若干种答案，让被调查者将各种答案按照一定的顺序进行排列的回答方式。通过排序，调查被访问者对不同选项的认可顺序。例如：调查高三学生生物学复习中遇到的困难。

当前在生物学复习中遇到了哪些困难？（请按困难程度给下列问题编号：困难最大的为7，最小的为1）

□知识网络结构不清晰　□课外信息获取不全面　□综合运用能力较差

□生物学实验能力薄弱　□生物学概念不能很好地运用　□生物学探究能力不足

□迁移运用能力较差

⑤等级式。等级式指列出不同等级的答案，由被调查者根据自己的意见或感受选择答案。例如：

我很愿意在生物课上进行小组讨论与合作。（请按您的感受在下列适合的空格内打"√"）

□完全不符合　　□基本不符合　　□一半符合

□基本符合　　　□完全符合

⑥矩阵式。矩阵式指将同类的几个问题和答案排列成一个矩阵，由被调查者对比着进行回答的方式。例如：

关于学习生物学的态度调查（说明：请在你认为最合适的栏目中打"√"）

	完全符合	比较符合	基本符合	不太符合	不符合
1. 我有学习生物学的浓厚兴趣	□	□	□	□	□
2. 学习生物学仅仅是为了应付考试	□	□	□	□	□
3. 生物科学习对个人的发展很有用	□	□	□	□	□
4. 没有老师和父母的监督，我也会主动地完成学习任务	□	□	□	□	□
5. 我对学好生物充满信心	□	□	□	□	□

封闭型回答有许多优点，它的答案是预先设计的、标准化的，它不仅有利于调查者正确理解和回答问题，节约回答时间，提高问卷的回复率和有效率，而且有利于对回答进行统计和定量研究。封闭型回答还有利于询问一些敏感问题，调查者对这类问题往往不愿写出自己的看法，但对已有的答案有可能认真地选择。但封闭性回答也存在诸多不足之处，比如它的设计比较困难，特别是

一些比较复杂的、答案多或不太清楚的问题很难设计得完整、周全，一旦设计有缺陷，被调查者就无法正确回答问题；且封闭型回答方式比较机械，没有弹性，难以适应复杂的情况，难以发挥被调查者的主观能动性；虽然填写比较容易，但被调查者可能对自己不了解的问题任意填写，从而降低回答的真实性和可靠性。

（3）综合型回答

综合型回答是指封闭型回答与开放型回答的结合，它实质上是半封闭、半开放的回答类型。例如：

在进行生物学实验时，你通常会采取下列哪种方式进行？（请在你选择的项目前的□内打"√"，可以多选。若没有你要选的选项，就在"其他"的横线上写出来。）

□严格按照书上步骤说明进行

□理解实验的相关原理和实验操作规程后独立完成

□与同学合作讨论完成

其他＿＿＿＿＿＿＿＿＿＿＿＿

2. 答案设计的原则

（1）相关性原则

相关性原则指在问题设计的答案必须与问题具有对应关系，而不能风马牛不相及。例如，问"生物教师应该具备哪些教学能力"，其答案就应该列举与教学相关的教材分析处理能力、教师把控课堂教学效果的能力、教学方法的运用能力、板书设计能力，等等，而不应该列举音乐欣赏能力、古玩鉴别能力等无关方面的选项。

（2）同层性原则

同层性原则即设计的答案必须具有相同层次的关系，答案之间关系是互相排斥的，不能有重叠、交叉、包含等情况。例如，在调查教育实习效果时，设计了一个问题：

通过教育实习你认为你最欠缺的能力是什么？（可多选)（　　　）

A. 分析教材的能力　　　　　　B. 教学设计的能力

C. 实验教学的指导能力　　　　D. 课堂控制能力

E. 处理学生突发事件的能力　　F. 语言表达能力

G. 利用现代教育技术的能力　　H. 反思能力　　　I. 其他

选项不在一个层次上，教学设计能力包括了分析教材的能力；课堂控制能力包括了处理学生突发事件的能力等。实际上这个问题问得太大，应该分为几方面来进行调查，如教学设计、教学技能、班级管理、教学媒体应用等。

（3）完整性原则

完整性原则即设计的答案应该穷尽一切可能的，排列出问题的全部或者主要的答案，不能有遗漏。例如，在调查初中生物学教师前科学概念情况时，设计了一个问题：

在西伯利亚冻土层中，曾挖掘出保存完好的猛犸象，解冻后皮肤及肌肉仍有弹性。在生物进化研究中此猛犸象叫作（　　　）

A. 标本　　　　　B. 活化石　　　　　C. 化石　　　　　D. 孑遗生物

若调查对象不知道正确答案，就会在四个选项中随机选择一个，不能真实反映实际情况。若是加一个"E. 不知道"，就达到了完整性的要求。

（4）可能性原则

可能性原则即设计的答案必须是被调查者能够回答，也愿意回答的。如果设计的答案是调查者难以理解、回忆、计算和难以表达的答案，或者是涉及被调查者不能够、不愿意回答的隐私性、敏感性的答案，就违背了可能性原则。

四、两种常见的问卷量表

1. 李克特量表

李克特量表由美国社会心理学家李克特于1932年在原有的总加量表基础上改进而成的。李克特量表用于态度测验，态度涉及对某些思想、方法、社会现象等的情感。一个人的情感往往不是两极的，而是两极之间的连续体。态度测验就是要测出个体在连续体上的位置。

该量表由一组陈述组成，每一陈述有"非常同意""同意""不一定""不同意""非常不同意"五种回答，可以对每个回答赋值，如分别记为5、4、3、2、1，每个被调查者的态度总分就是他对各道题的回答所得分数的总和，这一总分可说明他的态度强弱或他在这一量表上的不同状态。

李克特量表通常五级，也可是三级或七级，一般都是典型的奇数数字。常见的回答类型如表3-5所示。

表3-5　李克特量表常见的回答类型

1	很满意	满意	说不准	不满意	很不满意
2	很好	好	无所谓	不好	很不好
3	很合适	合适	无所谓	不合适	很不合适

续表

4	很喜欢	喜欢	无所谓	不喜欢	很不喜欢
5	很支持	支持	中立	不支持	很不支持
6	一定是	大概是	说不定	可能不是	一定不是

李克特量表构造的基本步骤如下：

(1)收集大量(50～100)与测量的态度相关的陈述语句。

(2)对每个陈述的态度划分为"有利"或"不利"两类，一般测量的项目中有利的或不利的项目都应有一定的数量。

(3)选择部分受测者对全部项目进行预先测试。对每个回答给一个分数，如从非常同意到非常不同意的有利项目分别为1、2、3、4、5分，对不利项目的分数就为5、4、3、2、1分。

(4)根据受测者的各个项目的分数计算代数和，得到个人态度总得分，并依据总分多少将受测者划分为高分组和低分组。

(5)选出若干条在高分组和低分组之间有较大区分能力的项目，可以采用独立样本t检验，也可以计算每个项目在高分组和低分组中的平均得分，用高分组的平均分减去低分组的平均分，生成区分度，选择区分度高的问题构成李克特量表。

【学以致用】

分析罗森伯格的自尊量表，说出该量表有哪些优点；找出量表中的五项反向题；讨论一下，应该如何对自尊量表的选项赋分。

罗森伯格的自尊量表(SES)

欢迎参加本次测试。自尊量表(Self-Esteem Scale，SES)由罗森伯格(Rosenberg)于1965年编制，最初用以评定青少年关于自我价值和自我接纳的总体感受，目前是我国心理学界使用最多的自尊测量工具。本测试共有十题，以下每题分为四个级别请按照与自己的符合程度进行选择。

序号	陈述	非常同意	同意	不同意	非常不同意
1	我认为自己是个有价值的人，至少自己的发展水平与他人一样				
2	我觉得我有许多优点				

续表

序号	陈述	非常同意	同意	不同意	非常不同意
3	总的来说，我倾向于认为自己是一个失败者				
4	我能像别人一样将事情做好				
5	我觉得自己没有什么值得自豪的地方				
6	我对自己持有一种肯定的态度				
7	整体而言，我对自己觉得很满意				
8	我要是能更看得起自己就好了				
9	我觉得自己有时一无是处				
10	有时我感到自己很没用				

资料来源：Rosenberg，Shaver，Wrightsman. 性格与社会心理测量总揽［M］. 台北：远流出版公司，1997.

2. 语义差异量表（Semantic Differential Scale）

语义差异量表是针对一个概念来估量其内涵意义的测量工具，是由社会心理学家奥斯古德（Osgood，C. E. ）和他的同事萨西（Suci，G. J. ）、坦纳鲍姆（Tannenbaurn，P. H. ）于1957年编制的。语义差异量表由一系列两极性形容词词对组成，并被划分为7个等值的评定等级（有时也可以划分为5个或9个），对三个基本维度进行测评，包括"评价的"（如好的与坏的）、"能量的"（如强的与弱的）、"活动的"（如快的与慢的）。研究者可以据此来描述任何概念及其相关问题性质或属性方面的意义。例如，关于教师职业状态的调查问卷：

我对我的教师职业理解（请在合适的位置画"○"）

令人兴奋的 ＿＿＿：＿＿＿：＿＿＿：＿＿＿：＿＿＿：＿＿＿：令人沮丧的

苦役性的 ＿＿＿：＿＿＿：＿＿＿：＿＿＿：＿＿＿：＿＿＿：挑战性的

有价值的 ＿＿＿：＿＿＿：＿＿＿：＿＿＿：＿＿＿：＿＿＿：无价值的

成功的 ＿＿＿：＿＿＿：＿＿＿：＿＿＿：＿＿＿：＿＿＿：失败的

第三节 问卷调查的实施与数据处理分析

【问题聚焦】

1. 调查问卷实施过程中要注意什么？
2. 调查结束后，如何剔除伪数据？
3. 调查结束后，如何对数据进行编码？
4. 如何对问卷进行信效度评价？
5. 结合案例制订自己的调查计划，并尝试开展问卷调查与数据分析。

【案例研讨】

1979 年 6 月，中国曾派团去美国考察初级教育。回国后，访问团写了一份三万字的报告，报告这样叙述了访问团的见闻："美国学生无论品德优劣、能力高低，无不趾高气扬、踌躇满志。小学二年级的学生，大字不识一斗，加减乘除还在掰手指头，就整天奢谈发明创造，在他们眼里，让地球掉个头，好像都易如反掌似的；重音、体、美，而轻数、理、化。无论是公立还是私立学校，音、体、美活动丰富多彩，而数、理、化则乏人问津；课堂几乎处于失控状态。"由此，中国的访问团得出下面的结论——"美国的初等教育已经病入膏肓，可以这么预言，再用 20 年的时间，中国的科技和文化必将赶上和超过这个所谓的超级大国。"

同一年，作为互访，美国也派了一个考察团来中国。他们在看了北京、上海、西安的几所学校后，也写下了自己的见闻："中国的小学生在上课时喜欢把手端在胸前，除非老师发问时，举起右边的一只，否则不轻易改变；幼儿园的学生则喜欢把手背在后面，室外活动时除外；中国的学生喜欢早起，七点钟之前，在中国的大街上见到的最多的是学生，并且他们喜欢边走路边用早点；中国把考试分数最高的学生称为学习最优秀的学生，他们在学期结束时，一般会得到一张证书，其他人则没有。"在结论中，美国考察团这样写道："中国的学生是世界上最勤奋的，在世界上也是起得最早、睡得最晚的；他们的学习成绩和世界上任何一个国家的同年级学生比较，都是最好的。可以预测，再用 20 年的时间，中国在科技和文化方面必将把美国远远地甩在后面。"

历史给中美两个考察团开了一个幽默的玩笑，40 年过去了，"病入膏肓"的美国教育培养了 43 位诺贝尔奖获得者和 197 位知识型的亿万富翁，而中国的学校教育还有很长的路要走。

不同的调查结果，却能得出相同的错误结论，哪里出问题了？结合案例，分析出现相同错误的原因是什么？需要如何避免？

一、问卷调查的发放与回收

问卷发放的途径有网络填答、邮寄、送发、个别访问等。问卷发放时必须关注两个问题：一是要有利于提高问卷的填答质量；二是有利于提高问卷的回收率。送发问卷可以由调查者本人亲自到现场发放，也可以委托组织或他人发放问卷。其中，通过网络填答和送发问卷是我国目前问卷调查使用较为普遍的形式，也有用专门的软件制作和填写，如问卷网、问卷星等平台，只需要一个链接就能让全国各地符合要求的人进行作答，节省了人力物力，很受研究者欢迎。

当然，为了提高问卷调查的准确度，调动被调查者的兴趣和责任，通过派发小礼品的方式作为填写问卷的一种补偿是个不错的选择。

相对于纸质调查，在线网络调查具有很多优点，可以极大地节约回答的时间；节约印刷费用和大量的人力物力。然而，在线调查也有缺点，如电子邮件被垃圾邮件系统过滤、网络答卷采集的数据不均匀，等等。海斯利特和维尔德穆特（Hayslett & Wildemuth，2004）比较了基于网络的调查和纸质调查的相对有效性。调查者尝试了三种调查方式：一是纸质调查；二是通过纸质邮件事先通知被试参与网络调查；三是通过电子邮件事先通知被试参与网络调查。被调查群体是300个学术咨询图书馆员，他们对计算机网络都比较熟悉。调查结果：第一种纸质调查的有效性为42.3%；第二种纸质邮件＋网络调查的有效性为22.9%；第三种电子邮件＋网络调查的有效性为33.1%。三种形式的调查平均回答时间分别为13.41天、6.74天、4.20天。该调查只能告诉人们网络调查有其优势，但仍存在不少问题。而且，随着人们应用网络的技术和习惯改变，网络调查的有效性还会发生改变，调查者应充分估计到网络调查的优势和不足，通过多种手段消除网络调查可能带来的不准确性。

回收问卷应首先统计有效问卷的数量。问卷调查是建立在大量的数据统计基础上的一种调查方式，因此数据的多少对结果的影响很大。美国社会学家巴比表示问卷的回收率达到50%才是足够的，60%的回收率才是好的，达到70%就非常好。但是现在网络问卷的普及，使得问卷的发放与回收更方便，因此问卷的发放量上升，一再强调回收率显得跟不上时代，更多的学者倾向于考虑问卷的样本大小，只要样本数可以达到推测总体的量，这个结果就是可靠的。

二、调查数据的处理与分析

在教育科学研究过程中通常会收集到大量的原始资料数据，需要运用数据统计分析技术对这些资料进行处理，以便从中发现规律，并对研究结果进行客观评价。数据是对事实或概念的一种表达方式，经过解释并赋予一定意义后，便成为信息。数据处理是指根据研究目的采集相关研究数据，并通过对研究过程中收集到的资料数据进行整理、转换、描述、推断等操作实现对数据的分析和解释，从而揭露事物的特点、规律以及研究变量相互之间的关系。

教育研究过程中数据处理技术包括数据整理、数据描述、数据推断、实验数据处理、高级分析等。下面重点讨论剔除伪数据、问卷的编码和问卷的信效度分析，描述统计和推断统计可参考本书第六章教育实验研究法。

1. 剔除伪数据是数据处理的第一步

对调查获得的数据，第一步就是剔除伪数据。调查数据由于被调查者的素质参差不齐，或者配合程度不同，数据中难免会出现伪数据。这些数据不能真实地反映被调查者的信息。剔除伪数据的一般方法有：

（1）通过设置同质问题或反向问题查找伪数据

在问卷中设置一些同质问题或反向问题，发现被调查者存在逻辑错误，从而判断该问卷的真伪。设置这一类的问题，又称"测谎题"，他能帮助调查者对调查问卷的真实性进行准确判断，提高调查结果的可靠性。例如，在背景信息中选择了"男"性，却在行为或事件中回答了本应该"女"性回答的问题。再如，某硕士生要调查中学生物教师实验探究能力现状，设计了两个反向问题，分别放在第 B03 题和第 B13 题。例如（表 3-6）：

表 3-6 中学生物教师实验探究能力调查测谎题

题号	调查题目	很符合	符合	说不清	不符合	很不符合
B03	在探究实验中我都能做好自变量、因变量、无关变量的控制					
B13	设计实验时我经常忽略要控制无关变量					

一般来说，一套问卷可以设置 1～2 套测谎题。当两套"谎言"均为阳性时，应果断剔除数据。

（2）分析每一份答卷中同一选项的比例

应用 Excel 或数据统计软件分析答卷选项，若发现选项均为同一选项（如"A"）的比例超过阈值（如 80%），则可以判定该答卷属于伪数据。

（3）通过查看数据的分布，判定数据的可靠性

在许多调查数据中，由于人群存在正态分布，其调查数据也应该是呈正态

分布。即高分和低分的数量应该比较少，而中间的比较多。调查结果如果接近正态分布，则可以说该调查数据是可信的。如果数据远远偏离正态分布，则认为该数据存在比较严重的质量问题。

2. 问卷的编码使调查结果转换成数据

剔除无效数据后，研究者就要将被调查者对问卷中的问题的回答转换成计算机能识别和统计的数字。为了减少资料转换中工作的误差，保证数据的质量，研究者需要编制编码手册。在编码手册中，研究者的要将问题编码的项目和问题一一列出，逐一规定他们的代码、宽度、栏码、简要名称、答案赋值办法及其他特殊处理等。

3. 评价问卷的两个重要指标：信度与效度

问卷设计一般要重视两个指标：信度与效度。问卷调查后要进行信效度分析，目的是判断本次调查是否有效、可信。问卷调查的信效度分析一般发生在两个阶段，一是在问卷设计完成后，为了检验问卷的有效性，需要抽取总体中未进入样本的个体进行测试，通过信度、效度分析后，根据检查的结果再对问卷进行一些修订，再运用到大规模调查中；二是在大规模调查结束后，对调查的数据进行信效度分析，对调查的有效性和可信度进行再次判断。

信度，又叫可靠性，是指问卷的可信程度，主要表现检验结果的一致性和稳定性。一般采用内在一致性信度来进行评价，可以使用克隆巴赫信度系数检验初稿的一致性信度。效度，即有效性，是指测量结果的有效程度，它是指测量工具能够准确测出所需测量的事物的程度，或者说实测结果与所要测查的结果的吻合或一致程度。问卷经过相关专家审阅指导，并做出了相应修改，可以提高问卷的内容效度。结构效度的检验可以用取样适切性量数，即 KMO（Kaiser-Meyer-Olkin）和 Bartlett 球形检验。KMO 是做主成分分析的效度检验指标之一，用于比较变量间简单相关系数和偏相关系数的指标，主要应用于多元统计的因子分析。Bartlett 球形检验主要检验各个变量之间相关性程度，通过检验数据的分布以及各个变量间的独立情况，判断变量是否适合用于做因子分析。

第四节　问卷调查法在生物学教育研究中的应用案例

【问题聚焦】

　　1. 结合案例分析，如何设计问卷？

　　2. 问卷调查实施的一般过程和方法是什么？

3. 结合案例讨论，如何对调查结果进行数据分析和讨论？

1. 案例基本情况

研究课题：反思性学习对高中学生科学探究能力影响的研究与实践①

研究方法：问卷调查法、实证研究法

论文提要："反思性学习"是指能够适应当前形势，反复地展开特定的思维方式与方法。科学探究不仅依赖于某些理论知识和实践技能，更需要一种有益的思维习惯——反思，它表面上是一种思考方式，实际上"探究"即"反思"。本研究探讨了反思与探究的联系，了解高中生反思性学习和科学探究能力现状以及在高中生物学教学中探索反思性学习对学生科学探究能力发展的影响。

以浙江省丽水市某高中 72 名高一学生为研究对象，通过问卷调查及实证研究等方法了解高中生反思性学习及科学探究能力的现状；在明晰反思性学习及科学探究内涵和现有不足的基础上，制定具有可行性的反思性学习在高中生物课程中的运行过程，包括其运行的要素及环节，在此基础上就生物学概念学习、实验探究中科学方法的应用以及生物学解题等教学内容进行反思性教学设计与实践；研究过程中采用问卷调查及实证研究等方法评价教学干预前后学生反思性学习及科学探究能力的变化情况。

研究结论：①多数高中生没有表现出高的反思性学习及科学探究能力，且出现不同层面的问题。②提出反思性学习在高中生物教学中的应用策略，包括激发反思动力、构想反思策略、实施反思策略和形成反思评价等；③反思性学习在一定程度上对学生的科学探究能力发展有促进作用。

2. 案例中的问卷调查

本研究所使用定量评价反思性学习的工具"反思性学习问卷"改编自 Kember 等人开发的反思性学习问卷，修正后的反思性学习问卷可分为 4 个维度：反思意识、反思态度、反思习惯、反思质量，每个维度均由 4 个小题组成，共有 16 个题目。问卷采用五级量表制，分别为：A. 完全同意；B. 同意；C. 不知道；D. 不同意；E. 完全不同意。为方便统计分析，分别对以上选项赋以 5 分、4 分、3 分、2 分、1 分，而属于"反思意识"维度的第 1、5、9、13 四道题目采取反向赋分，即 A.1 分；B.2 分；C.3 分；D.4 分；E.5 分(表 3-7)。

---

① 张冀英. 反思性学习对高中学生科学探究能力影响的研究与实践[D]. 杭州：浙江师范大学，2019.

表 3-7　反思性学习各维度及其内涵说明

维度划分	各维度内涵说明	对应题号
反思意识	个体是否意识到学习过程中需要质疑和反思	1、5、9、13
反思态度	个体对学习过程中的要加以反思，以使学习深入的认同程度	2、6、10、14
反思习惯	对反思的价值、作用有清楚认识，从而使反思行为习惯化程度	3、7、11、15
反思质量	反思对个体的学习及生活的影响程度	4、8、12、16

(1)问卷的信度分析

本问卷试测对象为丽水市某高中高一段学生，共发放问卷 80 份，有效回收 80 份。运用 SPSS21.0 计算克隆巴赫系数(Cronbach alpha)来确定反思性学习问卷的信度(表 3-8)，各维度克隆巴赫系数均达到要求，一定程度上说明该量表可信。

表 3-8　反思性学习维度的克隆巴赫系数

维度	克隆巴赫系数
反思意识	0.627
反思态度	0.735
反思习惯	0.724
反思质量	0.790
总分	0.786

(2)问卷结构效度分析

KMO 是 Kaiser-Meyer-Olkin 的取样适当性量数，当 KMO 值越大时，表明变量间的共同因素越多，越适合进行因素分析。Kaiser 设定了常用的 KMO 度量标准，KMO 在 0.9 以上，非常合适做因子分析；在 0.8～0.9，很适合；在 0.7～0.8，适合；在 0.6～0.7，尚可；在 0.5～0.6，表示很差；在 0.5 以下应该放弃。

由结构效度分析表 3-9 的 KMO 值为 0.803，从 Bartlett's 球形检验的卡方值为 455.113(自由度为 120)，实际显著性为 0.000，达到显著水平，这说明母群体的相关矩阵存在有共同因素，该问卷适合进行因素分析。

表 3-9　反思性学习问卷的 KMO 和 Bartlett's 检验

KMO 和 Bartlett's 检验

取样足够度的 Kaiser-Meyer-Olkin 度量		0.803
Bartlett's 球形度检验	近似卡方	455.113
	df	120
	Sig.	0.000

（3）对照班和实验班反思性学习水平的评价及分析

调查对照班和实验班学生的反思性学习初始水平，对反思性学习各维度得分情况进行统计学分析，经 t 检验显示，两个班级四个子维度及总分的 p 值均大于 0.05，表明对照班和实验班在反思意识、反思态度、反思习惯以及反思质量四个维度上并没有显著差异，结果如表 3-10 所示。

表 3-10　对照班和实验班反思性学习各维度的前测独立样本 t 检验

项目	对照班		实验班		方差齐性检验	t 检验
	均值	标准差	均值	标准差	Sig.	Sig.（双侧）
反思意识	2.750	0.601	2.719	0.463	0.660	0.899
反思态度	4.031	0.381	4.093	0.287	0.601	0.686
反思习惯	3.969	0.448	4.031	0.399	0.728	0.747
反思质量	3.593	0.485	3.562	0.550	0.461	0.895
总分	3.580	0.231	3.603	0.322	0.661	0.900

研究对象在反思意识维度得分较低，在问卷调查后与部分学生进行课后交谈，学生反映他们的课后作业较多，包括生物作业在内，每天能顺利完成作业就很满足了，根本没有时间和精力去反思自己完成的作业情况。

（4）调查结论

①对照班反思性学习总分及子维度分析（表 3-11）

从总体上看，课程前后对照班学生反思性学习平均总得分从（3.587±0.231）分到（3.583±0.512）分，几乎未发生明显变化，因而在统计学上不存在显著差异（$p > 0.05$）。从各子维度来看，课程前后对照班学生在反思意识及反思质量两个子维度得分均略有上升，而在反思态度以及反思习惯两个维度的分值略有下降，但均未在统计学上达到显著水平（$p > 0.05$），因而对照班在课程前后反思性学习总体水平没有明显波动。

表 3-11　对照班反思性学习前后测成对样本 t 检验

项目	前测		后测		p 值	差异显著程度
	均值	标准差	均值	标准差		
反思意识	2.750	0.601	2.778	0.682	0.941	不显著
反思态度	4.031	0.381	3.972	0.533	0.764	不显著
反思习惯	3.969	0.448	3.944	0.550	0.894	不显著
反思质量	3.593	0.485	3.639	0.614	0.820	不显著
总分	3.587	0.231	3.583	0.512	0.981	不显著

②实验班反思性学习总分及子维度分析(表 3-12)

从总体上看,课程反思干预前后实验班学生反思性学习平均总得分从 (3.603 ± 0.322) 分提升到 (3.894 ± 0.375) 分, p 值显示不存在显著差异 $(p > 0.05)$,但从均值来看提升幅度较大,这在一定程度上说明了对实验班学生进行反思性学习干预的有效性。从各子维度来看,课程前后实验班学生在反思性学习的四个子维度的得分均有所提升,其中在反思质量这一维度的得分变化,在统计学上达到了显著水平 $(p < 0.05)$ 。

表 3-12　实验班反思性学习前后测成对样本 t 检验

项目	前测		后测		p 值	差异显著程度
	均值	标准差	均值	项目		
反思意识	2.719	0.463	3.200	0.675	0.080	不显著
反思态度	4.093	0.287	4.375	0.429	0.133	不显著
反思习惯	4.031	0.399	4.050	0.575	0.920	不显著
反思质量	3.562	0.550	3.950	0.307	0.034	显著
总分	3.603	0.322	3.894	0.375	0.062	不显著

③对照班和实验班反思性学习总分及子维度分析(表 3-13)

从对照班及实验班反思性学习后测得分对比分析,发现实验班的反思性学习总分及各子维度得分均高于对照班,但未在统计学上达显著水平 $(p > 0.05)$ 。但从均值来看,对照班前测中在反思意识、反思质量等三个子维度得分均略高于实验班,而在后测中则表现为实验班反思性学习总分及反思意识、反思态度、反思习惯和反思质量四个子维度得分均高于对照班,说明实验班的反思性学习水平有较大程度的提升，且提升强度大于对照班。

表 3-13　对照班及实验班反思性学习后测独立样本 t 检验

项目	对照班		实验班		方差齐性检验	t 检验
	均值	标准差	均值	标准差	Sig.	Sig.（双侧）
反思意识	2.778	0.682	3.200	0.675	0.896	0.181
反思态度	3.972	0.533	4.375	0.429	0.440	0.079
反思习惯	3.944	0.550	4.050	0.575	0.986	0.679
反思质量	3.639	0.614	3.950	0.307	0.307	0.169
总分	3.583	0.512	3.894	0.375	0.618	0.140

（5）问卷附录：高中学生生物反思性学习调查问卷

亲爱的同学们：您可能刚刚开始学习生物学，也可能已经学习很长一段时间了，为了了解您对学习这门功课的看法以及您在学习过程中的收获，以便帮助我们更好开展生物教学和研究，请协助完成这份问卷并一定要按照自己的日常的习惯来填写，谢谢合作！

学号：　　　　　　班级：　　　　　　性别：

A. 非常同意　　B. 同意　　C. 不确定　　D. 不同意　　E. 完全不同意

题目	A	B	C	D	E
1. 当我进行生物课程的某些学习任务时，我可以直接做而不去思考我正在做什么、要怎么做					
2. 在生物课程学习过程中，我需要深入理解老师所教授的概念、知识的含义					
3. 有时我会质疑别人解答问题的方法是否合适，并试图想出一种更好的方法					
4. 在学完生物学课程后，我在一定程度上改变了对自己的看法					
5. 在本门课程中，有些任务我已经做了很多遍，所以我不用多加思考就可以完成					
6. 为了顺利通过生物课程的测试，我必须要深入理解本课程的知识内容					

续表

题目	A	B	C	D	E
7. 我喜欢审思我一直以来所采用的学习方式，并考虑有没有更好的学习方式可以替代					
8. 通过生物学课程的学习，一定程度上改变了一些我原本根深蒂固的想法					
9. 我只要能记住老师教的那些与考试相关的内容就可以了，其他的就不用多考虑了					
10. 我必须理解教师所教授的知识内容，以便能更好地从事实践活动					
11. 我经常反思我的行为是否恰当，并考虑我能否在此基础上有所提升					
12. 在学完生物学课程之后，我在某些方面改变了我平常的做事方式					
13. 对于生物学课程，我只要按照老师说的做，其他的我就没必要考虑太多了					
14. 在生物学课程的学习中，我必须不断地思考我已经学会的那些知识					
15. 我经常反复思考以往的经验，看看我能从中学到什么，从而为下一次活动的进步做准备					
16. 在学习生物学课程期间，我发现一些我曾经认为是正确的事情，其实是错误的					

3. 案例点评

本案例采用问卷调查法，调查高中生"反思性学习"的能力。在该案例中，问卷调查被赋予了"评价量表"的功能。调查结合实验研究法，评价实验前后高中生的"反思性学习"能力的变化。问卷调查方法的应用相对规范，主要表现在以下几方面：一是"反思性学习问卷"改编自凯姆勃（Kember）等人开发的反思性学习问卷，设计问卷相对可信；二是制定了反思性学习各维度及内涵说明及对应题号；三是设问采用李克特量表，并予以赋分；四是问卷经过试测，并进行了信效度分析；五是调查数据分析符合规范，既有前测分析，也有实验后的对照班、实验班总分及各子维度的分析。

4. 案例思考题（请在阅读案例原硕士论文的基础上回答以下问题）

（1）分析"反思性学习"问卷，领悟李克特量表在实际应用中的一般要求，包括问卷维度设计、问题设计和赋分办法等。

（2）分析并掌握问卷试测后的信效度分析方法。

（3）分组讨论，本案例是如何根据调查结果开展数据分析的。

（4）本案例中没有设计测谎题、试测后未进行问题筛选，若要从这两方面对问卷进行完善，尝试提出你的设想和计划。

（5）本案例还有一些需要完善的地方，如调查样本数量等，请尝试提出并加以完善。

【章后拓展】

1. 请结合你目前的研究课题，基于研究对象和研究问题，设计出一份完整的调查问卷。

2. 问卷调查数据处理常常采用 SPSS 工具，请查阅相关硕士论文，分析该论文是如何应用 SPSS 工具开展数据处理的。

第四章　访谈调查法

【学习目标】

1. 说出访谈调查的主要类型，并简要说明结构型访谈、非结构型访谈和半结构型访谈的特点。

2. 简单阐述访谈调查法的优缺点。

3. 说出撰写访谈准备材料时的几个注意事项。

4. 简要说明访谈问题的一般形式，并能基于自己的研究问题设计合理的访谈提纲和选择恰当的访谈对象。

5. 简单阐述访谈调查法实施的一般程序和实施过程中的注意事项。

6. 简单阐明访谈记录时的注意事项。

【内容概要】

本章第一节主要介绍访谈调查法的内涵、主要类型、优缺点，以及举例说明如何选择访谈对象和访谈提纲设计的基本原则。本节内容帮助学习者初步了解何为访谈调查法、访谈调查法的基本应用。第二节主要介绍访谈提纲的设计，主要包括访谈准备时的注意事项和访谈问题的一般形式，并举例展示如何设计访谈提纲。该节内容帮助学习者进一步了解如何有效运用访谈调查法。第三节主要介绍访谈调查法实施的一般程序、实施过程中的注意问题，以及如何使访谈记录更充分以获取更完整详细的资料。该节内容帮助学习者从整体视角更好地理解和运用访谈调查法。

【学法指引】

在学习第一节访谈调查法的内涵、主要类型、优缺点时，通过阅读浏览进行了解；在学习如何选择访谈对象和访谈提纲设计的基本原则时，建议一边阅读浏览一边结合自己的研究课题思考揣摩。在学习第二节访谈提纲的设计时，可将访谈准备时的注意事项简单记录下来熟练掌握，并结合自己的研究课题思考和揣摩访谈问题该如何设计。在学习第三节访谈调查法实施的一般程序和注意事项时，通过阅读浏览从整体上了解访谈调查法的实施过程，并结合自己的研究课题仔细阅读和分析如何做好访谈记录，才能获取更充分完善的研究资料。

第一节　访谈调查是采访者与受访者深入交流获取研究资料的过程

【问题聚焦】

1. 访谈调查的类型有哪些？

2. 访谈调查法有哪些优缺点？

3. 在开展访谈调查研究时，如何选择访谈对象和设计访谈提纲？

【案例研讨】

某研究者想要充分了解高中生对于模型和建模的看法，请问该研究者应采用何种研究方法？若采用了访谈调查法，应选择怎样的访谈对象？在设计访谈提纲时应遵循的基本思路和原则是什么？

访谈调查法（Interview）是研究者与受访者面对面或通过电话，以口头交谈的形式直接探查到受访者针对某一或某些问题的观点和看法，获得调查资料的研究方法。访谈的过程是访谈者与受访者相互交流的过程。在此过程中，访谈者使用的访谈提纲在某种意义上是一种口头问卷。在更广泛的生活背景下，采访的目的是多种多样的，例如：在某些方面评估一个人、筛选或晋升员工、对学生或老师针对某个话题的观点进行抽样调查等。虽然在不同的生活情境中，采访者和受访者

> **核心概念**：访谈调查法是研究者与受访者面对面或通过电话，以口头交谈的形式直接探查到受访者针对某一或某些问题的观点和看法，获得调查资料的研究方法。

的各自角色及参与动机可能不同，但其共同点都是研究人员基于访谈提纲提问，听取答案或观察行为并记录受访者回答的一种活动。

一、访谈调查类型多样

因研究问题的性质、研究目的或对象的不同，访谈法具有不同的形式，分为多个类型。根据一次接受访谈的人数多少，可分为个别访谈与集体访谈。个别访谈即逐一采访询问，也可开小型座谈会，即进行集体访谈。根据对访谈过程的控制程度，可分为结构型访谈、非结构型访谈和半结构型访谈。结构型访谈（Structured Interview）的特点是按定向的标准程序进行，是一种对访谈过程高度控制的类型。非结构型访谈（Unstructured Interview）的特点是没有定向

标准化程序的自由交谈，是一种对访谈过程半控制或无控制的类型。半结构型访谈（Semi-structured Interview）是将结构型访谈和非结构型访谈结合在一起的访谈类型。另外，根据采访问题的特点，还可粗略分为定量调查访谈和定性调查访谈。在定量调查访谈中，采访者使用前面提到的结构化或半结构化访谈，其中包括大量封闭式问题，为受访者提供相应选项，并记录他们的回答。在定性调查访谈中，采访者在没有固定选项的情况下提出开放式问题，听取并记录受访者的意见。在教育学研究领域中经常使用的访谈调查，主要包括结构型访谈、非结构型访谈和半结构型访谈。

1. 结构型访谈

结构型访谈的程序要求标准化。其主要体现在：提问的顺序和方式统一；访谈者只需要回答"是"或"否"、"喜欢"或"不喜欢"、"同意"或"不同意"等，或从一组答案中选择其一；访谈开始与结束的用语也做了严格的规定等。结构型访谈的访谈问题是事先完全设计好、具有固定结构的问卷。

> **核心概念**：结构型访谈是按定向的标准程序进行，对访谈过程高度控制的一种访谈类型。

采访者需要严格按照问卷上的问题发问，不能随意提问以及对问题进行解释。当受访者表示听不明白时，只能重复一遍问题或按照统一规定的说法加以解释。结构型访谈与问卷调查相比，采访者能够方便地控制调查过程和节奏，同时引起采访者的高度关注，降低了调查过程中的误差，使调查结果更加可靠。结构型访谈的资料便于定量分析。不过，由于对访谈过程的高度控制及访谈问题的高度统一化，结构型访谈并不能充分地探查受访者对于研究问题的具体看法和观点。

2. 非结构型访谈

非结构型访谈没有规定问卷和提出问题的标准程序，只给受访者一个题目。采访者和受访者依据这个题目进行自由交谈，受访者可自由随意地谈出自己的观点和感受，无须顾及采访者的需要。虽然非结构型访谈有一个事先准备题目，采访者也有事先准备的粗略访谈大纲，但采访者向受访者所提的绝大多数问题是在采访过程中才随机形成的。也就是说，采访者要根据受访者表达

> **核心概念**：非结构型访谈是采用没有定向标准化程序的自由交谈形式，对访谈过程半控制或无控制的一种访谈类型。

的诸多观点和建议，实时地思考和组织具体的访谈问题。非结构型访谈的优点在于具有较大的弹性和发挥空间，受访者可以自由地表达自己的想法和观点，

因此受访者容易完全表达和盘托出，采访者可以得到最为详尽具体的访谈资料。该类型访谈的缺点在于对采访者的素质要求较高，没有丰富经验或接受过专门训练的人员，无法很好地基于受访者的观点提出适合且恰当的访谈问题，最终可能会导致采访不到需要的关键内容，从而达不到非结构型访谈应有的效果。另外，这种访谈收集到的内容属于纯质性资料，难以量化，在统计分析上比较困难。

3. 半结构型访谈

半结构型访谈是在教育研究中比较常用的访谈方式。这种方式的访谈问题设计包含一部分结构性问题，一部分开放式问题。高度结构化的问题便于定量分析，保证研究的客观性，但是因为过于控制，无法深入了解受访者的想法和观点。在此高度结构化问题的基础上，设计紧密相关的开放式问题，可以有助于深入探查受访者对该问题的理解水平，从而弥补过度控制的结构化试题

> **核心概念**：半结构型访谈是将结构型访谈和非结构型访谈结合在一起，访谈问题通常包含一部分结构性问题和开放式问题的一种访谈类型。

带来的不足。综上，两者结合既保证了研究资料的完整性，又有助于资料分析。

二、了解访谈调查的优缺点有助于开展研究

访谈调查法作为科学教育研究中一项非常重要和有用的研究方法，我们需要了解其优点和缺点，从而在选择研究方法时更有针对性且目标清晰。比如，访谈的直接互动性是访谈调查法优缺点的来源之一。优点是它允许比其他数据收集方法具有更大的调查深度，缺点是它很容易受到采访者主观性和偏见的影响。

访谈调查法的主要优点如下：①深入探查受访者的观点，深入了解问题的核心。在教育学研究中，访谈调查法通常与问卷调查法配合使用，从而探查问卷调查法中无法具体了解的问题。②容易取得完整详尽的资料。人们经常愿意说，而不愿意写，因此在访谈的过程中，受访者可以尽情地表达自己的想法。另外，由于访谈技术的运用，受访者答题率高，研究者可收集到完整的资料。③可以确保研究问题的明确性。访谈者能对受访者明确说明研究的问题和目标，避免受访者对问题产生误解。④适用于特殊的对象。对于文盲、幼童、盲人等特殊群体而言，采用访谈调查法远比纸笔问卷可行性更高。

访谈调查法也存在一些缺点，主要包括以下几方面：①成本较高。访谈调查经常会采用面对面的交流形式，采访者为了寻找受访者在路上往返的时间往

往超过访谈时间,耗费大量时间和精力;另外,较大规模的访谈往往需要训练一批访谈人员,这也大大增加了支出费用。基于时间精力的消耗以及资金的花费,一般访谈调查难以大规模进行,通常样本量较小。②受访谈人员影响大,容易产生偏差。访谈双方往往是陌生人,容易使被访者产生不信任感从而影响访谈结果;此外,采访者的态度、谈话水平、价值观等个人特征可能引起被访者的心理反应,从而影响回答内容,造成访谈结果的偏差。③缺乏隐秘性。由于访谈调查要求受访者当面作答,尤其当问到一些敏感问题时,受访者往往会感觉缺乏隐秘性而产生顾虑,回避问题或给出不真实的回答。④处理结果难。访谈调查的灵活性是一把双刃剑,一方面可为深入了解受访者的观点提供便利,另一方面却也因这种灵活性增加了调查的随意性。不同受访者对相同问题的回答可能多种多样,没有统一答案,标准化程度低。因此,访谈结果的处理和分析就比较复杂,有时难以做定量分析。

三、选择恰当的访谈对象和设计合理的访谈提纲是访谈调查的核心内容

访谈调查涉及研究对象的选择、研究问题的设定、访谈提纲的设计、访谈实施的技巧、访谈记录的方法等内容。要想进行一次成功的访谈调查,需要从以上几方面认真考虑。本节主要介绍的是:①如何基于研究问题选择访谈对象;②如何针对访谈对象和研究问题设计合理恰当的访谈提纲。这两方面是访谈调查法的核心内容。下面以具体的科学教育研究案例为例进行阐述。

1. 案例 1:访谈调查法在学习进阶理论研究中的应用

学习进阶是近些年科学教育研究领域的热点之一。新的教育改革时代已经到来,譬如美国《新一代科学教育标准》提出了重视核心概念、跨学科概念、科学和工程学实践三个维度的教学改革思想。其中,物质和能量是重要的跨学科概念之一。本案例基于学生对于能量这个概念的学习进阶开展研究,具有重要的教学改革和科研价值。本研究的主要研究问题或者研究目标是:①确定"能量"这一概念的学习进阶水平;②分析一定的教学干预对于学生学习进阶水平的影响。

第一,基于研究问题选择合适的访谈对象。案例 1 中研究者为了获得多样性的学生回答,采取了年龄跨度较大的学生群体,从小学四年级到高中,且考虑到来自不同经济、教育发展地区的学生其回答可能相差较大,因此同时选择来自市区和农村学校的学生。从小学、初中和高中分别选取了 8 位同学,共24 位学生进行访谈。在教学干预后,又对上述 24 位同学进行访谈。教学干预前的访谈为前访谈(Pre-interview),教学干预后的访谈为后访谈(Post-interview）。参与访谈研究的学生如表 4-1 所示。

表 4-1　参与访谈研究的学生

测评方式	小学 （四年级）	初中 （七、八年级）	高中 （九、十、十一年级）	总数
前访谈	8	8	8	24
后访谈	8	8	8	24

　　第二，紧扣研究问题设计访谈提纲。为了符合学生的认知水平，便于研究能量这一概念，需要借助具体的问题情境设计访谈。本案例主要选择了与碳循环相关的过程，比如植物生长、动物生长、火焰燃烧等作为问题情境，来探查学生是如何理解能量在这些过程中发挥作用的。这样设计问题的好处是，譬如对于小学四年级的学生而言，与其仅仅询问他们与能量这个抽象概念相关的问题，不如询问与他们日常生活息息相关的问题更容易被理解和接受，也有利于访谈的开展，如植物生长等。除了借助具体的问题情境外，访谈问题的设计划分了两个不同的难度水平。对于低水平问题（Lower-level questions），学生只需要用他们日常生活中的用语就可回答，而对于高水平问题（Higher-level questions），学生则需要用到他们在课堂上学到的科学语言。本研究案例初步开发的关于能量这一概念的学习进阶框架主要包括两个维度：①关联（Association）维度，指的是学生对于不同材料或能量形式的相同与不同之处的理解；②追踪（Tracing）维度，指的是在自然现象发生的过程中能量如何变化。由于访谈内容是基于该学习进阶框架形成的，因此，在设计访谈问题时就需要能探查出学生在关联维度和追踪维度两个方面对能量的理解水平。关于关联维度，访谈涉及让学生去比较在植物生长、动物生长等过程中出现的不同材料（如阳光、水、空气等），并让学生明确哪个或哪些才是能量的来源；关于追踪维度，访谈涉及让学生去解释不同材料（如阳光、水、空气等）是如何让植物动物生长的，能量来自哪儿以及当植物生长等事件结束时能量会去往哪里。

　　综上，本研究中的访谈设计主要基于三个原则：①紧扣与研究问题密切相关的能量学习进阶框架；②结合生活中的自然现象，设计符合学生认知、便于学生理解、通俗易懂的问题情境；③访谈问题有低水平和高水平的难度划分，便于更广泛深入地探查学生对能量这一抽象概念的理解。访谈共包括 6 个任务，每个任务均涉及前面提到的两个维度，且均是让学生去解释一个与日常生活密切相关的现象是如何发生的。这些现象包括：树木生长、女婴生长、女孩跑步、树木腐烂、火焰燃烧、汽车运动。具体的访谈设计内容详见第二节。

2. 案例2：访谈调查法在模型和建模研究中的应用

除案例1中的学习进阶理论外，模型和建模（建构模型）研究也是目前科学教育领域研究的热点之一。要建构一个好的模型，学生需要明白什么样的模型才是好的模型。建模研究中聚焦的热点之一是模型的相似性和功能性哪个更重要的问题。也就是说，模型需要与事物外形尽可能相似，还是要以达到事物所具有的功能为首选标准。同时，为了构建一个好的模型，我们需要设计、评价和修正模型。因此，建模研究也关注学习者对建模过程中设计模型、修改模型等内容的理解。案例2基于人肘部模型这个生活实例，探讨了模型与事物的相似性优先还是功能性优先的问题，以及学生是如何理解设计模型、修改模型等这些建模的过程。如前所述，要设计一个高质量的访谈调查，访谈对象的选择和访谈提纲的设计非常重要。

第一，基于研究问题选择合适的访谈对象。由于人肘部模型这个话题相对简单，比较符合小学阶段学生的认知水平，因此，研究选择了48位一年级和二年级的学生参加访谈。另外，由于研究还要探讨学生是如何理解建模过程中设计模型、修改模型等内容，因此学生均参加了与建模相关的课程。在建模课程完成后，开展访谈。

第二，紧扣研究问题设计访谈提纲。第一个研究问题关注的是模型与事物的相似性优先还是功能性优先，为了突破这个研究难点且要符合小学生的认知水平与兴趣特点，访谈提纲的设计倾向于以生动有趣的图片为主。研究者列举了从相似性到功能性依次递增的四张图片，让学生依次打分，然后解释原因。这类访谈问题就是典型的半结构化访谈：既有固定的回答内容，又有基于这些内容的具体阐释。这四张图片分别是：

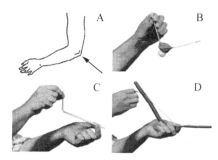

其中，A是关于人手部的一幅画，箭头指向的是肘部。这个模型使模型与真实肘部的相似性最大化，且没有包含肘部的任何功能性作用。B是两根雪糕

的小棍子相互垂直排列，然后用一块黏土固定。此模型相较于 A，其与真实肘部的相似性降低，且加入了一部分肘部运动的功能性特点。不过，虽然通过移动两根棍子可使模型发生一定程度的弯曲，但是移动的角度和幅度是非常有限的。C 是一根可灵活运动的吸管。这个模型与真实的肘部外形相比，相似性更低。不过它可以像真实的肘部一样灵活，也就是说在功能性方面和肘部比较类似。但缺点是该模型可以向任何方向弯曲，这与真实的肘部是不同的。D 是一块扁平的中间发生折叠的纸板，其上部和下部分别模仿手部的上端和下端。一根细绳穿过纸板上部的小孔与纸板下部相连接。通过固定纸板上部和牵拉细绳，学生可升降纸板的下部。虽然这个模型无论是从视觉还是触觉上都与真实肘部的外形无任何相似，但是此模型在模仿肘部运动幅度和角度方面却是最贴切的。通过选择这四张图片，可很好地探查学生对于第一个研究问题的理解。第二个研究问题关注的是学生如何理解设计模型、修改模型等这些建模过程。结合小学生的认知水平，在设计这些访谈问题时遵从的主要思路是：首先给定一个问题情境，便于学生理解，然后抛出问题让学生尽情地表达自己的观点。具体的访谈提纲设计内容详见本章第二节。

【学以致用】

请结合自己目前的研究课题，思考你的研究是否适合使用访谈调查法？若可使用访谈调查法，请你思考：

(1) 为了回答你的研究问题，该选择怎样的访谈对象？请说明理由。

(2) 考虑访谈对象的认知水平和年龄特点，以及要解决的研究问题，你在设计访谈提纲时的基本思路和原则是什么？

第二节　访谈提纲设计是访谈调查的关键

【聚焦问题】

1. 访谈提纲主要包含哪两部分？
2. 访谈问题设计的一般形式有哪些？

【案例研讨】

在建构模型的过程中，模型的建构或设计、模型的评价和修正是非常重要的三个内容，如果你作为研究者想要探查小学一年级学生对以上这些内容的认知和理解，你应该设计什么形式的访谈问题呢？这些问题的具体内容是什么呢？

一、访谈提纲问题主要包括封闭式问题和开放式问题

访谈提纲(Interview Outline)的设计是访谈调查法能否充分发挥研究价值的关键。访谈提纲主要由访谈问题(Interview Questions/Interview Tasks)构成。不过，在有些情况下，访谈提纲还会包括访谈准备（Interview Preparation)材料。这些情况指的是，当一项研究不仅限于访谈设计者或研究者本人进行采访，而需要多位其他采访者时，访谈提纲须在访谈问题之前为这些采访者提供文字材料，以告知其访谈注意事项。下面依次介绍访谈准备材料和访谈问题。

1. 访谈准备材料

访谈准备材料是采访者在进行访谈前须特别注意和要告知受访者的重要事项。采访者基于这样的预热材料能更有效地开展访谈。下面展示的是案例 1 中访谈提纲的访谈准备内容。

访谈准备(Interview Preparation)

在访谈之前，为了访谈结果有助于研究，需要清楚地知道收集哪些关于学生学习状况的详细信息。这将有助于你清楚聚焦在每个访谈问题上。作为一个访谈者，为了充分调查学生的想法，可向学生询问一些澄清性的或者进一步探查性的问题。较为恰当的问题，比如，"你的意思是什么呢？你可以再总结一下你的答案吗？你可以用物质和能量，以及原子和分子这些术语回答我吗？"而不恰当的问题，比如，"这个过程的名字是什么？记得我们在课堂上是如何做的吗？"这些问题非常具有导向性，会妨碍学生表达多种类型的观点。

选择一个最低程度分散注意力的地方。不要在一个房间里同时进行多个访谈。请确保录音笔可以清楚捕捉受访者的声音。如果无法听清受访者的声音或声音质量不佳，那么，这个访谈对于数据分析而言是无效的。所以请确保选择一个安静的地方进行访谈。

如果你使用的是带有摄像头的外置麦克风，不要忘记在访谈时打开它！如果时间允许，请检查麦克风的质量，比如，可以随机录制一小段音频然后播放检查效果。请确保你和学生的声音都可以清楚地被听到。

可能需要向学生解释的事情：

1. 访谈的目的是了解你如何用现在学到的知识解释自然中发生的过程。不用在意这个回答是否正确，因为你的回答不会被打分。我希望你告诉我所有你知道的内容，以及你是如何理解的，即使你不确定也没关系。

2. 在访谈期间我不会对你的回答进行正确或错误的反馈。但在访谈结束后，我可以回答任何你可能在我们交谈中存在的问题。

3. 我将询问你一些相关问题，以及在思考你的回答时我可能会花费一些时间。我可能会问一些听起来有些重复的问题，但是我只是试图确定我已经询问到了所有我需要问你的问题。

4. 这个访谈将会持续大约 45 分钟。在我们开始之前，你有任何问题吗？

从上述材料可看出，访谈准备材料主要关注以下几个问题：①要告知采访者其访谈问题不能具有强烈的导向性，否则会影响受访者的判断和观点表达。②当采访者对受访者的回答不太清楚时，需要使用一些探查性的话语。例如，"你可以再总结一下你的答案吗"，等等。进一步明确受访者要表达的观点究竟是什么。因为只有清楚地知道受访者的观点，才能够有效地分析访谈。否则，模棱两可的访谈内容对于分析是毫无助益的。③要注明访谈环境的选择非常重要，尽量选择安静且不打扰受访者表达观点的场所。④要说明访谈工具的质量非常重要，尽量选择收音清晰的录音笔或摄像机。⑤要注明在访谈前需要向受访者解释的一些内容，包括访谈的目的、访谈中采访者的惯用行为、访谈时间等，使受访者易于从心理上与采访者接近并进行后续的沟通。综上，上述展示的访谈准备材料是一个较好的模板，研究者可基于自己的研究课题，在此模板的基础上进行修改。

2. 访谈问题的一般形式

访谈问题的一般形式主要包括封闭式问题（Closed-Ended Questions）和开放式问题（Open-Ended Questions）。

封闭式问题指的是研究人员提出问题并为参与者提供预设的选项。例如：

成年人希望接受更多教育的原因有很多。你参加成人教育课程的最重要原因是什么？（选一个）

_____ 能够帮助我的孩子完成学业

_____ 为了更好地工作

_____ 改善自己

_____ 获得同等学历证书

在这里作者提供了一个问题和有限数量的选项。这些选项需要相互排斥或彼此不同，并包括个人可能提供的所有典型反应。诸如上例中的封闭式问题是

切实可行的，因为所有人都会用已提供的选项来回答问题，这使研究人员能够方便地进行比较和研究。封闭式问题还便于对受访者的选项进行编码或赋值，方便统计分析。但是，有时我们可能需要更深入地探究受访者对某个问题的看法，或者研究者本身也非常不确定受访者可能会给出怎样的回答，在这种情况下，开放式问题是最好的。

访谈调查中的开放式问题是研究人员不提供任何选项的那些问题，参与者可以尽可能多地表达自己对于某问题的看法。例如，将上述封闭式问题修改成一个开放式问题："你为什么参加成人教育课程?"在这个开放式问题中，参与者基于自身的文化和社会经验等提供答案，而不受研究者制定的选项限制。不过，开放式问题存在不易于编码和分析的缺点。研究人员需要将回答分类成每个小的主题，这个过程可能需要相当长的时间。比如，需要将受访者的回答转换为数字(例如，受访者提到"获得更好的工作"15 次)。除了单一地使用开放式问题或封闭式问题，在访谈调查中还可使用半封闭式问题。这类问题具有开放式和封闭式问题的所有优点。例如：

成年人希望进一步接受教育的原因有很多。你参加成人教育课程的最重要原因是什么？（选一个）

_____能够帮助我的孩子完成学业

_____为了更好地工作

_____改善自己

_____获得同等学历证书

_____其他（请解释）_____

半封闭式问题虽然提供了预设选项，但它同时也允许受访者写出可能不包含在研究预设中的答案。另外，研究人员在面对这样的半封闭式问题时也不会承担过重的编码信息负担。最后，在设计访谈问题时，还需要注意避免以下两点：(1)访谈问题含混不清或冗长；(2)访谈问题包含受访者不熟悉的专业术语影响其理解。

二、访谈提纲设计的应用实例

下面展示的是访谈提纲中最重要的部分，即访谈问题。

1. 案例1：应用于学习进阶理论研究的访谈问题

树木生长

一棵小树苗被种在草地上　　20年后它长成一棵大树，重227千克

关于树木生长的访谈任务

1）一般性问题

◇ 树木生长需要什么？

◇ 你已经提到了阳光、水、土壤和空气。你认为树木利用这些事物时的方式是一样的还是不一样的？如何一样或不一样？

2）追踪维度的问题

◇ 适用于所有成绩水平学生的初始问题：阳光是如何帮助树木生长的？

◇ 对于能够描述阳光对于树木而言是能量来源的学生来说，提出进一步的问题：

A. 光能到哪里去了？

B. 光能在这个过程中会被用完吗？

C. 光能是否转化成其他的事物？它仍然是能量吗？为什么？

◇ 适用于所有成绩水平学生的初始问题：水是如何帮助树木生长的？

◇ 对于能够描述水对于树木而言是能量来源的学生来说，提出进一步的问题：

A. 水到哪里去了？

B. 水在这个过程中会被用完吗？

C. 水是否转化成其他的事物？它仍然是能量吗？为什么？

◇ 适用于所有成绩水平学生的初始问题：土壤是如何帮助树木生长的？

◇ 对于能够描述土壤对于树木而言是能量来源的学生来说，提出进一步的问题：

A. 土壤到哪里去了？

B. 土壤在这个过程中会被用完吗？

C. 土壤是否转化成其他的事物？它仍然是能量吗？为什么？

◇ 适用于所有成绩水平学生的初始问题：空气是如何帮助树木生长的？

◇ 对于能够描述空气对于树木而言是能量来源的学生来说，提出进一步的问题：

A. 空气到哪里去了？

B. 空气在这个过程中会被用完吗？

C. 空气是否转化成其他的事物？它仍然是能量吗？为什么？

3）关联维度的问题

◇ 适用于所有成绩水平学生的初始问题：

A. 对于树木生长而言，阳光总是必需的吗？为什么？

B. 你认为树木利用阳光作为能量吗？为什么？

C. 你认为树木利用水作为能量吗？为什么？

D. 你认为树木利用空气作为能量吗？为什么？

E. 你认为树木利用土壤作为能量吗？为什么？

◇ 对于能够描述阳光对于树木而言是能量来源的学生来说，提出进一步的问题：

A. 对于树木而言，能量来源是什么？

B. 你认为树木在其体内储存能量吗？

C. 如果是的话，能量储存在树木的什么部位？在细胞中？在分子中？为什么？

前面提到案例1中，访谈问题是基于能量这一概念的学习进阶框架设计的。此框架包含两个维度：追踪（Tracing）和关联（Association）。因此案例访谈问题首先从与该树木生长的访谈任务紧密相关的一般性问题切入；在受访者对一般性问题回答的基础上，着重关注学生对"追踪"和"关联"两个维度的理解。可谓问题层次逻辑清晰、问题内容与研究主题高度相关。此外，由于访谈问题是开放式问题，学生的回答可能非常多样。因此，为了应对不同学习水平学生的多样性回答，分别设计了低阶水平和高阶水平的问题，尽可能全面探查不同学习水平学生的观点。

2. 案例 2：应用于模型和建模研究的访谈问题

访谈任务[①]

模型评价：在你的班级中，同学们制作了一些人肘部模型，希望它们模仿真实的肘部一样工作。我这里有一些制作好的肘部模型，想要展示给你看。下面就是这些模型，我想让你告诉我：如果主要考虑这些模型是否像你的真实肘部一样工作，那么你对它们的喜欢程度如何，以及你为什么会这么想。

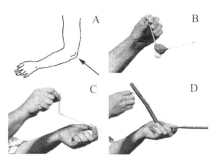

A. 图片	1	2	3	4	5
B. 黏土	1	2	3	4	5
C. 吸管	1	2	3	4	5
D. 硬纸板	1	2	3	4	5
	一点儿不喜欢			非常喜欢	

模型设计：一些人说当我们制作一个模型的时候，需要让模型尽可能地像那个真实的事物。而另一些人说，模型是否尽可能地像真实的事物并不很重要。你是怎么想的呢？

模型修正：一些人说在我们建构好一个模型后，是否去修改我们的模型一点儿都不重要。而另一些人说有时候经过一番思考后去修改我们的模型，是一件很好很正确的事情。你是怎么想的呢？

多重模型：一些人说，对于你感兴趣的事物，我们只需要制作和这个事物有关的一个模型就够了。而另一些人说，针对这个事物制作出多个模型是非常有用的。你是怎么想的呢？

针对案例 2 中的访谈问题有三点说明。第一，在"模型评价"的环节，研究

---

① Penner D E，Giles N D，Lehrer R，et al. Building functional models：designing an elbow[J]. Journal of Research in Science Teaching，1997，34(2)：125-143.

者首先使用了五点李克特量表的形式，此种形式在问卷调查中也经常使用。其非常适用于区分受访对象对某一事物的喜爱或感兴趣程度，或对某一观点的认可程度。接着，基于受访者对五点李克特量表的回答，继续探查受访者为何做出这样的选择。例如，访谈问题提到"你对它们的喜欢程度如何，以及你为什么会这么想"。这种封闭式问题和开放式问题的有机结合，既有助于探查学生的态度，又有助于了解态度背后的原因和观点。第二，在"模型设计""模型修正""多重模型"环节，采用了全开放式问题，这些问题应用在深入探查学生对某事的观点时非常有效，尤其是当研究者也完全不确定受访者可能会给出怎样的答案时。第三，要根据受访者的年龄和认知水平等恰当处理采访细节。本研究的受访者为一、二年级的小学生，其理性思维与成年人相比较弱，对李克特量表1至5的区分程度及表述方式并不敏感。因此研究者为了帮助小学生顺利完成访谈任务，制作了与1（"一点儿也不喜欢"）到5（"非常喜欢"）的喜欢程度分别对应的笑脸图标（文中没有显示）。对于1（"一点儿也不喜欢"），图标是一个大大的向下咧开的嘴；对于2（"不喜欢"），图标是一个小幅度向下咧开的嘴；对于3（"还行"），图标是一个抿着的嘴；对于4（"有点儿喜欢"），图标是一个小幅度嘴角上扬的嘴；对于5（"非常喜欢"），图标是一个大大的向上咧开的嘴。这些生动形象的图标可帮助小学生很好地理解访谈任务。虽是细节，却大大促进了访谈顺利开展。

【学以致用】

案例2（应用于模型和建模研究的访谈提纲设计）中提到，研究者为了符合低年级小学生的认知水平，设计出5个笑脸图标与访谈文字相匹配。那么请你动手制作这5个图标，并使用这些图标与另一位学习者一起尝试访谈，看看如何将图标和文字有机结合起来，从而使访谈既吸引小学生的注意力又能探查出他们的想法和观点。

第三节　访谈调查法的实施涉及一系列程序和注意事项

【聚焦问题】

1. 访谈调查法实施的一般程序有哪些？
2. 在访谈记录的过程中有哪些技巧？

3. 在访谈实施的过程中有哪些注意事项？

【案例研讨】

通过分析下面的访谈纪录片段，请你思考并阐述在这段访谈中采访者是如何引导访谈顺利开展的。

访谈片段：女婴生长（对一名小学生的前访谈）[①]

采访者：我们谈谈下个问题。你刚才提到了睡眠，对吗？那可以展开说一下，睡眠是如何与生长相关的呢？

受访者：因为它就会让你生长啊。因为睡眠的话，你会获得更多的能量，所以你就可以跑和跳，比如跳绳、走路还有打球。就是这样。

采访者：你的意思是婴儿需要睡眠来获得能量吗？

受访者：是的。因为婴儿睡觉就会很开心，不会哭，并且能够玩儿，还吃得很饱。

采访者：那你认为能量是什么？或者说能量可能像什么呢？

受访者：我想能量是，可以帮助你生长，还有当你生气的时候不会让你那么容易恼羞成怒的东西。

一、访谈调查法的实施遵循一定程序

访谈调查法遵循一定的程序，大体包括访谈准备、联络受访者、启动访谈、访谈控制和结束访谈等几个阶段。

1. 访谈准备

访谈准备是开展访谈调查研究的第一阶段，主要包括五方面的工作。第一，为了形成最终的访谈问卷开展调查，需要明确研究目的或研究问题、查阅文献资料、确定调查内容、设计访谈提纲、开展小范围调查以修正访谈提纲等。第二，受访者是访谈调查中非常重要的组成部分，应在访谈前多了解受访对象的情况，以确保访谈顺利开展。第三，为了确保访谈调查数据的有效性，尽可能地避免误差，需对采访者进行适当培训。第四，一般来说，科学教育中的访谈调查由于每次访谈持续的时间比问卷调查长，且受访人数最少也会多于2人。因此，制订访谈调查的时间表就非常重要。第五，需要准备访谈工具。

---

① Jin H，Anderson C W. A learning progression for energy in socio-ecological systems [J]. Journal of Research in Science Teaching，2012，49(9)：1149-1180.

(1)设计和形成访谈提纲

科学教育中的任何一个访谈调查都是基于一个研究主题开展的。查阅大量的文献资料,在研究主题确定后,根据教育现状中存在的不足或需要解决的问题,提出研究问题或确定研究目的。基于研究问题或目的,继续查阅相关文献资料,进一步了解该研究问题的国内外研究进展如何。现有研究往往是该领域以前研究中未涉及的具体内容或未透彻研究需要进一步解决的问题,基于这些问题,确定访谈调查需要研究的内容。在研究内容确定后,为了取得该方面的数据资料并进行分析,得出结论,需要设计相应的访谈提纲。结构型访谈的访谈提纲主要是结构化程度高的访谈问题;非结构型访谈的提纲主要是由事先准备的访谈主题和访谈大纲组成;半结构型访谈的提纲主要是由一部分结构性问题,一部分开放式问题组成。在访谈提纲设计完成后,最好进行一个小范围的访谈调查预测试,以便发现访谈提纲在问题设计和访谈时间预估方面可能存在的问题,从而及时修正访谈提纲,为后续开展大范围访谈调查打下良好基础。

(2)选定和了解受访对象

基于研究问题和访谈提纲选定合适的受访对象至关重要。因为如果受访对象的认知水平和知识结构与研究内容的要求并不相符,即使访谈提纲设计得非常科学合理,也不可能得到预想中的合理科学的研究资料。因此,在选定研究对象时,要充分考虑研究对象的性别、年龄、职业、教育程度、经历、专长等与研究内容的适合性。基于以上标准,主要选定的是受访对象的群体。例如,在前面所述的案例2中,受访对象的群体是小学一、二年级的学生。在选定受访对象的群体后,需进一步了解每个具体的受访对象当前的思想状况、精神状况和身体状况。这有助于与受访者建立良好的交谈氛围,顺利进行访谈,提高访谈的可信度等。

(3)培训采访者

采访者是执行访谈甚至很大程度上控制访谈进展的人。使用访谈调查法进行教育研究时,采访者需要接受专门的培训。采访者首先需要掌握访谈法的专门知识和技能。其次,对于每个访谈调查的具体访谈提纲而言,采访者需要熟悉访谈任务和手册,了解访谈的目的、要求和步骤等。最后,采访者要了解对于可能出现的突发问题有哪些解决办法等。总之,一位好的采访者应具备正确的访谈预备知识、细致的洞察力、耐心和责任感,以及能如实准确地记录谈话信息等。

(4)制订访谈时间表

由于采访完所有的受访者往往需要持续几天甚至更长的时间,因此,需要在访谈开始前制定一个粗略的访谈时间表，初步规划访谈的进度。这样的统筹规划对于顺利完成所有访谈非常必要。

(5)准备访谈工具

访谈工具主要包括三类：①一般的记录工具，如笔、纸等；②专门的记录工具，如录音笔、照相机、摄影机等；③访谈使用的问卷、说明书、手册等。此外，访谈时为了证明采访者的身份，有时可能需要携带介绍信、证件等，以及为了对受访者表示感谢而准备的小礼物等。

2. 联络受访者

准备工作完成后，接下来是一一联络每位受访者，安排具体的访谈时间和地点。安排的时间和地点最好让受访者和采访者都感到满意方便。为了取得受访者的配合，可事先以短信、邮件等形式预约受访者。在预约信息中，最好说明本次访谈研究的目的、重要性、接受访谈对研究的主要贡献以及访谈结果的出版方式等。总之，在访谈之前，让受访者对访谈的大概内容和重要性有初步的了解，以便受访者做好心理准备。

3. 启动访谈

启动访谈是访谈的开始，其主要任务是创设恰当的谈话情境，与受访者建立融洽的关系，消除受访者的疑虑并使之拥有轻松愉快的心情，从而产生参与访谈研究的兴趣和做好回答问题的准备。访谈资料的可信度和可靠性在很大程度上取决于采访者在启动访谈方面的表现。为了创造融洽和谐的访谈氛围，采访者首先要对受访者表示礼貌和尊重。其次，在正式谈话前可以先聊一聊受访者的兴趣和爱好等，消除受访者的拘束感。在形成了有利于访谈的氛围后，采访者可向受访者一一介绍本次访谈的主要任务和访谈时间等信息，并鼓励受访者充分发表自己的看法，进一步消除其心理负担和压力。最后，采访者先从一些简单易答的问题开始采访，避免一开始复杂烦琐的问题难住受访者使其自信心受挫，影响后续问题的回答。若访谈之初的问题回答顺利，受访者的信心会增加，有利于访谈双方和谐互动，促进访谈过程顺利进行。

4. 访谈控制

访谈控制是指采访者通过适当的方法主导和调控访谈的主要内容和方向。访谈虽然是采访者和受访者互动的过程，但采访者的提问和表情动作会影响受访者的回答，对访谈的进行有重要影响。因此，访谈控制主要是通过采访者的提问控制和表情动作控制来实现的。

提问控制主要是通过提问的内容和方式来实现的。第一，提问的内容方面：①当从一个访谈任务过渡到另一个访谈任务，或同一个任务中发生不同问题的转换时，采访者需要注意使用一些过渡语，比如，"好的，谢谢。那我们现在来看下面这张图片"等。②当受访者回答不出问题或面露难色时，采访者可通过一些安慰或鼓励的话语缓解受访者的压力。比如，"没有关系，回答最重要的是表达您的看法，不必担心对错"或者"没事儿，那我们跳过这个问题，回答下面的就好"等。③当受访者脱离主题时，不要粗鲁地打断受访者的谈话，而是要通过一些引导性问题，使其回到原来的主题。比如，"谢谢您的回答，不过我比较好奇您刚刚说到了某个问题，您可以再具体地说一下吗"等。第二，提问的方式方面，尽量使用"我想知道您的意思是这个吗""请您再具体一点儿，可以吗"等这种非完全肯定的、略带设问的语气，可以促使采访者更多地解释或表达自己的想法和观点。总之，提问时要注意：①始终保持中立态度，不对受访者的回答进行评判，不对受访者进行暗示和诱导；②当需要获得受访者更多的访谈信息时，可对相同的事情从不同的角度提问；③当不太清楚受访者所表达的观点时，要及时通过提问澄清其观点；④把握谈话主题焦点，集中注意力讨论主要的和重要的问题，尽量减少或避免题外话；⑤语言简洁明了，客观平实，避免使用带有强烈情感的字眼；⑥注意提问的时间，避免时间过长而导致受访者失去耐心。

表情动作控制是访谈者通过控制自己的表情和动作行为所传达的情感，从而达到对谈话过程的控制。在访谈中，访谈者的表情要始终呈现出有礼貌、尊重、谦虚、诚恳、耐心的状态。采访者的表情可以向受访者传递出采访者对本次访谈和受访人员的关注程度和重视程度。采访者在采访中，不要漫不经心、目光游移，让采访者有不被重视的感觉；也不要表情严肃或面无表情，让采访者产生自己的情感表达不被关注的感觉。采访者要对受访者的谈话呈现出感同身受的倾听状态。比如，当受访者谈到某些话题高兴时，采访者也会表示高兴；当谈到一些挫折和困难时，受访者会表示惋惜和同情。倾听是访谈调查收集资料的重要形式，采访者应"积极关注地听"，而不应是"消极地表面地听"，同时要随时将受访者所说的话或信息迅速纳入自己的认知结构中加以理解和同化，必要时要与对方进行对话和交流，共同建构对某问题新的认识和理解。另外，在动作行为方面，当受访者偏离谈话主题时，采访者可通过递水或饮料等动作转移受访者注意力，从而再次引导其回到访谈主题上。综上，一位优秀的采访者，既需要注意访谈提问的内容和形式，也需要注意倾听时的表情和动作。

5. 结束访谈

结束访谈是访谈的最后一个环节。主要注意三个原则：一是适可而止。在科学教育访谈调查中,访谈时间最好控制在 1 小时内,访谈时间不宜过长,否则受访者会失去兴趣和耐心,达不到访谈效果。二是在适当的时机结束访谈。当根据访谈提纲完成所有的访谈任务时,只需要简短几句访谈结束语以及表示感谢的话,就可结束访谈,不必拖沓。三是要对受访者的辛苦回答表示由衷的感谢。在条件允许的情况下,还可向受访者馈赠小礼物以示感谢。另外,当需要向受访者反馈访谈结果时,需要向受访者说明后续联系的时间和方式。

二、访谈记录用于获取访谈资料

在访谈实施的过程中,通常用录音笔或摄像机等工具记录下音频或视频资料,用于后续的访谈资料分析。如果技术条件不允许,也可以安排两位访谈者,一位进行访谈,另一位记录谈话内容。这样的做法是为了防止当只有一位访谈者时,由于必须边访谈边记录,访谈时间紧张且容易出现错误,以及记录时可能没有注意到或忽略受访者的表情和动作所传递的信息。下面节选案例1,即学习进阶理论研究中的几个访谈片段,通过分析实际访谈的记录内容,进一步了解访谈应如何有效展开。

1. 访谈片段 1:树木生长(对一名中学生的后访谈)

采访者:好的。那你认为树木需要能量吗?

受访者:是的。

采访者:那这些能量来自哪儿呢?

受访者:当它(树木)燃烧葡萄糖用于食物的时候。

采访者:所以你的意思是能量来自葡萄糖,是吗?

受访者:是的。

采访者:好的。那葡萄糖中的能量来自哪儿呢?

受访者:在它的化学键中,比如,碳碳键和碳氢键中。

采访者:所以能量最终或者说到底来自哪儿呢?

受访者:在二氧化碳和水的化学键中。

分析:在这个访谈片段中,针对树木的能量来源问题,采访者基于受访者的回答,抽丝剥茧、层层深入。当采访者第一次问到"能量来自哪儿"时,受访者回答"它(树木)燃烧葡萄糖用于食物的时候";为了进一步明确受访者的观点,采访者抛出一个澄清性问题"所以你的意思是能量来自葡萄糖,是吗";在明确之后,采访者进一步基于受访者的反馈,提出"那葡萄糖中的能量来自哪儿"这个问题;在得到受访者的回答后,采访者进一步提问"所以能量最终或者说到底来自哪儿",以促使受访者思考和总结"树木的能量来自哪儿"这个初始问题。整个访谈由一个初始问题展开，层层递进，逐渐清晰，并最终回到初始问题，逻辑清晰目标明确。应该说，这段访谈并未因为多个问题的提问而偏离访谈的最初目的。

2. 访谈片段2：树木腐烂（对一名初中生的后访谈）

采访者：好的。我们现在看看树木腐烂的这个问题。当树木腐烂时会发生什么呢？

受访者：树木会作为营养物质进入土壤，会被分解。并且能量在土壤中可以被再利用，比如，当一颗新的种子萌发成树木的时候，能量会进到这棵新的树木体内。

采访者：不知道你刚刚说的意思是树木进入土壤变成营养物质，是吗？

受访者：是的。因为正在腐烂的树木会最终分解，进入土壤。到那时，另外一株树木将会吸收这些营养用于生长。

采访者：说到分解，你具体指的是什么意思？

受访者：就是一些东西，比如，一些化学物质，或者具有侵蚀性的东西会把树木分解，然后树木会变成能量，之后能量会被用于一株正在生长的植物。

分析：在此访谈片段中，受访者的"树木会作为营养物质进入土壤"这句话表达得不是非常清楚，需要再次确认学生真正的观点。因此采访者通过澄清性问题"不知道你刚刚说的意思是树木进入土壤变成营养物质，是吗"，让学生进一步阐明这句话的含义，从而弄清楚受访者指的是树木因为被分解变成营养物质而进入土壤。由于"分解"这个词对理解学生如何看待树木腐烂这个现象来说非常重要，故而采访者在恰当的时机提问"说到分解，你具体指的是什么意思"。这样做可进一步了解受访者是否真正明白植物分解的含义，以及植物分解与能量释放之间的关系。综上，该段访谈紧紧围绕树木腐烂的现象展开，重点清晰突出；当受访者提到与理解现象密切相关的"分解"这一专业术语时，采访者制造机会使受访者充分表达其见解。

3. 访谈片段3：汽车运动（对一名高中生的后访谈）

采访者：这些汽油会去向哪里？

受访者：汽油会被消耗光，也会被排出来。我的意思是会被排出管道排出来，然后会进到空气中。

采访者：好的。那你认为汽车运动需要能量吗？

受访者：是的，汽油就是它们的能量。

采访者：好的，那当汽油被消耗完或者被排出后，能量会到哪儿去呢？

受访者：能量会随着它进到空气里，回到空气里。

采访者：那这是什么形式的能量呢？

受访者：嗯……

采访者：好的，没关系的（微笑）。

受访者：我想不出来。

采访者：没关系的。

受访者：但是我猜能量被用到了不同的地方，它就去往这些地方。

分析：在此访谈片段中，值得我们关注的有两方面。第一，当采访者提出的问题超出了受访者的知识范围，受访者无法回答时，采访者要尽可能用语言和面部表情安慰受访者。安慰会使受访者紧张的状态放松，不会对自己丧失信心，也不会影响后续问题的回答，甚至会更积极努力地思考回答。在该片段中，虽然受访者已经说了"我想不出来"，但是由于采访者亲切和蔼的安慰，受访者进一步回答说出了他的猜测，尽可能多地给出了自己的答案。这对于需要尽可能多地了解受访者观点和想法的访谈调查来说至关重要。这个访谈片段中的"（微笑）"是访谈记录中的内容，说明采访者非常重视自己的面部表情和肢体动作是否会影响受访者的作答。这提示我们，当在进行访谈记录时，若产生一些预期外的状况，采访者做出了一些表情和肢体动作，我们也要如实地记录下来。第二，采访者基于受访者的反馈回答，通过问题串的设计逐层了解受访者对能量及其形式的理解。当受访者说出汽油会被消耗光排到空气中，以及汽车运动需要汽油作为能量时，受访者就比较巧妙地将这两个回答联系起来，提问"当汽油被消耗完或者被排出后，能量会到哪儿去"这个问题，试图了解能量的变化过程。当学生回答能量进入空气中后，紧接着又提问"这是什么形式的能量"。访谈的问题环环相扣，通过逻辑严密的问题串探查学生的观点。

4. **访谈片段 4：女孩跑步**（对一名初中生的后访谈）

采访者：好的，那让我们谈谈能量。你认为食物给这个女孩提供能量吗？

受访者：是的。

采访者：那能量去往哪里了呢？

受访者：能量被用了，我也不是非常清楚能量是如何被用被转化的。我只知道能量被转化到她的腿部肌肉中，或许还有胳膊中。然后当她跑步的时候这些肌肉使用这些能量产生运动，还有释放一些能量。这些是动能，这些在她跑完步后会最终转化到土壤中或空气中。

采访者：你指的是动能转化到环境中，还是其他形式的能量转化到环境中呢？

受访者：有时候是热能，有时候是动能。当她跑步的时候，她会促使空气运动，所以这个时候就是动能。也有时候跑步会让地面有点凹陷，这也是类似于动能吧。不过热能应该也占一半左右，因为她跑步的时候身体会变热。

分析：在此访谈片段中，当受访者第一次问"能量去往哪里"这个问题时，受访者的回答是不清晰的。这个回答中既有"肌肉使用这些能量产生运动"，又有"释放一些能量"，同时又说这些"在她跑完步后会最终转化到土壤中或空气中"。采访者根据受访者的回答敏锐地判断其可能涉及热能这种形式的能量。因此为了明确受访者的回答，同时又促使受访者进一步可能说出热能这个关键内容，提问"你指的是动能转化到环境中，还是其他形式的能量转化到环境中呢"。通过这个问题，受访者的回答确实将热能和动能区分开了，并一一举例进行解释。可以看出，一个好的采访者善于敏锐地捕捉受访者的答案信息，并进一步深入地挖掘。要做到这一点，需要采访者清楚地明白访谈问题的研究指向性，能够在关键的节点挖掘到重要的信息。

通过上述四个访谈片段的分析，我们知道在访谈记录时需着重注意以下几点：①访谈的问题无论数量多少、形式如何，都要始终围绕重要的问题展开，不可偏离主题；②在参访者和受访者互动的过程中，要注意一个问题与下一个问题间的逻辑严密性；③当受访者提到一些重要的专有名词时，采访者要给予受访者充足的机会解释和表达；④采访者亲切、和善、尊重和信任的态度会促进受访者尽可能多地给出信息，且记录时要将受访者在理解关键问题时的表情和肢体动作如实记录下来。

三、实施过程中需特别注意道德问题

在访谈调查中，我们需要特别注意道德问题。访谈具有道德层面，它涉及人际交往并产生与人类生活、学习等状况有关的信息。访谈调查主要涉及道德问题的三方面：知情同意、保密和访谈的后果。例如，谁应该知情同意（例如参与者、他们的上级等），以及需要知道哪些内容？采访者应该提供受访者的多少信息以及向谁提供？采访者是否有责任指出研究数据可能造成的有害后果？

事实上，我们很难制定一套严格的针对访谈调查的道德规则，因为在访谈中的道德问题本身具有一定的争议性。尽管如此，我们在这里提出一些与道德相关的问题，希望通过对这些问题的思考可以帮助采访者避免触犯道德层面的问题。

√ 是否获得了受访者的知情同意？

√ 研究的可能后果是否已经向参与者说明？

∨ 是否已经注意防止该研究对参与者(和其他人)产生任何有害影响?

∨ 是否保证机密性、匿名性、不可识别性和不可追溯性?

∨ 采取了哪些措施来确保采访以适当的、无压力的、无威胁的方式进行?

∨ 谁可以访问和接触到访谈数据?

∨ 如何验证和转录数据,以及由谁来验证数据?

∨ 谁会看到研究结果?有些部分会被隐瞒吗?

∨ 谁拥有这些数据?应向谁提供敏感数据(例如,是否应该在父母同意或不同意的情况下提供学生的家庭生活、经济状况等访谈数据)?

【学以致用】

本节的【案例研讨】中,针对女婴生长这个访谈任务,采访者想要了解受访者认为哪些事物(睡眠)可以促进女婴生长,以及如何帮助生长,这些问题都与能量学习进阶框架中的两个维度密切相关。

基于本节学到的内容,对这段访谈记录的分析如下:当受访者第一次提到"因为睡眠的话,你会获得更多的能量",并给出几个例子的时候,采访者进一步向受访者提出"你的意思是婴儿需要睡眠来获得能量"这个问题,旨在一方面明确受访者的观点,另一方面更多地了解受访者对于能量的看法。在了解之后,受访者又抓住"能量"这个关键词,促使受访者总结归纳自己对于能量的理解。综上,整个采访片段,采访者的问题层层递进,逐步深入地探查该学生对于能量的观点和看法。

【章后拓展】

1. 请结合你目前的研究课题,基于研究对象和研究问题,设计出一份完整的访谈提纲。

2. 我们了解了访谈调查法实施的一般程序,现在请你结合自己的研究课题,阐述你将如何完整地开展访谈研究工作。

第五章　行动研究法

【学习目标】

1. 阐述行动研究法的基本内涵。
2. 说出行动研究法的类型、特点和应用原则。
3. 阐明行动研究法的研究模式。
4. 仿照案例，尝试应用行动研究法研究解决生物学教育科研问题。

【内容概要】

与问卷调查法、文献研究法等相比，行动研究法比较特殊。它实际上并不是严格意义上的研究方法，更像是一种研究范式，是多种研究方法的共同作用。本章介绍了行动研究法的内涵、特点、分类和应用原则，详细讨论了行动研究法的研究模式："问题—计划—行动—反思"。通过提供典型的研究案例，手把手地指导读者如何应用行动研究法开展生物学教育科学研究。

【学法指引】

结合学习目标和问题聚焦，认真研读本章内容。在全面领会行动研究法的基本理论后，重点开展案例学习。

本章案例典型、内容详细，读者不仅可以学习行动研究法的一般过程，也能领会质性研究的一般方法。对于初学者来说，还能领悟硕士论文的一般结构和要求。

第一节　行动研究法不仅是一种研究方法，
更是一种研究范式

【问题聚焦】

1. 什么是教育行动研究法？
2. 行动研究法具有哪些特征？
3. 行动研究法的一般原则是什么？
4. 行动研究法与传统的教学经验总结有什么区别与联系？

一、行动研究法用实践行动解决实际问题

通俗地说，教育行动研究法是一种通过教育实践者和科研人员合作探索，用实践行动解决现实问题的研究方式。行动研究法强调在实践中行动，在专家、科研人员的指导下，有计划、有步骤地对教育问题进行系统的实践研究，边研究边行动，以解决实际问题和提高理论认识为目的的一种科学研究方法。

> **核心概念：** 教育行动研究法是一种通过教育实践者和科研人员合作探索，用实践行动解决现实问题的研究方式。

行动研究法起源于 20 世纪 40 年代美国的社会问题。美国社会心理学家勒温和犹太人、黑人开展合作研究，致力于解决层出不穷的社会问题。当时将行动研究定义为：将科学研究者与实际工作者的智慧和能力结合起来解决某一问题的一种方法。20 世纪 50 年代开始应用于教育研究领域，20 世纪 80 年代被引入我国，得到了学校教育领域的重视，现已经成为我国中小学教师、教育硕士开展教育研究的一种主要方式。

行动研究以提高教育教学质量或效率，解决实际问题或改进实际工作为主要目标；强调"研究"与"行动"相结合，没有无行动的研究，也没有无研究的行动；强调问题导向，基于问题制订行动计划；强调在行动中持续地反思，在反思中获得研究成果，改进教育教学方式。

行动来自教师的所有教育教学行为，包括教师的课堂教学行为与活动、课后的教师教育实践。既可以是教师自身亲历的教育教学实践，也可以是观摩别人的教育教学经验。

行动研究法不仅是一种研究方法，更是一种研究范式。教育行动研究体现的是一种独特的教育研究理念，是对多种研究方法的综合应用。行动研究法不是一种孤立的研究方法，而是一种在专家指导下的教研活动，专家与一线行动教师密切配合，综合应用多种研究方法，以直接改进教学质量为目的的教研活动。当前，中小学教师通过大量的实践，逐步形成了一整套行之有效的研究操作程序。

二、行动研究是研究过程与行动过程的结合

教育行动研究法作为教育研究的一种重要方法，除了具备一般研究方法的特征以外，还有其特殊性。

1. 为行动而研究

从研究的目的来看，行动研究是为行动而研究，打破了传统研究在研究目

的上的局限性。研究的问题来源于实践者的工作和生活，行动研究的根本目的不是在理论上发现普遍规律，而是以解决实际问题、改进实际工作、提高行动质量为首要目标，是为了行动的改进和实践的改进。这些问题可以是本校、本班发生的教育问题，也可以是课堂教学发生的教学问题，具有一线教育教学的特征。正是研究的当前性、特殊性，决定了只能在此时此地解决实际问题，研究结果也不能无限制地推广应用，只能有条件地接受。

2. 对行动进行研究

从研究对象看，行动研究是抓住行动中值得关注的对象作为研究的问题。在行动中发现问题，在行动中解决问题，研究行动过程和行动现象及行动结果。

3. 行动者进行研究

从研究人员看，行动研究通常是行动教师和研究人员共同参与，形成优势互补。行动教师既是工作的执行者，又是问题的研究者，扮演双重角色。研究成员则可能是专家、研究人员。这种联合解决了"实践"与"理论"、"科学研究者"与"实际工作者"相脱节的问题。

4. 在行动中研究

从研究环境看，行动研究发生在教师工作的真实环境中，从事行动研究和运用研究成果的成员就是实际工作的教师。教师在自身的教育教学行动中发现问题，通过行动分析和研究问题，最终解决问题，从而改进自身工作。

5. 边行动边调整

从研究进程和方法看，行动研究不强调严格控制实验条件或进行对比实验，允许在总目标的指引下，边行动边调整方案。行动干预的进程和方法没有一个严格的程序，也无法预先完整地设定。它具有弹性或动态性，由研究者根据情况边实践边修改。研究者不仅可以依据逐步深入的认识和实际情况，修改总体计划，甚至可以更改研究的课题。

6. 行动领域及结果的局限

从研究范围看，研究者不是去研究工作范围之外的对象。他研究的是自己工作中涉及的具体人、事、物。这种方法所取得的研究成果，可即时直接用于改进现实工作，指导教育教学改革，有较大的实用价值。但其研究结果或问题的解决及由此得到的经

> **观点碰撞：**（1）行动研究即行动者用科学的方法对自己的行动进行的研究。（2）行动研究即行动者为解决自己实践中的问题而进行的研究。（3）行动研究即行动者对自己的实践进行批判性思考。你觉得这些提法是否正确？你的看法如何？

验只限于自己特定的工作范围内有效，不一定能普遍应用。教育实际工作者在运用这种方法的过程中，一边实践一边研究，从行动中寻找问题、发现问题，更从行动中解决问题，寻求工作的有效改进，从而提高了自身的教育素质。

三、行动研究应强调问题导向，立足校本教研

1. 坚持问题导向

行动研究要把"问题"作为研究的主题和课题。问题应来自日常的实际工作，来自教育教学遇到的问题。在解决问题的行动中增长实践智慧，在新情境中创造性地运用问题解决的成果。

【案例研讨】

赵老师是一名在职教育硕士生。在日常工作中，赵老师发现学生在学习生物学中存在情绪不佳，缺乏学习热情，效能感低落，疏离生物学课程。赵老师通过阅读文献，发现这是一种学习倦怠，并了解了学生学习倦怠产生的一般过程。遂提出一个研究课题"高中生生物学学习倦怠干预的行动研究"[①]。期望能够通过该行动研究，掌握生物学学习倦怠的干预对策和教学建议，为提高日后生物学课堂教学质量服务。

赵老师的问题来源于什么？赵老师面对问题，首先做了什么？

2. 要有理论指导

行动研究强调在实践中分析和讨论问题，但并非脱离一般教育理论的指导。缺乏理论指导的行动是盲目的，也是毫无意义的。理论指导的来源可以是专家引领，也可以是文献阅读。通过自身的文献阅读，更能提高行动研究的最终效果，即解决实际教学问题的同时，提高了行动研究者的理论水平和专业素养。

3. 基于校本研究

教育行动研究是校本研究的重要抓手，支撑着校本教研的发展。教育行动研究与校本教研具有一致性，表现在：校本教研是以改进实践问题为目的的研究；校本教研是以一线教师为主体的行动研究；校本教研是自我教育教学经验反思的研究；校本教研通常是群体性的互动与合作的研究；校本教研是基层学校或课堂的非专业化研究。

---

① 赵威. 高中生生物学学习倦怠干预的行动研究[D]. 兰州：西北师范大学，2014.

行动研究推动了校本教研的发展。行动研究契合了教师专业发展的需要，同时也丰富了传统教研活动的内涵。校本教研的活动形式既可以是教研室开展的教研活动，如集体备课、评课，开展教学设计研讨或教后反思；也可以开展问题针对性较强的课题研究，如针对高三复习"炒旧饭"，学生学习效率不高的问题，提出"高三探究式复习策略"的专题研究。在教研中创造性地应用行动研究法，能规范教研行为，提高教研水平和教研效率。

【案例研讨】

杜老师在教学过程中，发现高中生物必修1"分子与细胞"模块概念繁多，关系错综复杂，学生在学习时容易混淆，无法系统掌握。为了提高教学效果，杜老师在一次教研会上得知应该在教学中，通过构建概念图来帮助学生建构完整有序的知识体系，加深学生对概念的理解和应用。杜老师遂开始了行动研究：首先她查阅了大量文献，了解了国内外概念图教学策略的一般方法。然后通过问卷调查、案例研究、课堂观察等研究方法，选取所在中学的两个理科普通班作为研究对象，尝试将概念图引入课堂，指导学生自主构建概念图，并应用概念图解决实际问题。经过两轮的行动研究，发现构建概念图教学策略虽然存在耗时较长，学生缺乏经验等问题，但学习效果惊人，学生掌握概念及应用概念的水平大大提高。最后，杜老师在第三轮行动研究中，通过发放问卷，结合访谈、请教专家等多种方式，总结反思了在行动研究过程中出现的问题和存在的不足，并提出改进建议。①

你觉得杜老师是如何将行动研究与校本教研有机结合的？杜老师的行动研究对你有什么启发吗？应用行动研究法来进行校本教研，你能提出一两个适合行动研究的教研课题吗？

教育行动研究应基于校本教研，但行动研究法要高于校本教研。行动研究不能等同于教学经验总结。行动研究法与传统的教学经验总结有着本质的区别。行动研究重视理论的指导，重视调查，研究方法更加规范，观点与证据逻辑更加紧密，重视在实证观察的基础上对措施和行动的有效评估和反思。教学经验总结则主观性、随意性较大，问题聚焦模糊，缺乏理论和实证的支持，结论往往依靠主观推断和臆测，缺乏反思，等等。

---

① 杜蕊. 高中生物学必修1教学中应用概念图策略的行动研究——以康县××中学为例[D]. 兰州：西北师范大学，2016.

四、行动研究类型多样

1. 按人数分，可以分为个人研究和小组合作研究

个人研究是教师根据个人在实践中遇到的教育教学问题，通过文献阅读，学习有关教育理论，有目的地改进教育方法或更新教育手段的行动研究；小组合作研究是由教师、行政人员、专家组成的课题研究小组，专门开展某一课题的行动研究。

2. 按问题性质分，可以分为教(课)例研究和问题研究

按照研究性质可以分为教(课)例研究和问题研究。教(课)例是教师在教育教学过程中采用一定方法，解决一定问题的事例或课例。教(课)例研究法是通过教师回顾与反思，交流与研讨，尝试总结工作经验，提高教育教学的实效的行动研究法。问题研究法是教师从工作中的实际问题出发，以解决实际问题为目的的研究方法。

3. 按教育技术分，可以分为技术型行动研究和传统型行动研究

随着信息技术的迅猛发展，应用信息技术服务基础教育成为一线教育教学的一种习惯。每一段时期，均有影响教育教学的新媒体、新技术、新方法出现，如网络教室、微课、智慧教室等。在教学中，研究这些信息技术与传统教学的结合能提高信息技术的应用水平，提高教育教学质量。这一类的行动研究就叫作技术型行动研究，与之相对应的就是传统型行动研究。

第二节　行动研究模式：问题—计划—行动—反思

【问题聚焦】

1. 行动研究的进程是如何控制的？包括哪些操作程序？

2. 如何理解问题意识在行动研究中的重要性？

3. 阅读文献对于行动研究法具有什么样的意义和价值？

4. 如何在行动研究中反思？

5. 针对一个学校现实教育问题，你能制定应用行动研究的操作程序吗？

教育行动研究的模式很多。勒温强调第一步可用简便的方式仔细考察研究目标，在情境中不断"探察"（Reconnaissance）或"收集证据"（Fact-finding）；第二步执行"计划"；第三步"观察"行动的过程；第四步根据"观察"结果，重新设计"计划"、执行"计划"与"观察"行动。凯米斯在勒温的基础上提出行动研究的程序：计划—行动—观察—反思，无限循环。不论何种模式的行动研究，其

实，本质大同小异。一般都是基于问题出发，制订行动计划，实施行动研究，在行动中观察与分析，最后通过反思评价获得研究成果和经验。我们将其归纳为行动研究模式：问题—计划—行动—反思。

一、问题：善于在教育教学中发现问题是行动研究的关键

教师要善于在本校或本地的教育教学实践中发现问题。可以来自教育教学工作实践，也可以来自学习交流，还可以从教育领域的宏观发展中引发。教师要以敏锐的观察力，根据实践活动中的深刻感受去发现这些问题，所发现的问题一般具有独特性。

教师的问题意识是需要培养的。问题意识是指思维的问题性心理，在人的认知中经常会遇到一些不明白的问题或者是现象，并且通常会产生疑问、探求的心理状态。"问题"不会自己跳出来，"问题"本身需要我们自己去发现。建议立足于本校或本地的工作去发现问题。当然，在日常教育教学中，教师会遇到很多问题，哪些问题值得研究？对于广大一线老师来说，是一个值得探讨的话题。

【案例研讨】

杨老师从事高中生物学教学有好几年了，一段时间来，他发现高二的学生不如高一刚刚入学那样喜欢上生物课了，学生表现出课堂上参与度低、作业不能按时完成、知识不能活学活用、学习动机水平低，等等。在教学中还发现，学生对"生活化"的生物学素材感兴趣。于是，杨老师查阅了文献，从中了解了应用"生活化"资料组织课堂教学的一般方法。杨老师制订了行动计划，希望能够通过"生活化"的课堂教学提高学生的上课积极性。行动研究中包括：对自己教授的两个平行班开展调查问卷，以此获得第一手的数据；根据调查结果，杨老师决定从食品安全、医疗健康、环境保护、农业生产、生活经验等方面进行"生活化"渗透；重新备课，将收集到的相关"生活化"资料整合到课堂教学中。行动研究将近一年，杨老师在研究中不断反思和总结，改进教学方法，收集课堂教学设计，提高了教师技能，也提高了课堂教学水平，学生喜欢上生物课了。[①]

杨老师开展高中生物学"生活化"教学的行动研究的起因是什么？问题出现后，杨老师首先做了什么？

---

① 杨妍妮. 高中生物学教学中实施"生活化教学"的行动研究——以庆阳市××中学为例[D]. 兰州：西北师范大学，2016.

一个问题出现，是否具有行动研究的必要，往往考验着教师的科研能力。筛选问题、界定问题以及问题归因就显得无比重要。我们常说，教师要带着问题去教育教学，带着问题进入课堂。可是，有些老师说，我还没找到问题，我怎么带着问题进入课堂呢？

> **核心概念：** 大量地阅读教育教学文献，是产生问题意识的重要的方法。

大量地阅读教育教学文献，是产生问题意识的重要的方法。通过文献阅读，往往可以发现许多问题。仅通过苦思冥想是很难确定值得研究的问题，想找到教育研究尚未解决的问题，就必须了解别人做了什么研究。

阅读文献也是行动结合理论的一种重要方式。行动研究要重视理论的全面介入与渗透，行动与研究要有机结合，不能只见行动不见研究。理论对确定问题价值具有重要的指导、参照和启发作用。

二、计划：根据研究目的、条件拟订行动计划

一份完整的研究计划，一般应包括：标题、问题的陈述、研究目的与假设、研究对象或范围、研究方法及步骤、研究时间安排、研究资料、经费来源、人员及工作分配等。制订行动计划包括回答以下问题：

第一，行动研究的目标是什么？预期的成果及其表现形式可能有哪些？行动研究的目标既是研究的方向和目的，也是评估和衡量研究其功效的重要依据和标准。

第二，行动研究的策略、方法有哪些？需要创造哪些新的条件开展行动研究？主要理论支撑是什么？

第三，行动研究的组织方式是什么？是个体研究，还是小组合作研究？分工与进度安排、合作规则与分头行动如何协调等等。

第四，如何收集行动研究过程中的数据？如何对行动过程和效果进行检测和评估？怎样对研究活动进行监控和检查？调查问卷的制定，数据分析方法等要有计划或预案。

三、行动：对行动计划的落实和检验

根据所拟订的研究计划开展行动研究，实施计划，即按照目的和计划行动。这里采取的行动，就是对研究对象的干预，即施加自变量的影响。行动应有计划性，不能例行公事式地机械操作，而是有计划、有目标、有系统地开展行动研究，是有研究的行动和在行动中的研究。教师既是行动者，也是研究者，边行动，边研究。教师要时刻监控行动的进展，观察行动效果，及时收集

资料，及时调整行动方案。因此，行动研究中的行动是灵活的、可变的。

四、反思：在评估解释中反思

反思是行动研究的重点，反思能提高教师的教育教学能力，这也是行动研究的一个重要目的。教师要具有反思的能力，通过反思，教师的教学经验得到提升。反思实际就是回答："我为什么要做？""我为什么要这样做？""我这样做的效果怎么样？""我应当怎样做得更好？"等一系列问题。

反思的内容包括：对行动过程及情境的回顾；对行动过程中自身认识活动的回顾；对实践活动以及伴随该实践过程的认识活动，能从不同的角度重新思考与认识。

行动研究反思可以是自主反思，也可以是小组互动反思。自主反思常常包括经历回顾、意象重现（过电影）、换位思考、自我诘难、教历记载、案例撰写、阅读比较、建立档案等。小组互动反思常常包括相互观摩、主题对话、交流汇报、集体叙事等。

【学以致用】

《30 所中学青春期健康教育行动研究成果与反思》[①]一文，作者以北京 30 所中学青春期健康教育为研究对象，通过行动研究得出开展青春期健康教育的相关结论。

作者关注青春期健康教育的问题，想要了解北京 30 所青春期健康教育课题合作学校执行统一内容指导的基本情况，进而探索提高青春期健康教育质量的一般方法。作者查阅了大量的文献，并制订了详细的行动计划。首先，通过调查等多种手段，考察了 30 所中学青春期健康教育内容指导的执行情况，总结了青春期健康教育工作现状，提出健康教育内容指导的改进意见。发现部分教育内容缺失与教师对内容指导的认可度有关。其次，通过对年轻人的访谈以及课题组专家的访谈证实了缺失内容的重要性；通过对学生危险行为的调查发现青少年性行为不应被孤立地看待。最后，经过行动研究反思，得出结论：第一，当前中学教师对青春期健康教育内容指导的认识存在偏差和质疑，导致一些教育内容在教育教学中缺失，然而这些缺失内容的确有其存在的必要性，教师观念和学校氛围需要进一步优化和改进。第二，青春期健康教育的内容需要不断更新和完善，在借鉴国外青春期健康教育理论的同时，要关注危险的性行

---

① 李雨航. 30 所中学青春期健康教育行动研究成果与反思[D]. 北京：首都师范大学，2013.

为与其他危险行为的共通性，从而建立全面的健康教育观念。

分析以上案例，结合行动研究模式"问题—计划—行动—反思"，你能归纳出作者开展行动研究的四个步骤吗？

第三节　行动研究法在生物学教育研究中的应用实例

【问题聚焦】

1. 在实际行动研究中，为什么需要对"问题—计划—行动—反思"的研究模式加以细化？

2. 请从研究模式的每一个环节对实例进行评价。

3. 行动研究法案例对你有什么启发？

4. 结合案例讨论，如何开展行动研究，如何开展质性研究。

5. 如果让你也来做一个行动研究选题，请结合案例，写出行动研究的论文大纲。

一、"问题—计划—行动—反思"在实际应用中应加以细化

教育行动研究法是一种实践性很强的研究方法，汇集了调查法、文献法、实验法等。"问题—计划—行动—反思"的研究模式为我们提供了一个行动研究的基本程序，但在实际教育行动研究中，为了能更加明确每一步骤的操作策略，我们将行动研究模式"问题—计划—行动—反思"进行细化：

1. 发现问题。教师在日常教学中通过观察、鉴别、反思去发现问题。

2. 收集文献。大量阅读学术文献并进行分析研讨。

3. 确定问题。确定行动研究的问题焦点，①选定研究主题；②确定问题范围。

4. 问题归因。通过初步调查，发现问题产生的原因。

5. 分析原因，提出解决问题的设想（对行动结果的预测），做出假设。

6. 制订行动计划。根据文献和初步调查结果，制订解决问题的行动方案。包括：标题、问题的陈述、研究目的与假设、研究对象或范围、研究方法及步骤、研究时间安排、研究资料、人员及工作分配等。

7. 执行研究计划。根据行动方案，分配任务，执行行动方案；观察行动过程与结果；借助问卷、调查、案例研究等方法来收集资料。如果发现行动研究存在问题，则再次拟订行动计划，再次行动，如此循环，直到问题解决。

8. 收集行动资料或证据，分析反思实施情况，评价行动研究，获得研究结论。方案实施过程中，应不断收集资料或证据，检讨方案的设计是否完美，评价执行是否正确，结果是否有效，并加以改进。

【问题呈现】

请分析以上行动研究细化程序是否包括了"问题—计划—行动—反思"的四个基本行动环节？能否选择一个问题，应用上述程序制定行动研究计划？

二、行动研究法在生物学教育研究中的应用案例

1. 案例基本情况

研究课题：重理解的课程设计结合翻转教室之行动研究——以中学生物科为例①

研究方法：行动研究法、质性研究

论文提要：

本研究探讨了如何将重理解的课程设计与翻转教室相结合，以发展生物学教学。行动研究在中学生物课堂中实施，透过教师协助学生进行学习活动与实作任务的历程，增进了学生对知识的理解，并培养学生主动探究、积极思考、协同问题解决。同时，探讨教师在实施过程中的困境、解决之道、专业成长与收获。

行动研究以七年级某班学生为研究对象，使用重理解的课程设计结合翻转教室发展三个单元共 9 周的课程，分别为植物的蒸散作用、内分泌系统、人类的遗传。借助课前线上学习、课堂学习活动讨论与实作任务，增进学生自主学习，并帮助学生应用所学于真实情境的问题解决。收集的资料包含网络平台在线评量记录、学生笔记、课程学习单、课堂录像、研究者札记、协同研究者访谈、学生访谈与问卷等，并进行质性数据分析。

研究结论：①透过重理解的课程设计结合翻转教室实施于中学生物课程单元具有可行性；②透过在线学习、课堂讨论与实作任务评量，能增进中学生在生物课程单元的理解；③在课程方案实施的过程，学生自主学习与小组合作的行为逐渐增加；④教师在课程实施过程中，获得反思与成长，有助于增进课程设计与教学能力。

---

① 黄维成. 重理解的课程设计结合翻转教室之行动研究——以中学生物科为例[D].新北：淡江大学，2018.

2. 行动研究过程

（1）发现问题

网络教育平台日益普及且成熟，翻转课堂的应用成为可能。传统讲述式教学以教者为中心，将相同的内容以相同的方式单向地传递给所有学生，因此学生感到索然无味。无法实现个性化学习。传统教学评价只限于评量学生的记忆程度。

（2）收集文献，并进行分析研讨

翻转教室（Flipped Classrooms）：教师要求学生课前在线学习指定内容，课堂上由教师解答、引导讨论、合作与实作等专题任务或更高层次的学习，颠覆了传统教学。

重理解的课程设计（Understanding by Design）：意指"重视理解的课程设计"，由美国的教育专家格兰特·威金斯（Grant Wiggins）与杰伊·麦克泰格（Jay McTighe）于1998年所提出。课程设计是以"从目标确定核心概念与问题""实务理解导向的多元评量""设计学习活动"三个阶段作为课程发展主轴。

阶段一：从目标确定核心概念与问题。确定学科知识相关的大概念（Big ideas）与主要问题，以紧密串起整个课程教学。主要项目：目标（Goal）、主要问题（Questions）、理解（Understanding）与知识技能（Knowledge and skills）。协助学习者聚焦于持续理解的六个层面：说明、诠释、应用、观点、同理心、自我认识。本课题研究采用说明、应用和观点作为观测达成理解的证据指标。

阶段二：实务理解导向的多元评量。定义用于学习成果评量的多元证据，以及设计实作任务（Authentic tasks）。主要项目：实作任务、评量标准与相关学习成果，以及参照Grant Wiggins与Jay McTighe在重理解的课程设计中提出的实作任务设计规准架构的实作任务设计。

阶段三：根据学习活动设计架构（WHERE TO）设计学习活动。重点在于善用阶段一与二的成果有效设计与组织教学内容，融入课程导入、学习发展、实作任务挑战等教学阶段，并搭配实作任务评量规准来评量学生的表现，借此培养学生探究、合作、表达的能力。

（3）确定问题

①教师如何发展与实施"重理解的课程设计结合翻转课堂"单元设计，增进学生对生物课程单元的理解？

②教师在行动方案实施过程中遭遇的困境、解决之道与成长为何？

限制：本行动研究结果仅供研究者本身作为日后自我教学改进之参考，尚无法推广到其他学科领域之研究。

(4)问题归因

通过初步调查,发现问题产生的原因。

作者在进行现场教学时,常发现学生对于生活中的科学现象无法由课本所学解释,也无法将所学知识运用在实际情境中。问题产生的原因:传统讲述式教学在课堂上传达知识的过程中,对于学生是否真正理解课程内容,能否应用在日常生活以及如何观察学生的科学学习态度无法得知,在教学结束后进行的评量测验,也只限于评量学生的记忆程度。作者认为应该借由重理解的课程设计(Wiggins & McTighe,1998)重新检视课堂教学流程,经由实作任务检验学生的理解程度以及科学学习态度。

(5)分析原因,提出解决问题的设想(对行动结果的预测),做出假设

原因:翻转课堂取代部分课堂的教学时间,教师因而能专注解决学生课业上的问题,并增加与学生的互动机会与持续深化的学习。但大多数教师仍然是以内容导向设计课程及课堂活动,目的是求在有限的时间内完成教学任务。为了增进学生理解,重理解的课程设计强调解构并建构"理解",再经由设计实作任务检视学生达到理解的程度。

假设:将翻转教室理念结合重理解的课程设计实践于教学中,目的是把探讨重理解的课程设计融入翻转教室过程中,学生能增进理解,并培养学生自主学习之精神。这里说的理解是有意义的推论,是可迁移的能力,可以透过实作任务与理解对应的规准来评量,并能将知识在情境中有效的应用。教师在行动方案实施过程中得到专业发展。

(6)制订行动计划

研究者希望借由本身教学环境与经验,在课堂上实施以重理解的课程设计理念设计课程,探讨教师在实施课程上面临的问题与挑战。

①研究对象:七年级爱学班学生,学生人数女生 14 名,男生 15 名,共 29 人。七年级学生入学新生对于中学科目领域的学习方式陌生,没有既定的印象,对于新的学习方式也容易接受。

②实施时间:重理解的课程设计结合翻转教室之教学方案主要实施时间为生物课,包含三个单元:植物的蒸散作用,内分泌系统,人类的遗传,每个单元各行动三周。

③研究方法:行动研究法,并辅"三角检证法"增强其信效度。"三角检证法"即研究者观点(教学日志,课堂观察)、学生观点(学生学习单、访谈、反思、实作任务录像)、协同者观点(同行教师,导师)。

④行动构想:

• 界定研究目的与研究问题。

• 透过文献探讨，分析翻转教室在国内各领域的教学策略、进行对自然领域生物科教材的分析、研究并研读重理解的课程设计相关文献。

• 依文献探讨，设计前导研究以及正式研究的单元教学教案，并规划如何引导七年级新生适应教学模式。

(7)执行行动方案(2016年11月—2017年3月)

①开学第一周，带领学生到计算机教室，指导学生使用网络教育平台，开展数字学习；制作宣传资料告知家长，寻求家长适时配合。

②单元教学的实施：第一单元"植物的蒸散作用"(2016年11月，详见附录一)，第二单元"内分泌系统"(2017年1月，详见附录二)，第三单元"人类的遗传"(2017年3月，详见附录三)。学生在家进入网络平台及在线评量，获取记忆性知识；课堂上教师就课程核心概念提问，学生思考回答，共同解答网络平台所遇到的问题；协助学生整理记录知识；课堂讨论及学生实作。课堂强调分组、合作、自主、探究。

③单元实作任务评量：第一单元植物的蒸散作用以移动枝干时为何要修剪树叶为主轴，第二单元内分泌系统是搭配校内的主题活动进行友善校园海报的设计，而第三单元人类的遗传教案是血友病的遗传咨询短剧影片(请参考附录一至三)，每个单元实施均以事先设计的评量规准表评量学生的表现并进行录像，在单元结束后进行小组与偕同教师访谈。

④进行单元评量：研究者在事后进行单元的小考，以了解学生在本单元的结果是否与其他班级有差异。

⑤学生填写学习反思：在单元结束后，研究者会让学生至计算机教室填写单元的反思与回顾，了解学生的意见与回馈。

此阶段研究者要求学生完成在线学习及评量，再进行课堂活动，最后进行实作任务评量后收集相关数据并分析，列出需要进行调整与改进的项目，再进行下一单元的课程设计。

(8)收集行动资料或证据，分析反思实施情况，评价行动研究，获得研究结论

①资料或证据来源：学生作业(单元笔记，网络在线)；学生实作任务学习单；教师教学反思日记；纸笔测验；学生访谈；协同教师访谈。

②资料整理：资料的收集与分析应该要同时持续地进行。将数据分类、编码整理。质性数据包括学生实作任务学习单、学生正式访谈记录、研究者教学反思日志、净友正式访谈记录，学生的在线单元评量。研究者先将各类表格以及录音，依时间先后顺序排列，形成本研究的数据库。

③研究结果：从理解的"说明""应用""观点"等几个层面分组实作单进行分析，对学生访谈、反思、纸笔测验讨论。根据教师日志和同行研究者评量进行教师的省思与专业成长讨论。

第一单元研究发现：在线学习最大的优势是学生可以个别化学习，教师能提前知道学生的学习困难；学生达成的理解来自教师的引导；男生组与女生组在任务的投入度与积极度有所不同；课程设计经验的不足，造成协同研究者无法给予客观的评鉴；小组的密切合作与分享是课程中有趣的部分，也是学生压力的来源。

研究者根据第一单元的研究成果，适当改变了第二单元的课程设计。主要包括：重新编组；随机任务分配；加入学生互评机制；追踪小组间的互动情况；重新设计评量标准；强调"观点"的表现，因为这是将知识内化的过程。

（第二单元、第三单元略）

教师的省思与专业成长发现：跳脱传统课程设计的迷思，纸笔测验不是唯一评量学生的方式；课程实施中时间是主要的限制因素；实作任务与评量；教师的成长与收获。

④研究结论：透过重理解的课程设计结合翻转教室实施于中学生物课程单元具有可行性；透过在线学习、课堂讨论与实作任务评量，能增进中学生物科的理解；学生在课程方案实施后，学生自主学习与小组合作的行为逐渐增加；教师在课程实施过程中，获得反思与成长，有助于增进教学能力。

3. 行动研究附录（仅示例"植物体内物质的运输"单元教学设计）

重理解的课程设计课程单元设计——植物体内物质的运输

阶段一：期望学习的结果

既有目标

1.141—4c 了解植物体内的输导组织及功能。

2.141—4d 了解植物的蒸散作用。

理解（Understanding）：	主要问题（Essential Questions）：
1. 木质部水分的单向运送是因为植物叶片的蒸散作用。 2. 环境因素会影响气孔开闭，进而调节水分蒸散。	1. 植物体内水分和养分如何运送？ 2. 植物水分上升的动力为何？ 3. 叶片上的保卫细胞与气孔，和蒸散作用有何关系？

学生将知道（Student will Know…）：	学生将能够：（Student will be able to…）
1. 植物的维管束组织构造。 2. 植物水分的运送方式及方向。 3. 植物养分的运送方式及方向。 4. 叶片下表皮气孔的构造。 5. 保卫细胞与气孔开闭的关系。 6. 植物体内水分上升的主要动力为蒸散作用。 7. 影响植物蒸散作用可能的原因。 8. 氯化亚钴试纸的功能。	1. 收集有用信息并利用实验来探究问题与验证假设。 2. 利用并分析实验的结果，验证论点。 3. 将研究的结果作有条理的陈述。 4. 拥有反驳、提出主张、说明、资料分析等能力。

阶段二：评量结果的证据	
实作任务（Performance Tasks）：	其他证据（Other Evidence）：
你是一位专业景观设计公司的新进员工，公司最近接到某企业执行长林女士的委托。林女士家因为政府都市更新计划，需要移植院子的一棵大树到别院，因为这棵树对林女士一家来说具有很重要的意义，因此她希望这棵树不能有任何损伤。工作人员告诉她：移植这棵树前需要剪除二分之一的枝叶。但林女士不相信，且不舍得这棵茂密的树受到一点伤害，认为剪除枝叶会使这棵树受到损伤，除非能提出具体的证明，因此委托你的公司进行研究。 　　公司任命你为研究沟通人员，并且提出证据，而你只有一周的时间可以准备，你如何提出有力的证明，并提出专业简报说服林女士呢？	1. 观看教学影片的记录。 2. 学生重点笔记。 3. 任务准备学习单。 4. 学生的简报。 5. 教师观察记录。 6. 学生的反思记录。 7. 随堂测验。 8. 上课问答。
关键标准： 　　1. 正确有效且连贯使用植物相关知识，并用自己的话诠释剪除枝叶的意义。 　　2. 请站在林女士的立场与观点，有技巧且流畅地在六分钟内提出有说服力的简报。	

续表

阶段三：学习活动（Learning Activities）

1. 第一节课：（教室分组）

教师于本单元开始前，先告知学生本单元将进行实作任务，并将设定的情境以及评量标准（Rubrics）告知学生。（Hook）

2. 教师于课堂上进行"植物体内水分的运输实验"。

(1)将芹菜切除根部并置于红墨水中等待墨水将木质部染色后，让学生把芹菜横切与纵切，观察染色部分。

(2)教师提问染色的部分的形状与可能的功能，让学生探究水分在植物体内如何运送。（Equip）

3. 教师使用实作任务学习单要求学生做任务分组。回顾实验的内容并讨论五分钟，思考完成任务应该如何进行？并做两分钟口头报告。（Where）

4. 教师要求学生回家观看第四章第一节"植物的运输构造"，第二节"植物体内物质的运输"单元的在线教学影片，完成笔记与在线评量。（Equip）

5. 第二节课：（实验室）

教师在课堂上回答学生在观看影片时所遇到的问题，并带领学生进行"叶片的下表皮观察"实验，并在课堂上让学生对自己及小组的准备实作任务作检核，为下次课堂制作简报做预先的准备。（Experience）

6. 教师提出问题引起探究"我们观察植物的下表皮细胞，看见保卫细胞和气孔，但植物如何透过保卫细胞调节蒸散作用？蒸散作用如何形成一股拉力？"（Rethink）

7. 教师进行课堂问答，鼓励学生思考并回答，课堂结束时提醒学生利用课余时间做实作任务讨论及演练。（Evaluate）

8. 针对尚未完成准备实作任务的学生，利用周三午休时间进行准备，以确认其知识技能在实作任务中得到发挥。

9. 第三节课：

教师在课堂确认学生准备的状况，要求学生将分组讨论的结果，制作成六页的简报，并在下一次的课堂中发表前做最后的练习。

10. 第四节课：

邀请企业执行长林女士到场，教师让学生依照组别发表口头简报（六分钟），并评量学生的表现。

11. 让学生回顾一系列课程的学习过程，撰写课程反思，察觉自己在学习过程中所使用的学习、思考、解决问题方式与对自己学习成长的认知，以加强后设认知的能力。

植物运输实作任务学习单1

小组名称：_____　　　组长：_____

组员：(1)_____　　(2)_____　　(3)_____　　(4)_____

事件说明：

你是一位专业景观设计公司的新进员工，公司最近接到某企业执行长林女士的委托。林女士家因为政府都市更新计划，需要移植院子的一棵大树到别院，因为这棵树对林女士一家来说具有很重要的意义，因此她希望这棵树不能有任何损伤。工作人员告诉她："移植这棵树前需要剪除二分之一的枝叶。"但林女士不相信，且不舍得这棵茂密的树受到一点伤害，认为剪除枝叶会使这棵树受到损伤，除非能提出具体的证明，因此委托你的公司进行研究。

公司任命你为研究沟通人员，并且提出证据，而你只有一周的时间可以准备，你如何提出有力的证明，并提出专业简报说服林女士呢？

任务要求：

林女士一周后将亲临公司，并给你六分钟的时间做说明。因此小组须经过充分讨论，利用你的专业，制作六页的简报，提出相关的证据说服林女士接受剪除枝叶的建议。

请注意！若各小组无法在时间内完成任务，或者未经充分准备说服林女士，任务即宣告失败，从而使公司蒙受损失。

评量标准：

1. 正确有效且连贯使用植物相关知识，并用自己的话诠释剪除枝叶的意义。

2. 请站在林女士的立场与观点，有技巧且流畅地在六分钟内提出有说服力的简报。

事前准备：

公司主管接到委托后立刻通知你的小组，请你们利用三分钟的时间讨论，并提出你们可能需要做哪些准备？如何在一周内完成任务？请简单写下讨论的结果。

_____

_____

植物运输实作任务学习单 2

小组名称：_____　　组长：_____

组员：(1)_____　(2)_____　(3)_____　(4)_____

实验说明：

本实验将进行"叶的下表皮构造的观察"，重点在于观察"保卫细胞的构造以及气孔"。请就你看到的部分画下观察的结果，并思考气孔的作用，以及保卫细胞如何调节气孔的开闭？

我看到的是：　　　　　　　　我的想法是：

　　　　　　　　　　　　　　(1)气孔是用来：_____

　　　　　　　　　　　　　　(2)影响气孔开关的原因可能是：_____

续表

请你想一想：

我们观察植物的下表皮细胞，看见保卫细胞和气孔，但植物如何透过保卫细胞调节蒸散作用？蒸散作用如何形成一股拉力？我的想法是：＿＿＿＿＿＿＿＿。

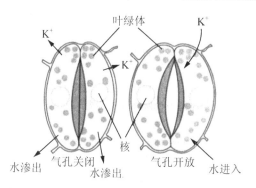

综合以上所学，我觉得植物移植时需要剪除枝叶的原因是：＿＿＿＿＿＿。

任务检核：

时间不多了！请你检核小组的任务准备的程度，还没有完成的部分要加紧准备。

☐小组已经有讨论分析情境拟定具体策略，并且做好任务分配。

☐已完成均一平台的学习，并且完成重点笔记。

☐已经了解叶片的气孔与植物水分蒸散的关系，有信心说服林女士。

☐小组已经开始着手制作简报，并练习口头报告。

重理解的课程设计观课评量规准		单元：植物体内物质的运输单元课程		
层面/权重	4（精熟）	3（进阶）	2（基础）	1（待加强）
说明	正确且连贯的使用证据说明植物的运输构造与水分蒸散的关系	使用核心概念说明，但缺乏适当的关键证据支持	陈述不完整，但有合适的想法，触及所学的某些概念	简略但零散的呈现相关知识
应用	有力地提出剪除枝叶对移植树木的重要性及意义，流畅且能在六分钟内提出有说服力的陈述	在六分钟内提出剪除枝叶的重要性及意义，并做出完整的陈述	在六分钟内完成陈述，但仅涉及部分所学的概念	没有经过训练准备，依赖过度简化的数据，未察觉到意义

重理解的课程设计观课评量规准		单元：植物体内物质的运输单元课程	
观点	公平地综合思考其他观点的合理性与价值性，并能理性地提出自己的独特想法	综合考虑其他情况，并提出自己的合理想法	能有自己的想法，但未能融合其他的观点	未察觉其他观点，也未能有自己的想法

4. 案例点评

本案例采用行动研究法，将重理解的课程设计与翻转课堂结合，应用于初中生物课堂，尝试探讨能否增进学生的理解。选题合理，符合课程发展理念，符合教师专业的发展需求。文献综述充分、深入、全面。行动研究对一个班进行了三个单元的授课，每个单元 3～4 个课时，授课时间半年。理论指导采用"重理解的课程设计"，设计了科学合理规范的行动计划。行动研究采用"计划—行动—观察—反思"模式。采集了丰富的实证，证据充分，质性分析透彻。案例作者在对第一单元授课后，进行了反思，及时根据实际情况对第二单元进行了改进，符合行动研究法强调边行动、边调整的要求。论文语言表达精练、流畅，格式规范，参考文献标注准确。论文结构设计合理，逻辑性强，结果可靠，结论可信。

5. 案例思考题(请在阅读案例原硕士论文的基础上回答以下问题)

(1)研究者是根据以下实作任务设计规准(GRASPS)的设计原则设计的"植物运输实作任务学习单 1"，请在任务学习单中指出对应的原则。

GRASPS 是教师设计实作任务的设计原则，可分为：

①目标(Goal)：希望学习者在实作任务成果上能达成学习目标，或解决问题与挑战，或克服障碍。

②角色(Role)：学习者在实作任务中扮演的角色。

③观众(Audience)：实作任务中的互动对象或利害关系者。

④情境(Situation)：实作任务的情境与环境。

⑤表现(Performance)：学习者在经历实作任务后所产出的成果。

⑥标准(Standards)：评量学习者实作任务成效的标准(即 rubrics)。

(2)阐述重理解的课程设计基本理念和方法。

(3)分析案例中收集资料的途径以及整理资料的方法，谈谈对你有何启发？

(4)如何理解质性分析？质性分析的一般方法和要求是什么？请结合案例查阅有关资料加以阐述。

(5)"三角检证法"在质性研究中的意义和价值？

(6)案例是如何将教学实录资料呈现于论文中的？

【学以致用】

依据"重理解的课程设计结合翻转教室之行动研究"案例，尝试构建自己硕士论文的格局。注意行动研究的一般策略与方法在硕士论文中的应用与结合。

【章后拓展】

1. 我们平时开展的教研活动是否能叫作教育行动研究？为什么？

2. 在教育研究中，实作任务单可以用来评价什么？如何设计？

3. 质性分析在教育科研中具有什么意义？结合自己的研究课题，谈谈如何开展相关质性分析。

4. "三角检证法"目的是什么？结合自己的研究课题，谈谈如何应用"三角检证法"。

第六章　教育实验研究法

【学习目标】

1. 阐述教育实验研究法的含义，并说明和解释教育实验研究中的自变量、因变量、无关变量、实验变量，以及实验组和对照组等术语的区别和联系。

2. 说出教育实验研究的关键特征。

3. 说出教育实验研究的类型，并阐述每种类型的特征。

4. 阐明真实验和准实验设计的模式，并将它们运用到实际教育研究中。

5. 说明因子设计的模式，说出时间序列实验、重复测量实验、单被试实验设计的模式。

6. 阐明数据统计分析包括描述性统计和推断性统计；简单阐述描述性统计分析包括数据的集中程度、离散状况、分布情况三大趋势；阐明并能运用推断性统计分析中常用的 t 检验、方差分析、卡方检验、相关分析等。

7. 说出信度主要包括重测信度、复本信度、内部一致性信度，并阐述和运用评估内部一致性的克隆巴赫系数。

8. 说出效度主要包括统计结论效度、结构效度、内部效度和外部效度，并简单阐述影响内部效度和外部效度的因素。

9. 阐明教育实验研究法的主要步骤。

【内容概要】

本章内容主要包括教育实验研究法的概述、不同类型教育实验研究的设计方法、教育实验研究中数据统计分析方法、教育实验的信度和效度、教育实验的主要步骤等内容。第一，在教育实验研究法概述中主要介绍了教育实验研究法的含义、历史发展、关键特征和类型。第二，在教育实验研究设计方法中主要介绍了组间设计的真实验、准实验、因子设计，以及组间设计的时间序列实验、重复测量实验、单被试实验。第三，在数据统计分析方法中主要介绍了描述性统计的三种数据趋势，以及推断性统计中的 t 检验、方差分析、卡方检验、相关分析等。第四，在教育实验的信度和效度中主要介绍了评估信度的一般方法以及影响内外部效度的因素。第五，在教育实验的主要步骤中主要归纳总结了开展实验研究的一般步骤。

【学法指引】

1. 在学习教育实验研究法的含义、历史发展、关键特征时，以阅读浏览和消化吸收其中的案例为主。

2. 比较和思考自变量、因变量、无关变量、控制变量、实验组、对照组这几个术语的区别和联系，并结合自身的教育研究经验和实践加深对它们的理解。

3. 比较真实验和准实验的区别和联系，消化吸收书中所举例子，并能够尝试将这两种实验运用到实际的教育研究中。

4. 运用 SPSS 软件实践操作，从而掌握 t 检验、方差分析、卡方检验、相关分析等几种常见的推断性分析方法，以及用于估计内部一致性的克隆巴赫系数分析方法。

5. 在学习实验研究效度和主要步骤时，以阅读浏览和结合自身研究为主。

第一节　教育实验研究法探查自变量和因变量间的因果关系

【聚焦问题】

1. 教育实验研究法的主要特征是什么？

2. 教育实验设计有哪些类别？

【案例研讨】

一些青少年在高中开始吸烟，那么如何通过教育的手段鼓励青少年戒烟呢？有一所高中的做法是，吸烟被发现的学生需要学习一门特殊的课程，在这个课程中教师会讲授吸烟对健康产生危害的相关内容。例如，教师和学生一起讨论健康问题、使用吸烟者受损肺部的图像和图片进行教学、让学生写下他们作为吸烟者的经历等。该教师利用一个学期的时间完成这门课程。课程结束后，教师通过一定方法检测学生的吸烟率。

> **核心概念：** 实验研究法是研究人员在控制可能影响实验结果的无关变量的情况下，探讨自变量和因变量之间是否存在因果关系的研究方法。

通过上述这个简单的案例，结合教育实验研究法的主要特征，我们需要思考：在此教育实验中，什么是自变量，什么是因变量？

一、教育实验研究法包含多个不同类型的变量

实验研究（Experimental Research）是进行定量分析的传统研究方法。在实验（Experiment）中，我们通过测试一个想法（实践或过程）来确定它是否影响结果或因变量。也就是说，当我们想要在自变量和因变量之间建立可能的因果关系时，可使用实验研究法。这也意味着我们需要控制除自变量之外影响结果的所有变量，即无关变量。自变量（Independent variable）是指引起因变量发生变化的因素或条件。因变量（Dependent variable）是指由于自变量变动而直接引起变动的量。当自变

> **核心概念：** （1）自变量是引起因变量发生变化的因素或条件。（2）因变量是由于自变量变动而直接引起变动的量。（3）无关变量是与自变量同时影响因变量的变化但与研究目的无关的变量。

量影响因变量时，我们可以说自变量"引起"或"可能引起"因变量发生变化。由于实验研究法中的实验可受到人为控制，因此它是用于确定因果关系的最佳定量设计。无关变量（Extraneous variable），也称控制变量，指与自变量同时影响因变量的变化、但与研究目的无关的变量。例如，在研究某个教学策略对学生某个概念形成的教育实验中，促使该概念形成的教学策略就是自变量，学生概念形成的达成情况就是研究结果，而学生的先前成绩可能会对研究结果产生影响，因此学生的先前成绩就是无关变量或控制变量。再如，在高中生物学测定温度对酶促反应影响的实验中，温度是我们要探究的因素，是自变量，而酶促反应的速度会因温度这个自变量而变化，所以是因变量，而底物量、pH 就是无关变量。在教育实验研究中，如果你想比较一个听讲座的小组和一个开展讨论的小组哪个测验得分高，你需要控制所有可能影响"测验得分"的因素。例如，确保这两组人员的个人能力、测试条件是相同的，并且给两组提供的测试题也要是相同的。根据以上实验的基本含义和简单实例，我们知道实验研究是指研究人员在控制可能影响实验结果的无关变量的情况下，探讨自变量和因变量之间是否存在因果关系的一种研究方法。教育实验研究则是在教育情境中，通过实验研究的方法来探讨教育现象间的因果关系。

实验研究最早始于 19 世纪末 20 世纪初的心理学实验。1903 年，斯凯勒（Schuyler）开始使用"实验组"和"对照组"这样的提法。1916 年，麦考尔（McCall）提出实验中要将个人随机分配的想法。1925 年费舍尔（Fisher）在

《为了研究工作者的统计方法》(*Statistical Methods for Research Workers*)一书中，讨论了在心理学和农业生产中开展实验的程序。在本书中，费舍尔提出了在开始实验前随机将个人分配到小组的概念，与此同时其他统计程序（如卡方拟合度和临界值等）的发展以及差异显著性测试的提出也进一步完善了教育实验研究。随后 20 世纪 60 年代，坎贝尔（Campbell）和斯坦利（Stanley）确定了实验设计的主要类型，并根据对实验效度的潜在威胁评估每种设计的优劣。20 世纪 70 年代，库克（Cook）和坎贝尔又详细阐述了这些实验设计的类型。进入 21 世纪，沙迪什（Shadish）、库克和坎贝尔又进一步改进了实验研究设计。综上所述，从实验研究的发展趋势来看，自 20 世纪 80 年代以来，实验的复杂性日益增加，其原因主要是计算机的应用和统计方法的改进。研究人员现在可使用多个自变量和因变量，比较两组以上的数据，并且研究不同类型的实验分析单位，例如组织、团体或个人。统计方法的改进代表了实验研究的最新发展，也体现了实验研究设计的一些新思路。

二、教育实验研究有六个关键特征

在考虑如何开展教育实验研究前，我们需要了解实验研究的几个关键特征：随机分配(Random Assignment)、控制无关变量(Control over Extraneous Variables)、操控实验条件(Manipulation of the Treatment Conditions)、结果测量(Outcome Measures)、小组间比较(Group Comparisons)、威胁(实验)效度的因素(Threats to Validity)。下面依次介绍这六大特征：

1. 随机分配

随机分配是指将个体随机分配到实验中的一个组或多个不同组的过程。将个体随机分配是区分严格的"真实验"与足够但不严格的"准实验"的重要标准。关于真实验和准实验将在本章后面探讨。被随机分配的个体是被试，被试(Subject)就是指参与实验的人。例如，不同教学方式对高中学生生物学态度的影响研究中，参与实验的高中生就是被试。被试为实验带来的个人因素永远无法完全控制，某些偏见将始终影响研究的结果。为了解决这个问题，通过随机分配，研究者可控制可能影响实验结果的参与者的外来特征（例如，学生成绩、学生学习注意力和动机等）。也就是说，随机分配保证了实验中由于每个被试的个人特征造成的任何偏差在各组之间平均分配。在我们前面提到的控制吸烟的那个教育实验中，研究人员可将学校中的吸烟者随机分配到鼓励学生戒烟的课程中和普通课程中。

2. 控制无关变量

在随机分配个体时，我们可以控制可能影响因变量(例如，吸烟危害健康的课程)和结果(例如，吸烟频率)之间关系的无关变量。所有实验都可能有一些无法控制的随机误差，但研究者可尝试通过尽可能多地控制外来因素来减少误差。主要方法如下：

(1)前测(Pretests)和后测(Posttests)

为了确保实验中所有被试的特征相同，实验研究人员可使用前测。假设我们要研究一门与减少吸烟相关的课程是否影响学生对吸烟的态度时，我们可以在实验处理前，也就是在向学生讲授这门课之前，测量学生的态度，这就是前测。前测用来度量被试在接受实验处理之前的某些属性或特征。后测用来度量被试在接受实验处理后的某些属性或特征。在这个控制学生吸烟的实验中，经过一个学期的课程实施后，在期末检测学生对于吸烟的态度。对吸烟态度的前后测比较可比单独使用后测结果更清楚地了解学生实际的吸烟行为。当然，前测既有优点也存在缺点。第一，前测需要耗费学生的时间和精力。例如，学生必须在学期刚开始的时候就填写一份前测问卷或试题。第二，前测可能会影响后测结果。因为当态度或成就测试用作前测时，学生可根据他们在前测中的经验预测后测中的问题，从而影响答题结果。

(2)协变量(Covariates)

协变量指与因变量有线性相关并在探讨自变量与因变量关系时通过统计技术加以控制的变量。常见的协变量包括前测分数、人口统计学指标以及与因变量明显不同的个人特征等。由于前测可能会影响实验后测，因此通常使用协方差对其进行统计控制，而不是简单地将其与后测分数进行比较。关于协变量和协方差的具体内容可参见有关书籍。

(3)匹配被试(Matching of Participants)

匹配被试是指识别影响实验结果的一个或多个个人特征，并将具有该特征的被试同等地分配给实验组和对照组的过程。通常，研究人员会匹配以下特征：性别、前测分数、个人能力等。

图 6-1 显示的是将性别(例如，共 10 名女孩和男孩)匹配到实验组和对照组。在前面提到的鼓励学生戒烟的教育实验中，我们可能会根据性别将这些吸烟的学生平均分配给两个组：一个班级学习控制学生吸烟的课程，即实验组；而另一个班级不学习该课程，即对照组(或控制组)。

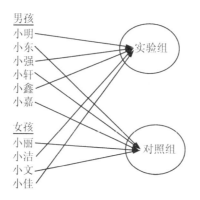

图 6-1　实验组和对照组与性别的匹配

在将学生分别放在实验组和对照组的时候，我们的先前认知(例如，男孩可能比女孩吸烟更多)在一定程度上会造成性别对吸烟频率的潜在影响。科学的匹配方式是：根据学生名单列表，将第一个男孩分配给实验组，第二个男孩分配给对照组，第三个男孩分配给实验组，依此类推。在将女孩分配到实验组和对照组的时候也重复上述过程。通过这种方法，我们可在实验开始之前控制实验中潜在的、可能影响实验结果的性别因素。

(4)同质样本(Homogeneous Samples)

使被试具有可比性的另一种方法是，通过选择个体特征变化很小的被试来形成同质样本。例如，实验组(参加鼓励学生戒烟课程的班级)和对照组(不参加该课程的班级)中，学生的学业成绩的平均分、性别比例等应该越相似越好。再如，在研究论证教学策略对学生学业成绩影响的实验中，实验组(教师运用论证教学策略开展教学)和对照组(教师运用一般教学策略开展教学)中，学生应该来自同一个年级，并且学习成绩的平均分应无显著差异。这样的同质样本就可以尽可能地减少实验误差。

(5)阻断变量/区组变量(Blocking Variables)

阻断变量(或区组变量)是研究者在实验开始之前控制的变量，可将被试划分为不同的子组。阻断变量一般是分类变量(如性别、种族等)，属于控制变量，用于消除或降低各个分组在区组变量上的变异。例如，将性别作为阻断变量后，可使各个分组中的男性和女性被试的比例相等，从而消除了性别差异对实验结果的影响。再如，将年级作为阻断变量后，大学生可被分为四类(新生、大二学生、大三学生和大四学生)。在教育实验研究中，研究者首先通过被试共有的特征(如性别、年龄)来确定阻断变量。之后，研究者使用变量的每个类别随机地将个体分配给对照组和实验组。例如，如果参加实验的学生年龄分别为 16 岁和 22 岁，则可为对照组和实验组分配相同数量的 16 岁和 22 岁学生。

3. 操控实验条件

选择被试后，我们可将其随机分配到实验组。在实验处理中，研究人员可对教学情境等进行干预。例如，对拼写单词表现好的学生进行奖励或开展小组讨论等特殊类型的课堂教学。在这里，我们需要了解何为实验变量，以及实验变量的级别。

在实验中，实验(处理)变量(Experimental Variables；Treatment Variables)是研究者所操纵的自变量。实验变量是自变量，但并不是所有的自变量都是实验变量。例如，在探讨不同的教学策略对学生学习某个生物学概念的影响研究中，不同的教学策略是自变量，也是该实验中研究者所操纵的实验变量；若根据性别确定被试，每 15 名男生和 15 名女生分别参与同一种类型的教学，那么，被试的性别就是一个自变量，而该自变量不是实验变量。

在实验研究中，可用作实验变量的自变量可多可少。复杂的实验设计可能涉及多个实验变量。同一个实验变量，在一个实验研究中被设置成不同的水平。实验变量的不同水平又叫实验处理。例如，不同的教学方式对学生学习生物学态度的影响研究中，教学方式作为一个实验变量，可被设置成不同的实验处理，如表 6-1 所示。

表 6-1 教学方式被设置成不同的实验处理

实验变量	可能的水平(实验处理)
教学方式	A. 小组合作式
	B. 讲座式
	C. 阅读式
	D. 野外考察

再以前面提到的鼓励学生戒烟的教育实验为例，自变量、实验变量、实验处理这几项的关系如表 6-2 所示。

表 6-2　自变量、实验变量、实验处理之间的关系

自变量	因变量
年龄(不可被研究者操控)	吸烟频率
性别(不可被研究者操控)	
授课方式(可被操控)——实验变量 A. 讲座 B. 讲座结合关于健康危害的讨论 C. 讲座、展示吸烟者肺部的多张幻灯片，并结合关于健康危害的讨论	

4. 结果测量

在所有实验情况中，我们需要评估实验处理是否影响结果或因变量。常用的结果测量包括：①标准参考测试的成绩分数；②能力测试的测试分数等。良好的结果测量应该对实验处理敏感，也就是说实验结果对最小量的实验干预都有反应。实验结果也需要有效，以便实验研究人员可从中得出有效的推论。

5. 小组间比较

在实验中，我们还可以比较不同实验处理方法对结果的影响。小组比较是指研究人员在因变量上获得个体或群体的得分，并比较群体内和群体之间的均值和方差。具体的比较方法将在本章第二和第三节中讨论。

6. 威胁(实验)效度的因素

实验效度是指一个实验的有效性，它是衡量教育实验设计质量和实验成败的关键性评鉴标准。实验效度主要包括：统计结论效度(Statistical conclusion validity)、结构效度建构效度(Construct validity)、内部效度固有效力(Internal validity)、外部效度外在效度(External validity)。实验效度和威胁实验效度的因素将在本章第四节中进行阐述。

三、教育实验研究类型多样

虽然所有的实验都有共同的特点，但因其类型不同，其使用范围和条件也不尽相同。在教育研究中常见的设计是：

1. 组间设计(Between-Group Designs)

①真实验(True experiments)(包含前测和后测、只包含后测)

②准实验(Quasi experiments)(包含前测和后测、只包含后测)

③因子设计/析因设计(Factorial designs)

2. 组内或个体设计(Within-group or individual designs)

①时间序列实验(Time-series experiments)

②重复测量实验(Repeated-measures experiments)

③单被试实验(Single-subject experiments)

在生物学教育研究中最常用的是组间设计，指的是研究人员比较两组或两组以上数据。而组内设计指的是在任何给定的实验中，参与者的数量可能是有限的，它也许不会涉及超过一个组，此时研究人员使用组内实验设计。

能够识别这些类型的设计和它们的不同特征将帮助我们选择适合研究的设计。为了区分这些不同类型的设计，我们可考虑以下标准：

(1)被试是否随机分配到组中；

(2)被比较的群体或个体的数量多少；

(3)研究人员使用的干预措施的数量多少；

(4)因变量被测量或观察的次数多少；

(5)外部变量的控制方法如何。

表 6-3 所示的是基于上述标准的不同类型实验设计：

表 6-3　基于上述标准的不同类型实验设计

实验类型 / 属性	真实验	准实验	因子设计	时间序列实验	重复测量实验	单被试实验
随机分配	是	否	可供使用	否	否	是
被比较的群体或个体的数量	两个或更多	两个或更多	两个或更多	一组	一组	一次一个人
使用的干预措施数量	一个或多个干预措施	一个或多个干预措施	一个或多个干预措施	一个或多个预防措施	两个或更多干预措施	一个或多个干预措施
因变量被测量或观察的次数	一次	一次	一次	每次干预后	每次干预后	多个
外部变量的控制方法	前测、被试匹配、阻断变量、协变量	前测、被试匹配、阻断变量、协变量	前测、被试匹配、阻断变量、协变量	每个组自我控制	协变量	每个个体自我控制

【学以致用】

1. 通过以下例子区分不同的变量：

(1)不同教育水平对生物学兴趣影响的研究。

自变量为 _____

因变量为 _____

(2)不同教学策略对高中生光合作用概念形成的影响。

自变量为 _____

因变量为 _____

2. 在探讨材料呈现方式对学生学习生物学兴趣的影响研究时，哪个变量为实验变量？该实验变量可以被设置成哪些实验处理？

第二节　教育实验研究设计包括组间设计和组内设计

【聚焦问题】

1. 何种情况下开展真实验设计？如何开展？
2. 何种情况下开展准实验设计？如何开展？

【案例研讨】

一位高中生物学教师任教于高一4个班，现在该教师想探究2种新的教辅材料对这些班级学生生物学学业成绩的影响，那么，该教师应该如何设计这个实验？

教育实验研究设计包括组间设计和组内设计两大类，每一大类又包含几个子类。在生物学教育实验研究中，用到最多的是组间设计中的真实验和准实验，因子设计实验也有所涉及，因此我们将在本节详细阐述。对于组内设计中的时间序列实验、重复测量实验、单被试实验，由于生物学教育研究中应用不多，我们仅简单介绍。

一、真实验是最严谨的实验设计

在组间设计中，真实验是最严谨和强大的实验设计。在真实验中，研究者随机给被试分配不同条件的实验变量，实验组的被试接受了实验处理而对照组没有。接受实验处理的一组称为实验组（Experimental group），而未接受实验处理的一组称为控制组（Control group）或对照组（Comparison group）。由于实验组和控制组是通过随机分配的方式形成，两组被试的特质，如家庭社会经济地位、智力、学业成绩等基本相同。

> **核心概念：** (1)实验组指的是接受实验处理的组。(2)控制组或对照组指的是未接受实验处理的组。

真实验主要包括两类：①前后测实验设计，②仅后测实验设计。这两种实验设计的模式如图 6-2 所示。

真实验—前后测设计　　　　　　　　　　　　　　时间线

随机分配	控制组	前测	无处理	后测
随机分配	实验组	前测	实验处理	后测

真实验—仅后测设计　　　　　　　　　　　时间线

随机分配	控制组	无处理	后测
随机分配	实验组	实验处理	后测

图 6-2　前后测设计与仅后测设计的模式

前测是指在实验处理之前对被试进行的测量或测验，后测是指在实验处理后进行的测量或测验。不是所有的设计均需前测，但后测是决定实验处理效果所必需的，因此实验设计一定会包含后测。另外，需要特别说明的是，前后测实验设计可能产生前测与实验处理的交互作用效应而影响外在效度，使实验结果不能推广到没有前测的研究实验情境中。

1. 前后测实验设计

这是一种最基本、最典型的实验设计。随机分配被试于实验组和控制组中，二组均进行前测，再将实验组进行实验处理，二组再进行后测，以分析该实验处理是否具有影响。例如：有一位教师想研究课堂讨论时间对高一学生形成细胞结构和功能概念的影响，他随机选择了 80 名学生，并随机分派在 4 组中，每组 20 位同学。具体教学研究过程为：在进行人教版《分子与细胞》的内容教学前，先对学生进行前测，之后利用一个学期的时间进行该本教科书的讲授，学期结束后对学生进行后测，然后进行数据统计分析。在分析数据时，参照前测成绩，分析修正后测成绩，并进行统计检验。

实验中的 4 组学生接受的实验处理如下：

(1)实验组 1：每一节课学生讨论 5 分钟。

(2)实验组 2：每一节课学生讨论 10 分钟。

(3)实验组 3：每一节课学生讨论 15 分钟。

(4)对照组：每一节课学生不进行讨论。

基于上述内容，本例中整个实验设计如表 6-4 所示。

表 6-4　前测实验与后测实验数据对照

组别	前测	自变量(实验处理)	后测
实验组 1	前测成绩 1	讨论 5 分钟	后测成绩 1
实验组 2	前测成绩 2	讨论 10 分钟	后测成绩 2
实验组 3	前测成绩 3	讨论 15 分钟	后测成绩 3
对照组	前测成绩 4	只讲授，不讨论	后测成绩 4

2. 仅后测实验设计

随机选择分派被试于实验组和控制组中，二组均不进行前测，实验组直接接受实验处理，然后实验组和控制组均接受后测，以比较两组后测的差异。需要注意的是，由于这种实验设计没有前测，为了保证实验中样本的同质性，必须能够实现随机取样。也就是说，当可利用的实验样本没有足够数量，仅可抽取相当有限的样本不能满足随机取样时，这种设计不适合采用。

例如：一名高一生物学教师进行新的教辅材料对学生生物学学业成绩影响的实验研究。[1] 他随机选择了 60 名学生参加实验，随机将这些学生分为 3 组，每组 20 名同学。该教师让学生课后利用等量的时间自学教辅材料，学习一个学期后，对学生进行了生物学期末测试。该教师使用了两种新的教辅材料和一种传统的教辅材料，本案例中 3 组被试的实验处理如下：

(1)实验组 1：每节生物课后自学新的教辅材料 1。

(2)实验组 2：每节生物课后自学新的教辅材料 2。

(3)对照组：每节生物课后自学传统的教辅材料。

基于上述内容，本例中整个实验设计如表 6-5 所示。

表 6-5　仅后测实验设计数据

组别	自变量(实验处理)	后测
实验组 1	自学新的教辅材料 1	后测成绩 1
实验组 2	自学新的教辅材料 2	后测成绩 2
对照组	自学传统的教辅材料	后测成绩 3

二、准实验和真实验最大区别是不能随机分配被试

从实验研究的严谨性和理想性来说，真实验具有严谨的控制程序，是非常

---

[1]　刘恩山. 生物学教育研究方法与案例[M]. 北京：高等教育出版社，2004.

好的。然而在真实的教育实验研究情境下，常因研究的现实条件限制，而采用控制较不严谨，但实施比较方便的准实验设计。前面已经提到，真实验和准实验的重要区别是能否随机分配被试。准实验虽然分配被试，但不是随机分配，这是因为研究者不能人为地随机地设置实验组和对照组。

例如，学习一个新的生物学课程可能需要使用现有的四年级，并指定一个组为实验组，一个组为对照组，随机分配学生到这两个小组将扰乱课堂学习。因此，教育研究者往往需要使用完整的群体(学校、学院或学区)，采用原始的被试者团体(例如自然教学班)。也就是说，在真实的教育情境下经常会使用准实验设计。

准实验设计也主要包括两种：①前后测实验设计，②仅后测实验设计。这两种实验设计的模式如图 6-3 所示。

准实验—前后测设计　　　　　　　　　　　　　　　　时间线

选择控制组 （非随机分配）	控制组	前测	无处理	后测
选择实验组 （非随机分配）	实验组	前测	实验处理	后测

准实验—仅后测设计　　　　　　　　　　　　　　时间线

选择控制组 （非随机分配）	控制组	无处理	后测
选择实验组 （非随机分配）	实验组	实验处理	后测

图 6-3　准实验—前后测设计与准实验—仅后测设计

准实验的前后测实验设计是指研究人员非随机分配对照组和实验组，对这两组进行前测，之后只对实验组进行实验处理活动，然后对两组进行后测，从而评估这两个组之间的差异。而仅后测实验设计则是在设计中只开展后测，没有前测。准实验中不是所有的设计均需前测，但后测是决定实验处理效果所必需的。

1. 前后测实验设计

准实验是非随机分配，增加了实验各组之间不等质的风险，影响内部效度。而前后测实验设计中前测结果会对核对各组是否等质非常有帮助。这种前测是在进行实验前在同等条件下对所有被试都进行的测试，其分数可用于统计控制。

我们回顾一下本节【案例研讨】中展示的例子：一位高中生物学教师任教于高一 4 个班，现在该教师想探究两种新的教辅材料对这些班级学生生物学学业成绩的影响。首先，该教师需要在让学生课后自学新的教辅材料前，对每个班的学生进行前测，以了解各班学生的学业成绩平均值是否无显著差异。通过统计分析，发现高一(1)班学生的学业成绩平均值与另外 3 个班[高一(2)、(3)、(4)班]的学业成绩平均值有显著差异，那么该教师则需排除高一(1)班，只在另外三个班开展实验和后测。在实验的时候，该教师使用了两种新的教辅材料和一种传统的教辅材料，让学生课后利用相等的时间自学，一个学期后，对学生进行生物学期末测试，即后测。

本案例的实验设计如表 6-6 所示。

表 6-6　高一三个班的前测实验与后测实验数据对照

组别	前测	自变量[实验处理]	后测
实验组1[高一(2)班]	前测成绩 1	自学新的教辅材料 1	后测成绩 1
实验组2[高一(3)班]	前测成绩 2	自学新的教辅材料 2	后测成绩 2
对照组[高一(4)班]	前测成绩 3	自学传统的教辅材料	后测成绩 3

2. 仅后测实验设计

仅后测实验设计，由于非随机分配被试和缺少前测，其设计的内在效度一般是较低的。采用这种设计时应事先获得学生的学业成绩等资料，分析确保接受实验的各组基本上是平衡的，否则不应该采用这种实验设计。换言之，应选择平行班进行实验，虽然这样并不能消除被试在选择上因非随机分配产生的偏差，但可避免对实验结果的错误解释。

仍以【案例研讨】中的例子为例，实验前该教师对自己所教 4 个班的信息进行了较为详细的了解，发现：这 4 个班的男女生比例大致相等；学校分班时，高一(1)班是中考成绩很高的实验班，而高一(2)、(3)、(4)这 3 个班是按学生成绩平行分班的；高一(3)班的物理成绩平均分稍高一些，其他相当。基于上述信息，该教师需要在学生学业成绩比较相似的高一(2)、(3)、(4)这 3 个平行班开展实验，而不在高一(1)班开展实验。[1]

本例的实验设计如表 6-7 所示。

---

① 刘恩山. 生物学教育研究方法与案例[M]. 北京：高等教育出版社，2004.

表 6-7　高一三个班后测实验数据

组别	自变量(实验处理)	后测
实验组 1[高一(2)班]	自学新的教辅材料 1	后测成绩 1
实验组 2[高一(3)班]	自学新的教辅材料 2	后测成绩 2
对照组[高一(4)班]	自学传统的教辅材料	后测成绩 3

三、因子设计研究两个或两个以上自变量对结果的独立和同时影响

在某些实验情况下，仅仅知道单一处理对结果的影响是不够的，因为事实上几种处理方法可能会对结果提供更好的解释。因子设计代表了对群体间设计这种实验类型的改进，在这种设计中，研究人员研究两个或两个以上的自变量，每个自变量又包括两个或两个以上的实验处理。这种设计的目的是研究两个或两个以上的自变量对结果的独立和同时影响。

例如，在探查吸烟频率的实验中，研究人员可能希望检查的不仅仅是教学类型对学生吸烟频率的影响。假设研究者希望探查学生的教学类型和抑郁程度(例如，抑郁量表中的高、中、低分)对吸烟率的综合影响。再进一步假设研究人员根据先前的研究，认为抑郁症是影响青少年吸烟率的一个重要因素，但两者间的相互作用尚不清楚。此时，对这一问题的研究则需要一个因子设计。不过，因子设计由于存在多个自变量，统计程序变得更加复杂，实际结果变得不易理解。例如，抑郁症和教学类型如何影响青少年的吸烟率？哪个自变量更重要？为什么？也就是说，随着研究人员操纵更多的自变量，每组需要更多的被试进行统计检验，结果的解释也变得更加复杂。因此为了避免这种复杂性，因子设计中由研究人员操纵的自变量最多不超过三个。

在探查吸烟频率的实验中，研究人员确定了一个研究问题，包括两个自变量和一个因变量，例如"不同的教学类型和抑郁水平下，吸烟率有变化吗？"

为了回答这个研究问题，实验者确定每一个自变量的水平，如表 6-8 所示[①]。

---

① Creswell J W. Educational Research：Planning，Conducting，and Evaluating Quantitative and Qualitative Research [M]. 5th ed. New York：Pearson Education，Inc.，2015.

表 6-8　实验者所确定的每一个自变量的水平

自变量	可能的水平(实验处理)
教学类型	(1)水平 1—吸烟危害健康的讲座 (2)水平 2—一般讲座
抑郁水平	(1)水平 1—低 (2)水平 2—中 (3)水平 3—高

由于研究者测量了两个水平的教学类型和三个水平的抑郁程度，所以该设计被称为二乘三因子设计。用"2×3"表示自变量所涉及的水平。在 2×3 设计中，研究者指定被试分成六组，表 6-9 显示了六个组的形成以及根据抑郁的三个水平(即，低、中、高)和教学类型的两个水平(即，吸烟危害健康的讲座和一般讲座)分配给每个组的被试。[①]

表 6-9　六个组的实验设计及其数据与教学类型的两个水平

组别	抑郁症的程度	教学类型	因变量
1 组	低度抑郁	接受吸烟危害健康讲座	后测(仪器上的分数)
2 组	中度抑郁	接受吸烟危害健康讲座	后测(仪器上的分数)
3 组	高度抑郁	接受吸烟危害健康讲座	后测(仪器上的分数)
4 组	低度抑郁	接受一般讲座	后测(仪器上的分数)
5 组	中度抑郁	接受一般讲座	后测(仪器上的分数)
6 组	高度抑郁	接受一般讲座	后测(仪器上的分数)

在上述过程中，研究者首先用仪器测量所有学生的抑郁程度。根据他们的抑郁分数将学生分成低度抑郁、中度抑郁、高度抑郁，然后创建六个组。该研究是在两个班中进行的：三个小组在一个班接受吸烟危害健康的讲座，其他三个小组在另一个班接受一般讲座。在实验结束时，研究者要求所有被试完成一个后测。这个后测测量的就是吸烟率。如表 6-10 所示，测试后的得分被组织成六个单元来直观描述它们之间的差异，一个方框代表实验中的每个组，并包含各组中个体的平均分数。一旦计算出平均分数，就可以比较分数以确定它们

---

① Creswell J W. Educational Research: Planning, Conducting, and Evaluating Quantitative and Qualitative Research [M]. 5th ed. New York: Pearson Education, Inc. , 2015.

在统计上是否有差异。

表 6-10 六个组分别进行健康讲座与一般讲座的吸烟平均速率及抑郁程度

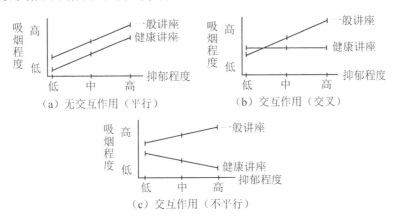

	抑郁程度		
	低	中	高
健康讲座	吸烟的平均速率	吸烟的平均速率	吸烟的平均速率
一般讲座	吸烟的平均速率	吸烟的平均速率	吸烟的平均速率

（教学类型）

采用方差分析（ANOVA）的统计方法，分别检验各自变量与因变量组合的效应。使用统计软件程序，ANOVA 将产生主要效果和交互作用的统计结果。主要效果是实验中每个自变量（例如，教学类型或抑郁程度）对结果（吸烟率）的影响。交互作用是指一个自变量的影响取决于相互作用的实验中的另一个自变量。图 6-4 显示了实验结果的几种可能性。[①] 图 6-4（a）显示测验后成绩（即吸烟率）和抑郁程度、教学类型的关系。如图 6-4（a）所示，两组的吸烟程度随着抑郁程度的增加而增加。因为线平行且不交叉，所以不存在相互作用效应。

（a）无交互作用（平行）　　　　　　（b）交互作用（交叉）

（c）交互作用（不平行）

图 6-4 经过实验后的几种可能性结果

然而，实验结果可以是不同的，如图 6-4（b）和图 6-4（c）所示。在图 6-4（b）中，接受一般讲座的人群的吸烟率随着抑郁症的增加而增加；而接受健康讲座的

---

① Creswell J W. Educational Research：Planning，Conducting，and Evaluating Quantitative and Qualitative Research [M]. 5th ed. New York：Pearson Education，Inc.，2015.

学生的吸烟率对于每一个抑郁水平来说都是恒定的。当这些分数被绘制时，线交叉，显示交互作用。图 6-4(c)中，线不是平行的，也显示了相互作用的效果。在因子设计中，研究者通常绘制这些趋势图，并解释这些趋势的意义。

四、时间序列实验多用于长时间段内测量一组被试

当实验研究人员只能接触到一组被试，并研究他们的一个周期时，时间序列设计就是一个很好的实验方法。也就是说，时间序列实验的设计不需要接触大量的被试，只需要一组被试。该类实验的设计需满足以下条件：有待研究的一组被试、足够的时间、来自研究人员测量观察的多个前测和后测结果。[1] 时间序列实验中最主要的设计类型是中断时间序列设计（Interrupted time-series design）如图 6-5 所示。该设计包括：一组被试、一段时间的多次前测、实验处理、实验处理后的多次后测。

时间序列实验设计   时间线

选择 一组被试	前测 或观察	前测 或观察	前测 或观察	实验 干预	后测 或观察	后测 或观察	后测 或观察

图 6-5　中断时间序列设计操作过程

综上，时间序列设计基本上是借助多次重复测量的一种前后测设计。这种设计的实质是对一组被试进行周期性的测量过程，建立反应的基线模型，并在这一时间序列的测量过程中引进实验处理，随后用实验处理后在时间序列中的测量值或观察值表示实验处理结果。例如，前面提到的鼓励学生戒烟的教育实验中，如果只有一个班级作为被试，那么，我们可使用时间序列设计。首先收集吸烟者在不同时间的多个测量值作为前测数据，其次把教师讲授吸烟危害健康的课程作为实验处理，最后收集吸烟者在实验结束后不同时间的多个测量值作为后测数据。如果接受处理后的反应模型不同于基线模型，表示原先的反应模型的连续性受到中断，便可推断这种变化可能是由于自变量（实验处理）的作用产生的；如果处理后的反应模型和基线模型相同，便可推断这种实验处理对因变量没有效应。

五、重复测量实验多用于不同实验处理作用于一组被试

另一种适用于单组实验设计的是重复测量设计。在该设计中，单个组内的所有被试都参与所有的实验处理。研究者将被试参与一种实验处理后的表现与

---

① Creswell J W. Educational Research: Planning, Conducting, and Evaluating Quantitative and Qualitative Research [M]. 5th ed. New York: Pearson Education, Inc., 2015.

参加另一种实验处理后的表现进行比较。在每种实验处理后，研究者进行观察或测量。具体来说，在第一次实验处理之后进行结果测量或观察，然后在第二次实验处理之后进行第二次结果测量或观察，然后评估结果测量值的变化，以确定不同实验处理之间的差异。该种实验设计的操作过程如图 6-6 所示。

重复测量实验设计 　　　　　　　　　　　　　　　　　　　　　　　　　时间线

选择 一组被试	测量 或观察	实验 处理 1	测量 或观察	实验 处理 2	测量 或观察

图 6-6　重复测量实验设计操作过程

　　将这种设计应用于前面鼓励学生戒烟的实验，假设研究者只能干预学生的一门课程并且可采用几种实验处理措施：①开展吸烟危害健康的讲座；②描绘和讲述一个人吸烟时对夫妻关系影响的漫画；③分发和讨论一篇有关烟价格与成本上涨之间关系的资料。在本实验中，所有三种处理都涉及青少年吸烟问题，但它们是不同的问题，即分别与健康、家庭关系和吸烟成本有关。在学期上课期间，研究人员请教师分别将每项实验处理分别依次应用到课堂上，然后依次测量每次实验处理后学生的吸烟率，从而比较每个实验处理的效果差异。这种重复测量实验设计，由于是一组被试接受处理，所以不存在由于被试选择的不同而造成的对照组和实验组的不等质问题。另外，这种实验设计由于没有前测，也不会产生前测带来的对实验结果的干扰。不过，由于这种设计作用在同一组被试上，一种实验处理可能会对另一种实验处理的结果带来影响，因此，研究者必须确保每种实验处理有非常明显的区别。

六、单被试设计常用于探查每个被试个体的行为

　　在教育实验中，假设我们试图单独或成组地了解每个个体的行为，且我们也有机会观察他们的具体行为，那么在此情况下，研究者可运用单被试实验设计。该设计在行为分析、特殊教育、资优教育等相关领域都有很好的表现。单被试设计特别适合于特殊人群（如天才学生、学习障碍学生等），因为这种设计允许小样本量，却同时可保证高的内部可靠性。例如，在一项教育研究中，研究人员就测试了学习障碍的小学生是否能够更好地监督他们自己的任务行为。综上，在学校环境中，群体平均值可能会掩盖个体间的差异，而单被试设计的优点恰恰在于不依赖群体平均值，非常适合于研究个别学生或教师的行为。

【学以致用】

　　自 20 世纪 90 年代开始，论证便逐渐成为科学教育研究的热点之一。而目前我国大陆地区对于论证的研究还比较有限。有研究者尝试利用国外的论证探

究式教学模型（Argument-Driven Inquiry instructional model，ADI）在中学生物学课堂上进行实践，从而探索如何培养中学生论证能力的教学途径。通过阅读上述材料，若你来开展这项研究：

> **知识链接：** 可参考论证探究式教学模型相关文献。例如：何嘉媛、刘恩山：《论证探究式教学模型及其在理科教学中的应用》，载《生物学通报》，2012(10)。

    1. 你的研究问题是什么？

    2. 为了解决研究问题，适合采用哪种实验设计？

    3. 应该如何设计？

第三节　教育实验研究数据分析主要包括描述性统计和推断性统计

【聚焦问题】

    1. 实验研究的数据分析包括哪几类？

    2. 如何运用 SPSS 软件进行简单的描述性统计分析？

    3. 如何运用 SPSS 软件进行简单的推断性统计分析？

【案例研讨】

    一位高二生物学教师为了探查不同类型的教辅材料对学生生物学成绩的影响，在自己所教的 3 个平行班分别使用生物学教辅材料 1、教辅材料 2、教辅材料 3，使用一个学期后，测验学生的成绩。那么为了分析这 3 种教辅材料对学生生物学成绩的影响是否有显著差异，该教师应该：①使用哪种统计分析方法？②如何在 SPSS 软件中进行这种统计分析？

    在完成实验研究、收集数据的工作后，需要对研究数据进行统计分析。教育研究中常用的统计分析软件是 SPSS。SPSS 是"Statistical Package for the Social Sciences"的英文缩写，即"社会科学统计软件包"。它是一款用于多个行业数据分析的重要软件。进行数据分析时，通常有描述性统计分析（Descriptive Statistics）和推断性统计分析（Inferential Statistics）两种方法，每种方法的侧重点和指向性不同。

一、数据分析主要包含两种类型

1. 描述性统计

在生物学教育实验研究中，研究者通常会用一些数学统计量来描述数据特征。这些特征主要包括数据的集中程度、离散状况、分布情况三个方面。用于表示这些特征的统计量主要包括：均值、中位数、众数、方差、标准差、百分位数、峰度系数、偏度系数、z 标准分数等。

2. 推断性统计

推断统计是研究如何利用样本数据来推断总体特征的统计方法。一般地，教育研究不可能对所要研究对象的全体逐一进行考察，而是从总体中抽取一定的样本进行研究。例如，要了解中国高三学生对光合作用概念的掌握情况，不可能对全国每位学生的概念掌握情况一一测量，此时研究者会从不同省份地区的经济状况、教育实施状况等角度考虑，从全国抽取几个省份地区的学生作为样本来进行研究。教育研究中常见的推断性统计包括：t 检验、方差分析、卡方检验、相关分析等。更为复杂的统计分析包括回归分析、因子分析、路径分析、结构方程建模或分层线性建模等。由于这些分析在日常的生物学教育研究中应用不多且较复杂，暂不在本章介绍，具体内容可参看有关书籍。

二、描述性统计分析显示数据总体趋势

如前所述，描述性统计分析将帮助研究者归纳总结数据的总体趋势。这三种趋势分别是：集中程度、离散状况、分布情况。那么，我们要分别通过分析得到哪些统计量来描述这些趋势呢？

1. 数据的集中趋势

均值（Mean）、中位数（Median）和众数（Mode）是反映数据集中趋势或程度的统计量。

均值（M）是得分的总和除以得分的数量，表示的是某个变量所有取值的平均水平。例如，用均值表示某班学生生物期末考试的平均成绩、某年级学生的平均身高、某大学高考录取平均分等。平均数有总体平均数和样本平均数之分。具体来说，样本数据是从总体数据中抽取出来的，但在不同次抽样中，得到的样本是不同的。虽然样本数据在一定程度上可反映总体数据的特征，但由于抽样等原因，样本数据是总体数据的随机变量。因此，虽然样本均值可反映总体数据的特征，但在不同次抽样中所得的样本均值是不同的，它们与总体均值间存在着不同的差异。这种差异就是描述这些样本均值与总体均值之间平均差异程度的统计量，即均值标准误差（Standard Error of Mean，SEM），简称

标准误。

中位数指的是将总体数据的各个数值按大小顺序排列，居于中间位置的那个数。中位数将所有的数据等分成两半，中位数两端的数据个数相同。也就是说，一个大小为 N 的数列，首先应把该数列按大小顺序排列，若 N 为奇数，那么该数列的中位数就是 $\frac{N+1}{2}$ 位置上的数；若 N 为偶数，中位数则是该数列中第 $\frac{N}{2}$ 与第 $\frac{N}{2}+1$ 位置上的两个数值的平均数。中位数的确定仅取决于它在数列中的位置，不受数据中极端值的影响，因此中位数可用于表示总体的一般水平。

众数是总体数据中出现次数最多的变量，换句话说，众数是在分数列表中最常出现的那个分数。当研究人员想知道变量得分的最常见得分时就会使用它。众数同样不受数据极端值的影响，从而在一定程度上提高了平均水平的代表性。例如，一个班学生的数学成绩 87 分出现的次数最多，87 分就是该组数据中的众数。87 分出现的次数越多，说明 87 分的代表性就越高，该班学生数学成绩的集中趋势也就越显著。

2. 数据的离散趋势

全距（Range）、方差（Variance）和标准差（Standard Deviation，SD）反映的是数据的离散趋势。数据的离散状况在许多高级统计计算中起着重要作用。

全距，又称范围，是数据的最大值（Maximum）与最小值（Minimum）之间的绝对差。全距越大，说明数据越离散；全距越小，说明数据越集中。不过全距的缺点在于只考虑总体数据两端数值的差异，没有考虑中间数值差异的情况，因此它是测量数据离散程度的一种粗略的方法，不能全面反映总体数据的差异程度。若要充分利用每一个数据的信息测量数据的离散趋势，就需要利用方差和标准差。

方差是总体所有变量值与其算术平均数偏差平方的平均值，表示了一组数据分布的离散程度的平均值。标准差是方差的算术平方根，表示了一组数据关于平均数的平均离散程度。

总体方差：

$$\sigma^2 = \frac{\sum (x_i - \mu)^2}{N}$$

总体标准差：

$$\sigma = \sqrt{\sigma^2}$$

样本方差：

$$s^2 = \frac{\sum (x_i - \bar{x})^2}{n - 1}$$

样本标准差：

$$s = \sqrt{s^2}$$

其中，μ 为总体平均数，N 为总体的个数，$\bar{x}$ 为样本平均数，n 为样本的个数。

标准差是目前最常用的也是最重要的离散趋势统计量。标准差越大，表示各数据距离均值越远，平均数代表性越低，变量值之间的差异也越大；反之，标准差越小，表示各数据距离均值越近，平均数代表性越高，变量值之间的差异也越小。在教育学研究中，平均数相同的两组数据，标准差未必相同。例如，甲、乙两组各有 6 位初三同学参加生物学期末考试（满分 100 分），两组同学的成绩如表 6-11 所示。

表 6-11　甲、乙两组学生生物学期末考试成绩

学生 组别	A	B	C	D	E	F
甲组	73	72	71	69	68	67
乙组	95	85	75	65	55	45

依次单击 SPSS 中菜单 "Analyze→Descriptive Statistics→Descriptives"，得出均值和标准差等描述性统计量，如表 6-12 所示。

表 6-12　两组考试成绩的均值和标准差等描述性统计量

组别	N	最小值	最大值	均值	标准差
甲组	6	67	73	70.00	2.366
乙组	6	45	95	70.00	18.708
Valid N(listwise)	6				

由表 6-12 可知，甲组和乙组的平均值相同，均是 70 分；但乙组的标准差（Std. Deviation）为 18.708，远大于甲组的 2.366。这说明乙组学生之间的成绩差距要比甲组学生间的差距大得多，因此乙组数据的离散程度更大。

3. 数据的分布状况

反映数据分布状况的统计量主要包括：峰度（Kurtosis）、偏度（Skewness）、

百分位数(Percentiles)、z/标准分数(z-score)。

峰度是描述总体数据所有取值分布形态陡缓程度的统计量。理解这个统计量需要与正态分布相比较，正态分布的峰度为 3，在实际应用中通常将峰度值做减 3 处理，使得正态分布的峰度为 0。因此：(1)峰度为 0，表示该总体数据分布与正态分布的陡缓程度相同，完全符合正态分布；(2)峰度大于 0，表示该总体数据分布与正态分布相比较较为陡峭，峰顶较尖；(3)峰度小于 0，表示该总体数据分布与正态分布相比较较为平坦，峰顶较平。峰顶的绝对值越大，表示其分布形态的陡缓程度与正态分布的差异度越大。

偏度描述的是某总体取值分布的对称性。这个统计量也需要与正态分布相比较：①偏度为 0，表示数据分布形态与正态分布的偏斜程度相同；②偏度大于 0，表示数据分布形态与正态分布相比为正偏或右偏，即有一条长尾巴拖在右边，数据右端有较多的极端值；③偏度小于 0，表示数据分布形态与正态分布相比为负偏或左偏，即有一条长尾巴拖在左边，数据左端有较多的极端值。偏度的绝对值越大，表示其分布形态的偏斜程度越大。

百分位数是将一组数据由大到小(或由小到大)排序后分割为 100 等份，与 99 个分割点位置上相对应的数值称为百分位数，分别记为 P1，P2……P98，P99。表示 1％的数据落在 P1 下，2％的数据落在 P2 下……98％的数据落在 P98 下，99％的数据落在 P99 下。通过百分位数可大体看出总体数据在哪个区间内更为集中，即它们在一定程度上可反映出数据的分布情况。

z 分数，也叫标准分数(Standard score)，是一个数与平均数的差再除以标准差的过程。公式如下：

$$z = \frac{X - \overline{X}}{s}$$

z/标准分数可以回答这样一个问题："一个给定的分数距离平均数多少个标准差？"在平均数之上的分数会得到一个正的标准分数，在平均数之下的分数会得到一个负的标准分数。因此，z 分数是一种可以看出某分数在分布中相对位置的方法。当原始分数低于平均值时，z 为负；当原始分高于平均值时，z 为正；当原始分数恰好等于平均分时，z 为零。z 的绝对值表示在标准差范围内的原始分数与总体均值之间的距离。

三、推断性统计分析用于推断样本数据得出结论

当研究者比较组与组之间或关联两个或更多变量时，推断性统计分析就会发挥作用。本节主要介绍在生物学教育实验研究中经常使用到的几种推断性统计分析：t 检验(单样本 t 检验、独立样本 t 检验、配对样本 t 检验)、方差分

析、卡方检验、相关分析。

1. t 检验

t 检验是一种参数检验。参数检验一般包括参数的假设检验和参数估计。这里主要介绍参数的假设检验。假设检验是对给定的总体参数值，利用样本数据对其推断，并给出接受或拒绝的过程。假设检验的基本原则是依据统计推断原理，小概率事件在一次特定的抽样中一般是不会发生的，所谓的小概率，一般取 0.01 或 0.05，即显著性水平。若发生了小概率事件，我们有理由怀疑假设的正确性，从而拒绝该假设。

假设检验一般有五个步骤：

(1)确定零假设和替代假设。零假设是关于群体的预测，通常使用"无差异"(或"无关系"或"无关联")的语言来陈述。而替代假设表明差异，且该差异的方向可以是正的或负的(定向假设)，或者是正面的或负面的(非定向假设)。例如，零假设：吸烟者和不吸烟者在抑郁症评分上无差异；替代假设(非定向)：吸烟者和不吸烟者在抑郁症评分方面存在差异；或者替代假设(定向)：吸烟者比不吸烟者更容易抑郁。

(2)设定显著性水平。一般取 0.01 或 0.05。

(3)收集数据。将被试所呈现的数据进行编码并将其输入计算机文件进行分析。

(4)计算样本统计量，即使用计算机程序计算统计值或 p 值。

(5)做出拒绝或接受零假设的决定。

下面分别以单样本 t 检验、两独立样本 t 检验、配对样本 t 检验为例具体说明。

(1)单样本 t 检验

单样本 t 检验用于检验正态分布总体的均值是否与给定的检验值之间存在显著性差异。例如，某一所大学学生的植物学成绩服从正态分布，根据往年数据得知其均值为 78 分。为检验今年新生的植物学平均成绩和往年相比是否有显著性差异，可随机抽取 30 名新生的植物学成绩。由于是统计抽样得到的数据，当样本的平均成绩和 78 分很接近时，我们只能保证总体的均值为 78 分的概率很大，所以参数检验的结论是在概率意义下成立的。本例中，检验新生植物学成绩平均成绩是否为 78 分，该均值检验的零假设 H_0：μ，即新生的植物学平均成绩和往年的平均成绩 78 分相比无显著差异。在 0.05 的显著性水平上进行比较。将 30 位学生的成绩输入 SPSS 的数据编辑窗口。然后依次单击菜单"Analyze→Compare Means→One-Sample T Test"，执行单样本 t 检验过程，如图 6-7 所示。

One-Sample Statistics

	N	Mean	Std. Deviation	Std. Error Mean
新生植物学成绩	30	77.77	7.811	1.426

One-Sample Test

	Lest Value=78					
			Sig. (2-tailed)	Mean Difference	95% Confidence interval of the Difference	
	t	df			Lower	Upper
新生植物学成绩	−.164	29	0.871	−.233	−3.15	2.68

图 6-7　单样本统计量与单样本 t 检验

分析结果中，单个样本统计量(One-Sample Statistics)表格给出了关于样本的几个描述性统计特征：样本量(N)、均值(Mean)、标准差(Std. Deviation)等。单个样本检验(One-Sample Test)表格给出了 t 检验的结果。本例中的概率 p 值，即 Sig.(2-tailed)的值为 0.871＞0.05，因此新生植物学平均成绩与以往植物学平均成绩 78 分相比无显著差异，推断结果接受零假设。

（2）两独立样本 t 检验

两独立样本 t 检验用于检验两个独立正态分布总体的均值是否相等。例如：比较 A 和 B 两所高中高三学生的生物学会考成绩是否有显著性差异。假设两所学校高三学生的生物学成绩是相互独立的，需要分析两所学校的生物学会考平均成绩是否有显著差异。本例中零假设为 $H_0: u_1 - u_2 = 0$，u_1 为 A 学校的生物学平均成绩，u_2 为 B 学校的生物学平均成绩，即 A 学校的生物学平均成绩与 B 学校的生物学平均成绩相比无显著差异。研究者分别从两所高中随机抽取 40 名高三学生，将其会考成绩数据录入 SPSS 软件的数据编辑窗口。依次单击菜单"Analyze→Compare Means→Independent-Samples T Test"，执行两独立样本 t 检验过程如图 6-8 所示。

Group Statistics

	学校	N	Mean	Std. Deviation	Std. Error Mean
生物学成绩	A	40	77.8750	8.75357	1.38406
	B	40	77.9750	9.80185	1.54981

图 6-8　组统计量与独立样本检验

Independent Samples Test

		Levens's Test for Equality of Variances		t-test for Equality of Means						
									95% Confidence Intervalof the Difference	
		F	Sig.	t	df	Sig. (2-tailed)	Mean Difference	Sid. Error Difference	Lower	Upper
生物学成绩	Equal variances assumed	.475	.493	−.048	78	.962	−.10000	2.07787	−4.23672	4.03672
	Equal variances not assumed			−.048	77.023	.962	−.10000	2.07787	−4.23754	4.03754

图 6-8　组统计量与独立样本检验（续图）

在分析结果中的"组统计量"（Group Statistics）分析表中，主要显示了参与检验数据的样本量（N）、均值（Mean）、标准差（Std. Deviation）等。在"独立样本检验"（Independent-Samples Test）分析表中，主要显示了"方差方程的 Levene 检验"和"均值方程的 t 检验"两方面的分析数据。其中，在"方差方程的 Levene 检验"中显示了检验方差齐性的 F 值和显著概率 p 值。方差齐性检验是对两样本方差是否相同进行的检验。方差齐性检验和两样本平均数的差异性检验在假设检验的基本思想上是相同的，只是所选择的抽样分布不一样。方差齐性检验所选择的抽样分布为 F 分布。表中第三列为"方差方程的 Levene 检验"对应的概率 p 值，若 p 值大于 0.05，可认为两个总体的方差无显著差异，为方差齐性；若 p 值小于 0.05，可认为两个总体的方差有显著差异，为方差不齐性。本例中第三列 p 值为 0.493，大于 0.05，因此两个总体的方差齐性。故"均值方程的 t 检验"结果应在方差相等的情况下做出，故推断结果应从"Equal variances assumed"这一行中得到。在该行的第五列给出概率 p 值，为 0.962。在显著性水平为 0.05 的情况下，p 值大于 0.05，故接受零假设，即两所高中高三学生的生物学会考成绩无显著性差异。需要补充的是，若两个总体的方差不齐性，则 t 检验结果则应在方差不相等的情况下做出，即推断结果应从"Equal variances not assumed"这一行中得出。

（3）配对样本 t 检验

配对样本的 t 检验用于检验两个配对样本的均值是否存在显著差异。配对的概念是指两个样本的各样本值之间存在着对应关系。例如，分析初中二年级一个班 35 位同学在使用生物学教辅材料前和使用后的生物学成绩变化，显然，是同一个学生对应使用教辅材料前后的成绩，同一个学生使用教辅材料前和后的成绩就是一个配对，而若干个学生使用教辅材料前后的两组成绩就构成了配对样本。从前面的描述中可以看出，配对样本的两个样本值之间的配对是一一对应的，并且两个样本的容量相同。本例中零假设为 H_0：$\mu_1\mu_2 = 0$，μ_1 代表学生在使用教辅材料前的生物学平均成绩，μ_2 代表使用后的平均成绩，即零假设为使用教辅材料前和后的生物学平均成绩无显著差异。将学生使用教辅材料前和后的成绩数据录入 SPSS 软件的数据编辑窗口。依次单击菜单"Analyze→Compare Means→Paired-Samples t Test"，执行两独立样本 t 检验过程，如图 6-9 所示。

Paired Samples Statistics

		Mean	N	Std. Deviation	Std. Error Mean
Pair 1	使用前成绩	75.1429	35	7.90809	1.33671
	使用后成绩	76.3143	35	8.22039	1.38950

Paired Samples Correlations

		N	Correlation	Sig.
Pair 1	使用前成绩 & 使用后成绩	35	.945	.000

Paired Samples Test

		Paired Differences					t	df	Sig. (2-tailed)
		Mean	Std. Deviation	Std. Error Mean	95% Confidence Interval of the Difference				
					Lower	Upper			
Pair 1	使用前成绩－使用后成绩	−1.17143	2.69516	.45556	−2.09725	−.24561	−2.571	34	.015

图 6-9　成对样本统计量与成对样本相关系数及成对样本检验

在分析结果中的"成对样本统计量"（Paired Samples Statistics）分析表中，主要显示了统计分析相关描述性数据。在"成对样本相关系数"（Paired Samples Correlations）分析表中，主要显示了两个样本数据之间相关性的检验结果，表中显示样本共有 35 个，相关系数为 0.945，显著性概率为 $0 < 0.05$，表示在 95% 置信区间水平上差异显著，符合配对样本 t 检验的分析条件。在"成对样本检验"（Paired Samples Test）分析表中，主要显示了两个样本的成对差异情况，其中，显著性概率值为 $0.015 < 0.05$，表示使用生物学教辅材料前和使用后的生物学成绩有显著差异。

在统计学中，一个概率样本的置信区间（Confidence interval）是对这个样本的某个总体参数的区间估计。置信区间展现的是这个参数的真实值有一定概率落在测量结果的周围的程度，其给出的是被测量参数的测量值的可信程度。置信区间的计算公式取决于所用到的统计量。置信区间是在预先确定好的显著性水平下计算出来的，显著性水平通常称为 α，如前所述，绝大多数情况会将 α 设为 0.05。置信度为 $(1-\alpha)$，或 $100 \times (1-\alpha)\%$。于是，若 $\alpha = 0.05$，那么置信度则是 0.95 或 95%，后一种表示方式更为常用。

2. 方差分析

前面所述的 t 检验适用于样本平均数与总体平均数或者两样本平均数之间的差异显著性检验，但在实际生活和教学情境下经常会遇到多个样本的情况，这就需要同时进行多个平均数之间的差异显著性检验，此时再采用 t 检验法就不适宜了。多个平均数之间的差异显著性检验适宜采用方差分析法。方差分析法是比较多个总体的均值是否相等的统计分析方法。具体来说，方差分析法首先检验总体的均值是否相等，进而判断不同的自变量对因变量的显著性影响。

例如，【案例研讨】中，这位高二生物学教师为了分析 3 种教辅材料对学生生物学成绩的影响是否有显著差异，应该采用方差分析的方法，检验使用这 3 种教辅材料后学生的生物学成绩均值是否相等。

在方差分析的过程中，有几个重要的基本概念：①因素：在方差分析中，所要检验的对象称为因素。例如，在上例中"生物学教辅材料"是因素。②水平：因素的不同表现。上例中的教辅材料 1、教辅材料 2、教辅材料 3 是"教辅材料"这个因素的水平。③观测值：使用每种教辅材料后学生的生物学成绩就是观测值。上例中只有"教辅材料"一个因素，所以也称为单因素方差分析。

将分别使用教辅材料 1、教辅材料 2、教辅材料 3 的学生生物学成绩数据录入 SPSS 软件的数据编辑窗口。依次单击菜单"Analyze→Compare Means→One-Way ANOVA"，执行单因素方差分析过程，如图 6-10 所示。

Descriptives

生物学成绩

	N	Mean	Std. Deviation	Std. Error	95% Confidence Interval for Mean		Minimum	Maximum
					Lower Bound	Upper Bound		
材料 1	30	74.9333	8.91699	1.62801	71.6037	78.2630	58.00	95.00
材料 2	30	75.3333	10.23629	1.86888	71.5110	79.1556	57.00	98.00
材料 3	30	75.6667	8.50693	1.55315	72.4901	78.8432	59.00	93.00
Total	90	75.3111	9.14999	.96449	73.3947	77.2275	57.00	98.00

图 6-10　描述、方差齐性检验和单因素方差分析及多重比较

Test-Homogeneity of Variances

生物学成绩

Levene Statistic	df1	df2	df3
.459	2	87	.643

ANOVA

生物学成绩

	Sum of Squares	df	Mean Square	F	Sig.
Between Groups	8.089	2	4.044	0.047	.954
Within Groups	7443.200	87	85.554		
Total	7451.289	89			

Post Hoc Tests

Multiple Comparisons

Dependent Variable：生物学成绩

	(I)教辅材料	(J)教辅材料	Mean Difference (I−J)	Std. Error	Sig.	95% Confidence Interval	
						Lower Bound	Upper Bound
LSD	材料1	材料2	−.40000	2.38822	.867	−5.1468	4.3468
		材料3	−.73333	2.38822	.760	−5.4802	4.0135
	材料2	材料1	.40000	2.38822	.867	−4.3468	5.1468
		材料3	−.33333	2.38822	.889	−5.0802	4.4135
	材料3	材料1	.73333	2.38822	.760	−4.0135	5.4802
		材料2	−.33333	2.38822	.889	−4.4135	5.0802
Bonferroni	材料1	材料2	−.40000	2.38822	1.000	−6.2300	5.4300
		材料3	−.73333	2.38822	1.000	−6.5633	5.0967
	材料2	材料1	.40000	2.38822	1.000	−5.4300	6.2300
		材料3	−.33333	2.38822	1.000	−6.1633	5.4967
	材料3	材料1	.73333	2.38822	1.000	−5.0967	6.5633
		材料2	−.33333	2.38822	1.000	−5.4967	6.1633

图 6-10 描述、方差齐性检验和单因素方差分析及多重比较(续图)

在"描述"(Descriptives)分析表中主要显示了观测量的组别、观测量个数、均值、标准差、标准误、均值的置信区间，以及极小值与极大值，可大体了解观测变量的详细情况。在"方差齐性检验"(Test of Homogeneity of Variances)

分析表中，主要显示了显著性水平 p 值，$p=0.634>0.05$，表示方差通过齐性检验，可进行单因素方差分析。在"单因素方差分析"（ANOVA）表中，显著性水平 $p=0.954>0.05$，表示其观测量之间不存在显著差异，即 3 种教辅材料对学生生物学成绩的影响无显著差异。"多重比较"（Multiple Comparisons）分析表是事后检验效果的一种分析表格，其表中的第三列作为第二列的对照组与第二列中的观测变量进行比较。以 LSD 结果前两行中的两列结果为例，材料 2 与材料 1 进行对比，其显著性水平 $p=0.867>0.05$，表示材料 2 和材料 1 对学生生物学成绩的影响无显著差异；材料 3 与材料 1 进行对比，其显著性水平 $p=0.760>0.05$，表示材料 3 和材料 1 对学生生物学成绩的影响也无显著差异。需要说明的是，LSD（最小显著差异检验）和 Bonferroni（修正的最小显著差异检验）是当方差齐性时较为常用的两两比较方法。当然还有其他方法，此处不再赘述。这两种方法由于对误差率的控制不同，所以敏感度也不同。从"多重比较"表中可明显地看出，LSD 方法的概率 p 值都比 Bonferroni 方法的相应概率 p 值小一些，与其他方法相比，LSD 方法的敏感度是比较高的。

3. 卡方检验

卡方检验（Chi-Square Test）法也称卡方拟合度检验，是非参数检验的一种。非参数检验是指总体分布未知或知之甚少时，利用已知样本数据对总体的分布形态等做出推断的分析方法。非参数检验是相对于参数检验而言的，这两种检验方法在实际生活有着广泛的应用，并且共同构成了统计推断的基本内容。和参数检验方法一样，非参数检验过程也是先根据问题做出假设，然后利用统计学原理构造出适当的统计量，最后利用样本数据计算统计量的概率 ρ 值，与显著性水平比较，得出拒绝或者接受假设的结果。卡方检验直接检验的是实际频数与指定分布的频数是否相符。卡方检验的零假设 H_0 为：样本所属总体的分布与指定的理论分布无显著差异。例如，根据摇奖号码中出现的数字检验摇奖的球是否均匀，即 $0\sim9$ 每个数字出现的概率是否均是 $1/10$。

在生物学教育研究中也会用到卡方检验。例如，探查高三 8 个班级在某次生物学模拟考试中，得分 $70\sim80$ 学生的人数是否有显著差异，依次单击菜单"Analyze→Nonparametric Tests→Chi-square test"，执行卡方检验过程，如图 6-11 所示。

人数

	Observed N	Expected N	Residual
25	25	40.1	−15.1
30	30	40.1	−10.1
35	35	40.1	−5.1
40	40	40.1	−.1
41	41	40.1	.9
45	45	40.1	4.9
50	50	40.1	9.9
55	55	40.1	14.9
Total	321		

Test Statistics

	人数
Chi-Square[a]	17.467
df	7
Asymp. Sig.	.015

图 6-11　卡方检验

结果显示，由于渐进显著性（Asymp. Sig.）的取值 0.015 小于 0.05，故而在 0.05 的显著水平上否定零假设，即认为高三 8 个班级生物得分 70～80 学生的频率是不相同的。需注意的是，表格下的 a 中最小理论频数（minimum expected cell frequency）＞5，才满足卡方检验条件。本例中最小理论频数为40.1，满足卡方检验条件。

当遇到比上述例子更为复杂、涉及多个变量的教育研究情境时，此时可在 SPSS 中通过不同的设置进行卡方检验。例如，某高校生物科学师范专业大二学生共两个班，1 班采用传统教学模式，为对照组；2 班采用翻转课堂教学模式，为实验组。调查学生对不同教学模式的满意程度，满意程度分为三个水平：满意、一般、不满意。不同组学生的满意度如表 6-12 所示。

表 6-12　两组满意程度

组别	满意	一般	不满意
实验组	46	7	6
对照组	45	8	21

研究者需要检验实验组和对照组的满意度是否存在差异，可采用卡方检验

的方法。依次单击菜单"Analyze→Descriptive Statistics→Crosstabs"，然后将"组别"（即实验组和对照组）放入"Row(s)"（行），将"满意度"（即满意、一般、不满意）放入"Column(s)"（列），之后在"Statistics"（统计量）中选择"Chi-square"，执行卡方检验过程如图 6-12 所示。

Case Processing Summary

	Cases					
	Valid		Missing		Total	
	N	Percent	N	Percent	N	Percent
组别·满意度	133	100.0%	0	.0%	133	100.0%

组别·满意度 Crosstabulation

			满意度			Total
			满意	一般	不满意	
组别	实验组	Count	46	7	6	59
		% within 级别	78.0%	11.9%	10.2%	100.0%
	对照组	Count	45	8	21	74
		% within 级别	60.8%	10.8%	28.4%	100.0%
Total		Count	91	15	27	133
		% within 级别	68.4%	11.3%	20.3%	100.0%

Chi-Square Tests

	Value	df	Asymp. Sig. (2-sided)
Pearson Chi-Square	6.806ᵃ	2	.033
Likelihood Ratio	7.208	2	.027
Linear-by-Linear Association	6.214	1	.013
McNemar-Bowker Test			.ᵇ
N of Valid Cases	133		

注：a. 0 cells(.0%) have expected count less than 5. The minimum expected count is 6.65.

b. Computed only for a PxP table，where P must be greater than 1.

图 6-12 两组执行卡方检验过程

卡方分析结果主要看第三个表"卡方检验"（Chi-Square Tests）中的 Person Chi-Square 结果，渐进显著性（Asymp. Sig.）的值为 0.033，小于 0.05，因此，不同教学模式下的学生满意度之间存在显著差异。本例中最小理论频数为 6.65，满足卡方检验条件。

4. 相关分析

在统计分析时，常常还需要讨论两个或多个变量之间的相互关系。例如，教师通过相关分析，可判断和了解学生的数学成绩和物理成绩高低是否相关。又如，在日常生活中，通过相关分析，人们可判断家庭收入、消费、储蓄之间的关系。因此，相关分析提供了衡量变量之间相互线性关系强弱的工具。如果进行两个变量的相关分析，则直接给出相关结果；如果进行多个变量的相关分析，则系统将给出多个变量间两两相关的分析结果。

相关分析主要分两步进行：第一步，计算相关系数；第二步，利用假设检验进行统计推断。在统计学中，一般用样本相关系数 r 推断总体相关系数 ρ。然而，由于抽样过程受样本随机性、样本个体等多方面的影响，有时较大的样本相关系数并不能说明样本数据来自的两总体之间存在显著的相关性；此时，就需要对其进行统计推断。相关分析的统计推断也采用了假设检验的方法。根据假设检验的基本思想，简单相关分析统计推断的基本步骤如下：

(1)提出零假设 H_0：两总体之间不存在显著的线性相关；替代性假设 H_1：两总体之间存在显著的线性相关。

(2)根据不同的相关系数计算方法，计算相应的统计量。

(3)根据统计量得到所对应的相伴概率。

(4)研究者给定一个显著性水平 α。如果相伴概率小于或等于显著性水平 α，则拒绝零假设 H_0，接受 H_1，认为两总体之间存在显著的线性相关。否则，如果相伴概率大于显著性水平 α，则接受零假设 H_0，认为两总体之间不存在显著的线性相关。

根据不同的数据类型，需要采用不同的相关系数度量变量之间的线性关系。比较常用的相关系数有 Pearson 简单相关系数、Spearman 等级相关系数和 Kendall 等级相关系数。相关系数的绝对值越大，相关性越强，也就是说：相关系数越接近于 1 或 -1，相关度越强；相关系数越接近于 0，相关度越弱。统计学中，通常情况下通过以下取值范围判断变量的相关强度，如表 6-13 所示。

表 6-13 取值范围相对应的变量的相关强度

相关系数	相关强度	相关方向
$r=1$	完全相关	正相关
$0.8 \leqslant r < 1$	较强相关	正相关
$0.3 \leqslant r < 0.8$	中等相关	正相关
$0 < r < 0.3$	弱相关	正相关
0	完全无关	无相关
$-0.3 \leqslant r < 0$	弱相关	负相关
$-0.8 \leqslant r < -0.3$	中等相关	负相关
$-1 < r < -0.8$	较强相关	负相关
$r=-1$	完全相关	负相关

（1）Pearson 相关系数

Pearson 相关系数是用来度量具有线性关系的两个变量之间相关关系的密切程度及其相关方向，适用于双变量正态分布资料，不适用于度量非线性相关关系。例如，Pearson 相关系数可用于度量体重和肺活量之间的相关关系、吸烟量和寿命之间的关系、学生数学成绩和物理成绩之间的相关关系等。

Pearson 相关系数计算公式为：

$$r = \frac{\sum_{i=1}^{n}(x_i - \bar{x})(y_i - \bar{y})}{\sqrt{\sum_{i=1}^{n}(x_i - \bar{x})^2 \sum_{i=1}^{n}(y_i - \bar{y})^2}}$$

Pearson 相关系数的对应检验统计量是 t 统计量，SPSS 将自动进行计算。T 统计量服从自由度为 $n-2$ 的 t 分布，SPSS 将根据 t 统计量和自由度，依照 t 分布表自动给出 t 统计量所对应的相伴概率。如果相伴概率小于或等于显著性水平 α，则拒绝零假设 H_0；否则，接受零假设 H_0。

例如，在某中学某个高三年级，随机地抽取 30 名学生的期末物理成绩和数学成绩，探查数学成绩和物理成绩间的相关关系。依次单击菜单"Analyze→Correlate→Bivariate"，然后在"Correlation Coefficients"下选择"Pearson"，执行 Pearson 相关系数分析，如图 6-13。

Descriptive Statistics

	Mean	Std. Deviation	N
数学成绩	92.7333	19.20476	30
物理成绩	96.6333	16.94920	30

Correlations

		数学成绩	物理成绩
数学成绩	Pearson Correlation	1	.825**
	Sig. (2-tailed)		.000
	N	30	30
物理成绩	Pearson Correlation	.825**	1
	Sig. (2-tailed)	.000	
	N	30	30

注：**. Correlation is significant at the 0.01 level(2-tailed).

图 6-13　数学成绩与物理成绩执行 Pearson 相关系数

在"相关性"(Correlations)分析表中,学生的数学成绩和物理成绩相关系数为 0.825,该数字上方的"**"代表在 0.01 的显著性水平上相关。

(2)Spearman 等级相关系数

Spearman 等级相关系数相当于 Pearson 相关系数的非参数形式,它根据数据的秩次而不是数据的实际值计算,是利用两变量的秩次大小作线性相关分析,对原始变量的分布不作要求,属于非参数统计方法,适用范围要广些。例如,某高校生命科学学院在学期期末需对教师所教的 8 门课程进行评分,按分值大小编成次序等级排名,以探查这 8 门课程的讲授情况如何。通过分析学生评定等级和同行评定等级之间的相关系数,从而判断评价结果的可靠性。在教育研究中,不论两个变量的总体分布形态、样本容量的大小如何,都可用 Spearman 等级相关来进行研究。对于服从 Pearson 相关系数的数据亦可计算 Spearman 相关系数,但统计效能要低一些。Pearson 相关系数的计算公式可完全用于 Spearman 相关系数计算公式,但公式中的 x 和 y 要用相应的秩次代替。

Spearman 等级相关系数计算公式为:

$$\gamma_s = 1 - \frac{6\sum_{i=1}^{n} d_1^2}{n(n^2-1)}$$

在对 Spearman 等级相关系数进行统计检验时,如果样本容量 n 小于或等于 30,则 SPSS 将依照 Spearman 等级相关统计量表给出相关系数对应的相伴概率。如果样本容量 n 大于 30,SPSS 将自动计算 Spearman 等级相关系数的对应检验统计量(Z 统计量)。Z 统计量近似服从标准正态分布表自动给出 Z 统计量所对应的相伴概率。如果相伴概率小于或等于显著性水平 α,则拒绝零假设 H_0;否则,接受零假设 H_0。

本例中数据如表 6-14 所示。

表6-14　各课程的学生评定等级与同行评定等级

课程	A	B	C	D	E	F	G	H
学生评定等级	1	2	3	4	5	6	7	8
同行评定等级	2	1	4	3	6	7	5	8

依次单击菜单"Analyze → Correlate → Bivariate",然后在"Correlation Coefficients"下选择"Spearman",执行 Spearman 等级相关系数,如图 6-14 所示。

Correlations

			学生评定	同行评定
Spearman's rho	学生评定	Correlation Coefficient	1.000	.881**
		Sig. (2-tailed)	.	.004
		N	8	8
	同行评定	Correlation Coefficient	.881**	1.000
		Sig. (2-tailed)	.004	.
		N	8	8

注：** Correlation is significant at the 0.01 level(2-tailed).

图 6-14　本例相关性(Correlation)分析数据

在"相关性"(Correlations)分析表中，学生评分和同行评分之间相关系数为 0.881，该数字上方的"**"代表在 0.01 的显著性水平上相关。表明学生评分和同行评分之间相关系数高，尽管两组评价主体的评分存在一定的偏差，但评价结果具有较高的可靠性。

(3)Kendall 等级相关系数

Kendall 等级相关系数用于反映分类变量的相关性，适用于两个分类变量均为有序分类的情况，对相关的有序变量进行非参数相关检验。另外，前文所述 Spearman 等级相关系数适合于两组评价主体的相关性分析，对于多组评价主体，可使用 Kendall 等级相关系数判断多组顺序等级之间的一致性程度。例如：对前面提到的 8 门课程进行评分时，除学生评定和同行评定外，学校的教学督导组也参与评定，通过对这三组人员评定等级相关系数的分析，判断对课程等级评分的可靠性。

在对 Kendall 的等级相关系数进行统计检验时，如果样本容量 n 小于或等于 30，则 SPSS 将依照 Kendall tua-b 一致性相关统计表给出相关系数对应的相伴概率。如果样本容量 n 大于 30，SPSS 将自动计算 Kendall tua-b 一致性相关系数的对应检验统计量(Z 统计量)。Z 统计量近似服从标准正态分布，SPSS 将依照正态分布表自动给出 Z 统计量所对应的相伴概率。如果相伴概率小于或等于显著性水平 α，则拒绝零假设 H_0；否则，接受零假设 H_0。

本例中数据如表 6-15 所示。

表 6-15　各课程的学生、同行与督导组的评定等级

课程	A	B	C	D	E	F	G	H
学生评定等级	1	2	3	4	5	6	7	8
同行评定等级	2	1	4	3	6	7	5	8
督导组评定等级	1	3	4	2	5	7	6	8

依次单击菜单"Analyze → Correlate → Bivariate",然后在"Correlation Coefficients"下选择"Kendall's tau-b",执行 Kendall 等级相关系数,如图 6-15 所示。

Correlations

			学生评定	同行评定	督导组评定
Kendall's tau _ b	学生评定	Correlation Coefficient	1.000	.714*	.786**
		Sig. (2-tailed)	.	.013	.006
		N	8	8	8
	同行评定	Correlation Coefficient	.714*	1.000	.786**
		Sig. (2-tailed)	.013	.	006
		N	8	8	8
	督导组评定	Correlation Coefficient	.786**	.786**	1.000
		Sig. (2-tailed)	.006	.006	.
		N	8	8	8

注:* Correlation is significant at the 0.05 level(2-tailed).

** Correlation is significant at the 0.01 level(2-tailed).

图 6-15　本例"相关性"(Correlation)分析数据

在"相关性"(Correlations)分析表中,学生评分和同行评分之间相关系数为 0.714,该数字上方的"＊"代表在 0.05 的显著性水平上相关;学生评分和督导组评分之间相关系数为 0.786,该数字上方的"＊＊"代表在 0.05 的显著性水平上相关;督导组和同行评分之间相互系数也为 0.786,该数字上方的"＊＊"代表在 0.05 的显著性水平上相关。因此,结果表明学生评分、同行评分、督导组评分之间相关系数高,但评价结果具有较高的可靠性。

【学以致用】

为了探查某种教学策略对学生生物学成绩的影响,张老师在自己所教的两个平行班中,一个班使用该种教学策略,另一个班使用传统的教学策略,教授

相同的内容，一个学期后，对两个班的同学进行测验，数据如下：

1 班 32 位同学的生物学成绩分别为：

64，65，67，68，69，69，70，71，71，71，71，72，72，73，74，74，75，76，77，
78，78，80，80，80，82，82，82，84，85，86，89，90

2 班 34 位同学的生物学成绩分别为：

62，66，65，70，71，69，70，72，74，72，73，73，74，74，77，75，78，78，76，
79，80，80，82，81，82，81，85，87，88，89，83，90，91，90

为了探查这种教学策略对学生生物学成绩的影响，该教师应采用哪种统计分析方法？如何在 SPSS 软件中进行操作？

第四节　教育实验研究的信度和效度影响其研究质量

【聚焦问题】

1. 测量实验研究信度的方法有哪些？
2. 影响实验研究效度的因素有哪些？

【案例研讨】

为了探查学生对模型的理解情况，研究者设计了针对模型含义理解情况的五点李克特量表，量表中共有 35 道题，学生需针对每个试题从"5 非常同意""4 同意""3 不确定""2 不同意"或"1 非常不同意"5 个选项中选择 1 项。根据经济、地域等实际情况，分研究者别从 7 个省份各选择 2 所学校，共 14 所学校的 754 位同学参加本次测量。那么如何探查本次实验的信度如何？

教育实验研究中经常会使用量表、试卷等测量工具来收集实验数据，那么测量结果或实验数据是否可信，就会影响实验的质量。测量结果的可信程度，称之为信度。而效度，如前所述，是指一个实验的有效性，是衡量教育实验设计质量的重要评价标准。因此，在设计一个教育实验或评价一个教育实验研究的质量时，需要关注该研究的信度和效度。

一、信度是测量的一致性

在教育实验中，信度是指测量的一致性，反映了测验工具所得到的结果一致性或稳定性。例如，要调查教研员对某一节生物课的评价，量表中的一个问

题是："您对本节课教学设计的逻辑严密性是否满意?"研究者记录下该教研员的答案，一两个星期后会重复提问同样的问题并记录下答案。通过考察这个被试对同一问题的多次回答，可判断答案的一致性如何。答案的波动越大，可靠性或信度越低；回答的一致性越好，可靠性或信度越高。信度分析(Reliability Analysis)，是一种度量评价体系是否具有一定的稳定性和可靠性的有效方法。需要指出的是，信度是指测验所得的结果的一致性或稳定性，而非测验或量表本身。信度是真实分数的方差和实际测量得分方差的比，它等于实际得分和真实分数的平方相关系数。信度指标的量化值称为信度系数。信度系数会因不同时间、不同被试或者不同评分者而出现不同的结果。信度系数越大，表明测量的信度就越高，或者说可靠性越大。信度系数值可在 0 到 1 之间变化，越高越好。若信度为 0，则说明测量完全不可信；若信度为 1，则说明测量完全可信。从测量误差的角度来看，一般来说，测量直接得到的观察值或观察分数实际由两部分构成，一部分是代表个体客观实际水平的"真分数"，另一部分是由于测量不精确造成的"假分数"或称作测量误差。尽管采用一些方法可提高测量的信度，但所有测量都有某些程度的不可靠，因为测量误差是无法完全避免的。

信度是一种统计的概念，其大小需要使用数学方法来计算。按使用的估计方法的不同，信度可分为重测信度(Test-retest reliability)、复本信度(Alternate-forms reliability)和内部一致性信度(Internal reliability)。

1. 重测信度

重测信度是指用同一个测验、相同的一群被试、在不同的时间重复测验两次或更多次，其结果的一致性程度即为重测信度，各次测验分数间的相关系数称为重测信度系数。重测信度的高低和两次测验的间隔时间长短有密切的关系。一般而言，间隔时间越长，信度越低；间隔时间越短，信度越高。因此，在解释重测信度时，应考虑两次间隔时间的长短。多数情况下，适当的间隔时

> **核心概念：**重测信度是指用同一个测验、相同的一群被试、在不同的时间重复测验两次或更多次，其结果的一致性程度。

间是一周或两周，不过，并没有为大家所接受的单一标准，这个需要视测验的种类、用途及受试者年龄而定。例如，人格测验测量的是个体独特性和倾向性，是比较稳定的心理活动，其受重测的影响较小，故适合用重测信度。但成就测验主要是针对被试对有关知识和技能的掌握程度而设计的，一次测量过后，第二次测量结果容易受第一次测量影响，因此这种测验使用重测信度就不十分适当。再如测量个体时，由于年幼儿童在短时间内就有明显的生长，发展

速度很快，因此测验年龄幼小的儿童时，测验间隔时间要比测量年龄大的短。

2. 复本信度

复本测验是指两份或多份测验，这些测验在内容、形式、题数、难度、指导说明、时间限制等方面都类似或相等，但试题不同。将复本测验实施于一群相同的被试，两次或多次测量结果间的一致性程度即复本信度，其大小等于几次测验分数间的相关系数。这种信度的主要缺点在于复

> **核心概念：** 复本信度是指将复本测验实施于一群相同的被试，两次或多次测量结果间的一致性程度。

本测验的编制不易，不但费时且成本较高，因此多数测验都没有复本。

3. 内部一致性信度

内部一致性信度也叫同质性信度，指的是某测验内部所有题目间的一致性程度。其理论基础是：若一个包含多个题目的测验是测验相同的心理特质，那么受试者在各题上的得分之间应该存在正相关。如果一个测验的同质性信度不高，说

> **核心概念：** 内部一致性信度是指某测验内部所有题目间的一致性程度。

明该测验并未集中于一个待测的目标特质上，其测验结果可能是几种心理特质的综合反映，因此从测验结果中很难得出令人信服的结论。另外，与均须实施至少两次测验的重测信度和复本信度不同的是，内部一致性信度只根据一次测验结果就可估计信度的方法较受欢迎。按照估计内部一致性信度的方法不同，又可分为分半信度、库得-理查德森信度（Kuder & Richardson reliability）、克隆巴赫（信度）系数（Cronbach's alpha）等。

分半信度是将同一测验的项目分为两等份，两份在内容、难度等方面都相当，然后对两份分别计分，两部分得分的相关系数值即分半信度。分半信度实际上可视为一种特殊的复本信度。这种方法的关键在于如何把一份测验分为质量相当的两部分。分半的方法很多，如按题号的奇偶、题目的难度、题目的内容等。因此，一个测验通常会有多个分半信度值，如果这个测验很难分成对等的两半，则不宜使用分半信度。另外，在其他条件相同的情况下，测验越长信度越高，分半信度实际上只是半个测验的信度，并不是我们所要的整个测验的信度，这时可用斯皮尔曼-布朗（Spearman & Brown）公式加以校正。此公式要求两个半测验在平均数、标准差、分布的形态等方面都一致，若不能满足这一条件，则应选用弗朗那根（Flanagan）公式或卢仑（Lulon）公式。为避免分半方法不同而带来的信度差异，可采取库德-理查德森信度，这种方法适合于全部

由记分方式为非对即错的题目(例如：选择题、判断题)构成的测验。而在实际的教育研究中，很多测验都包括多种题型，其记分方式并非单一的非对即错，而是属于多重记分。如一道简答题满分为 6 分，则得分可能是从 0 到 6 的一系列值。这时不适宜采用库德-理查德森信度，可采用克隆巴赫(信度)系数。该信度系数由克龙巴赫提出，它不要求测验题目仅是 0 或 1 计分，可处理任何测验的内部一致性系数的计算问题。一般来说，该系数越高，即测验工具的信度越高。一般来说，如果测验工具的信度系数达到 0.9 以上，说明该工具的信度好；信度系数在 0.8 以上，是可以接受的；若低于 0.5，则此量表的结果就不可信了。

在教育研究中，克隆巴赫(信度)系数运用非常广泛，下面主要介绍这种系数如何使用 SPSS 软件获得。在【案例研讨】中，测量高中生对模型含义理解情况的五点李克特量表包含 35 道题，共有 754 位同学参加本次测量。在 SPSS 中依次单击菜单"Analyze→Scale→Reliability Analysis"，然后在"Model"(模式)下选择"Alpha"或"α"，执行克隆巴赫(信度)系数分析，如图 6-16 所示。

Case Processing Summary

		N	%
Cases	Valid	730	96.8
	Excluded[a]	24	3.2
	Total	754	100.0

注：a. Listwise deletion based on all variables in the procedure.

Reliability Statistics

Cronbach's	N of items
.867	35

图 6-16　本例执行克隆巴赫(信度)系数分析数据

案例处理汇总(Case Processing Summary)分析表中，主要显示了数据的有效个数、已排除的个数和总计个数。信度统计量或可靠性统计量(Reliability Statistics)分析表中，可发现其测试的内部一致性信度的系数为 0.867，表示该测试的信度比较好。

二、效度是实验的有效性

实验效度主要包括：统计结论效度(Statistical conclusion validity)、结构效度/建构效度(Construct validity)、内部效度/固有效度(Internal validity)、外部效度/外在效度(External validity)。

1. 统计结论效度

统计结论效度，指的是由统计方法适切性（例如，遵循假设检验等）所引起的统计结论有效性的程度②。它实际上是内部效度的特例，因为两者都涉及自变量和因变量之间因果关系结论的可靠性问题。具体来说，一项设计良好的研究，若统计方法运用不当，则也不能获得一个可靠的因果

> **核心概念：**统计结论效度指的是由统计方法适切性所引起的统计结论有效性的程度。

关系的结论。我们需要了解一些在教育研究中常见的影响统计结论效度的因素，从而有助于我们得出有效准确的研究结论。

常见的影响统计结论效度的因素有：①违反统计检验的假设。采用不同的检验时，应了解其特定的基本假设并解决有关的问题。例如，许多统计检验方法要求数据呈正态分布，应注意数据的这一特征，以免违反统计检验的假设，影响研究的统计结论效度。②测量信度低。低信度的测量会夸大估计值的标准误，因此测量信度低就降低了统计结论效度。③实验处理不可靠。由于研究者之间的差异或同一研究者在不同时间采用了不同方式实施实验处理，使实验处理不够标准化，这会最终降低统计结论效度。④被试的异质性。被试的异质性会降低统计结论效度，也会损害研究的外部效度。可通过选择相同同质的被试方法来解决该问题。

2. 结构效度

结构效度，此效度中的"结构"指的是心理学或社会学中的一种理论构想或特质，它本身观察不到，也无法直接测量，但理论上假设它存在以便能解释一些个人行为（如批判性思维、动机等）。

> **核心概念：**结构效度指的是测验能够测量到理论上的"结构"的程度。

因此，结构效度指的是测验能够测量到理论上的"结构"的程度。分析结构效度的方法首先是依据有关待测"结构"的理论编制测验，并对被试在该测验上的表现做出假设，然后检验测验结果是否支持假设。若得到支持，则测验的结构效度就得到支持，反之则不然。具体方法参看有关书籍。

3. 内部效度

内部效度，涉及自变量和因变量之间的因果关系推论的有效性。影响我们得出适当推论的许多因素都与实验中使用的实际设计有关。在实验设计的文献中广泛讨论了影响内部效度的因素和应对它们的方法。

> **核心概念：**内部效度指的是自变量和因变量之间因果关系推论的有效性程度。

（1）影响内部效度的第一类因素与被试有关：

①历史。在实验开始和结束之间存在一段时间，且在前测和后测之间也可能会发生一些事件。例如，在鼓励学生戒烟的实验中，除了教师讲授吸烟危害健康的讲座之外，课堂上可能还会有额外讨论发生，从而影响教师对于实验的控制，最后影响实验结论。实际上，在教育实验中，不可能拥有严格控制的环境并监控所有事件。不过，研究人员可以让控制组和实验组在实验过程中经历相同的活动。

②成熟。个体在实验过程中发展或变化（例如，变得更老、更聪明、更强壮、更有经验等），这些变化可能会影响他们在前测和后测的分数。对于控制组和实验组，仔细选择以相似方式成熟或发育的被试（例如，相同年级的个体）有助于防止这一问题发生。

③统计回归现象。当研究人员依据极端分数选择被试时，无论实验处理如何，他们在后测中自然会比前测更好（或更差）。随着时间的推移，个人的得分会逐渐回落。例如，为实验选择重度吸烟者可能有助于降低处理后的吸烟率。因此，选择没有极端特征或分数的个体（例如，中度吸烟者或预测的平均分数）可帮助解决此问题。

④选择误差。被试本身可能引入影响结果的威胁因素，例如选择更活泼、更容易接受处理或更熟悉处理的个体（例如，准备戒烟的青少年吸烟者）用于实验组，可能会影响实验结果。而随机选择可在一定程度上解决这一因素造成的内部效度降低的问题。

⑤被试者流失。当个人在实验期间因任何原因（例如，时间、兴趣、朋友或父母不希望他们参与关于吸烟的实验等）退学时，从分数中得出结论可能是困难的。研究人员需要选择一个大样本，并将那些辍学者与留在实验中的人数进行比较。

⑥与选择的交互作用。指的是成熟、历史等因素与被试选择间的交互作用。第一，所选择的个体可能以不同的速率成熟。例如，16岁的男孩和女孩可能在研究期间以不同的速率成熟。第二，历史事件可能与选择相互作用，因为不同组中的个体来自不同的背景。例如，鼓励青少年戒烟的实验中，学生的社会经济背景差异很大，可能会在学生被试的选择中引入不受控制的历史因素。第三，被试的选择也可能影响测验得分，特别是当实验组和控制组的被试样本不等质时。

（2）影响内部效度的第二类因素与研究中使用的实验处理有关：

①实验处理的扩散现象。当实验组和控制组可以相互通信时，控制组可以

从实验组了解有关实验处理的信息并对内部效度造成威胁。实验研究人员需要尽可能地在实验中将两组分开。

②补偿均衡。当只有实验组接受处理时，存在可能威胁研究效度的不平等现象。实验处理的益处（即被认为是理想的教学或服务等）需要在研究中的各组之间平均分配。为了解决这个问题，研究人员使用对照组（例如，一组接受吸烟危害健康的讲座，而另一组则收到关于青少年吸烟问题的讲义材料），以便所有组在实验期间均获得一些好处。

③补偿竞争。如果研究者公开宣布哪些是控制组，哪些是实验组，在两组之间可能会出现补偿性竞争，因为控制组有可能认为他们是"弱者"。研究人员可通过降低对实验处理的预期和认知来避免这种威胁。

④思想和道德状态。当使用控制组时，该组中的个体可能会变得愤怒和沮丧，因为他们认为自己得到的处理不如其他组。面对这一问题的方法之一是，实验研究人员在实验结束后为这一群体提供补救措施。例如：实验结束后，所有的班级都去听关于吸烟危害健康的讲座。研究人员可能还会提供与实验处理同等吸引人的处理条件（例如，与朋友一起讨论青少年驾车的危害），但这个处理不会带来与实验处理相同的结果。

（3）影响内部效度的第三类因素与研究的过程有关：

①测试。对内部效度的潜在威胁是被试可能会熟悉测量工具，并记住随后测试的答案。在一些实验期间，测量不止发生一次。为了避免这种情况，实验研究人员测量结果的频率需要更低，并且在后测中使用的题目应尽量与早期测试的不同。

②测量仪器。在前测和后测之间，仪器可能会发生变化从而对实验的内部效度造成潜在威胁。例如，观察者可能在前测和后测之间的一段时间内变得更有经验，并改变他们的计分程序。例如，观察者改变位置观察学生上课发言的情况。较少的情况下，测量仪器可能会发生变化致使前测和后测所用的标准不同。为了避免这个潜在的问题，我们需要标准化程序以便在整个实验过程中使用相同的观测标准或仪器。

4. 外部效度

外部效度，指的是因果关系的有效性是否可推广到研究对象以外的其他人，或研究情境以外的其他情境。简言之，就是实验结果可推广程度的大小。实验结果的可推广性越大，亦即其适用性、代表性越大，实验的外部效度则越高。影响

> **核心概念**：外部效度指的是因果关系的有效性是否可推广到研究对象以外的其他人，或研究情境以外的其他情境。

外部效度的因素主要有：

（1）选择与处理的交互作用。这种对外部效度的威胁涉及无法将实验中的其他群体排除在被试之外，如与社会、地理、年龄、性别或个性相关的群体。研究人员用来提高外部效度的一种策略是让参与实验的人群尽可能广泛。

（2）情境设置与处理的交互作用。这种对外部效度的威胁来自无法从实验发生的环境推广到另一个环境。例如，私立高中可能不同于公立高中，我们关于鼓励青少年戒烟的实验结果可能不适用于研究人员在私立高中之外的公立高中进行推广。这种威胁也可能来自试图将一个组织中一个级别的结果推广到另一个级别。例如，我们不能将研究整个学区得到的实验处理结果推广到某些特定的高中。这一问题的解决方案是研究人员需要分析每种情境设置下的实验处理结果。

（3）不同时间与处理的交互作用。这种对外部效度的威胁使得研究者试图将研究结果推广到过去和未来的情况。实验可以在一个特殊的时间进行（例如，在学年开始的时候），如果在较早的时间进行或较晚的时间进行（例如，在学期结束休息的时候），可能不会产生类似的实验结果。解决这个问题的一种方案是在将来的某个相同时间段重复这项研究，而不是试图将实验结果推广到其他的不同时间段。

【学以致用】

对照上述影响内部效度和外部效度的因素条目，结合目前你所从事的具体研究，撰写一个可能影响你该项研究内部效度和外部效度的一段分析文字。

第五节　教育实验研究法的主要步骤

【聚焦问题】

教育实验研究法的主要步骤有哪些？具体内容是什么？

【情境呈现】

自 20 世纪 80 年代末以来，我国的教育研究者对教育实验的许多理论和实际问题都进行了分析和探讨，具体内容包括：教育实验的界定、教育实验的本质与特点、教育实验的设计、教育实验的效度、教育实验的评价及课题选择等。进入 20 世纪 90 年代后期，研究者基于上述内容又提出教育实验的科学化问题，并对教育实验的科学规范等基本理论问题做了大量分析和探讨，内容还涉及整体改革实验的深化问题，尤其是课程和教材的改革。综上，我国教育研究者对教育实验的认识不断加深，教育实验研究法的重要性也日益凸显。

我们前面已了解不同类型的实验设计，这些设计虽没有固定的实验程序，但梳理适用于这些设计的一般性程序步骤，将会对我们开展实验研究有所裨益。主要步骤依次如下。

1. 确定实验是否能解决你的研究问题

在教育研究的所有设计中，教育实验是用于研究因果关系的最佳选择。因此，教育实验研究的问题类型也倾向于需要知道新的实践活动是否会影响结果。要研究这些问题，我们必须能够控制实验的无关变量并操纵自变量。当研究结果需要推广到无法操纵实验条件的一个群体或一个情境中时，此时教育实验研究法并不是最佳选择。

2. 形成假设以测试因果关系

假设通常基于过去研究人员在研究中发现的关系，或者包含在正在测试和不断修订的理论中。研究者首先建立假设（零假设和替代假设），然后收集数据来检验假设。在陈述实验假设时，请遵循两个准则：①自变量应至少包含一个具有多个级别的变量，研究人员需要操控这个自变量。因变量是结果，研究者通常需要讨论多个结果。②变量在仪器上测量或记录为观察值。这些测量需要产生有效和可靠的分数。

3. 选择实验单位并确定被试

实验单位是研究人员在实验过程中处理的最小单位。接受实验处理的实验单元可以是单个个体、几个个体、一组、几个组或整个组织。那么首先第一个问题是：谁将参加实验？实验研究的被试是研究人员测试的个体，以确定实验处理是否对一种或多种结果产生影响，研究者可以选择自愿或同意参与实验的被试。另外，研究人员可以选择易于获取的完整的群体作为被试。例如，对三年级阅读水平的研究可能要求研究人员使用周边现有的三年级学生。第二个问题是：研究多少人？在理想的实验中，研究人员形成至少一个对照组和一个实验组。在许多实验中，被试总数的大小取决于愿意参加研究的志愿者人数或研究人员可用的个体数。研究人员还需要使用统计分析方法来分析数据，有些分析方法对被试的最少数量有要求。第三个问题是：如何选择被试？如果可能，研究者应该从研究的人群中随机选择实验个体，以便可从实验结果向更多的人群推广。理想情况下，可通过对群体中的个体进行编号并使用随机数表随机选择被试来完成这项工作。而实际情况下，这种方法往往不容易实现。当无法随机选择被试时，另一种方法是对来自群体的不同参与者进行多次实验，以便可以对其一般性或外部效度进行一定程度的推断。第四个问题是：如何将个人分配到小组？最佳情况是随机地将个人分配到实验组和对照组，但此过程有时不容易实现。例如，很多情况下无法开展真实验，而只能进行准实验。

4. 选择实验处理

任何实验设计的关键是设定处理水平并对每组应用一个水平，例如一个水平到一个实验组，另一个水平到一个对照组。然后在一个或多个结果上比较不同的组。实验干预措施可能包括研究人员组织的计划或活动。在决定使用何种干预措施时，研究者可能需要考虑下列几个因素：

(1)实验研究人员应选择适当"剂量"的干预。这意味着干预措施必须持续足够长的时间并且足够强大，从而真正对实验结果产生影响。我们现有的一些教育实验研究中存在的一个误区就是，实验干预时间过短就匆匆下结论。

(2)良好的实验干预设计很多时候是建立在前人的工作基础上。在此建议，对文献的回顾和对过去理论的评估，有助于研究人员找到恰当的实验干预措施。

(3)实验研究人员应选择一种尽可能少地打扰被试的实验处理。这意味着研究人员需要尊重正在研究的学校或非学校环境，并获得学校或其他人员、团体的合作。

(4)选择方便试点的实验处理。有些实验需要先使用少量被试或实验地点（例如，试点学校）开展预实验。

5. 选择一种实验设计

开展实验研究的一个重要方面是选择可行恰当的实验设计。研究者需要根据实验经验、研究被试可用性以及实验可操控变量和条件等因素做出选择。

6. 进行实验

进行实验涉及与所选设计一致的程序步骤。它可能涉及以下内容：
(1)如果你选择的实验设计类型需要前测，请注意进行前测；
(2)向实验组施加实验处理；
(3)密切监控实验流程，以尽量减少对内部效度的威胁；
(4)收集后测测量结果。

7. 组织和分析数据

实验结束后有三项主要活动：编码数据、分析数据和编写实验报告。对数据进行编码意味着研究人员需要从测量结果中获取信息并设置计算机文件以进行数据分析。此过程从清理数据开始，以确保不会通过击键错误或在计算机文件中输入异常数据。你可以通过使用统计分析程序对其进行描述性分析并记录存在异常数据的变量来探索数据库中的这些错误。此步骤为数据分析的第一阶段。在对所有被试数据进行描述性分析后，研究人员开始分析比较不同组之间的结果。例如，可选择 t 检验或方差分析等方法分析结果。这是实验分析的核心，它提供了有用的信息来回答研究中的假设或研究问题。

8. 撰写实验研究报告

实验报告遵循标准格式。在实验报告的"方法"或"程序"部分，研究人员通常包含这些信息：①被试及其任务；②实验设计；③实验处理；④控制无关变量；⑤相关措施或观察。在定量研究中，我们需要使用标准研究术语（例如，控制、实验组、对照组、前测和后测等）以及客观公正的观点来撰写报告。

最后，研究人员须考虑的是，根据本研究的结果推进未来的研究方向。未来的研究方向是研究人员提出的关于需要根据本研究结果进行的其他研究的建议。这些建议是研究局限性的自然联系，为有兴趣探索所需研究领域或将结果应用于教育实践的新研究人员和读者提供了指导。

【学以致用】

作为一名教育研究者，联系你目前的几个研究选题，结合上述的八个教育实验研究的一般步骤，撰写 500 字左右的文字，以明确你的具体研究问题、被试选择、实验处理等内容。

【章后拓展】

1. 为了探查论证式探究教学策略对学生生物学成绩的影响，张老师开发出了一门为期 12 周的以论证式探究为主题内容的选修课。共有 32 名同学选修了这门课程。请你基于上述材料，从以下几个方面考虑设计一个教育实验：

(1) 本研究中的自变量、因变量、无关变量、实验变量分别是什么？

(2) 如何设置实验组和对照组？

(3) 该教育实验的具体过程是怎样的？请你画出研究示意图。

2. 教育实验研究的关键特征有哪些？准实验和真实验的主要区别是什么？

3. 学习进阶理论是目前科学教育研究领域的热点之一，有研究者基于学习进阶理论开发出了围绕光合作用、呼吸作用、消化和吸收的一门校本课程，共有 6 章内容。刘老师打算利用 16 周的时间向自己所带的 3 个高一班级讲授这门课程。在学期初授课之前，刘老师利用测试卷测验三个班学生的生物学成绩。

三个班的前测成绩如下：

(1)1 班前测成绩：

84，90，69，64，91，67，92，76，73，81，73，80，58，77，64，88，79，62，80，73，82，66，83，71，70，67，59，73，77，73

(2)2 班前测成绩：

62，65，67，72，74，75，77，76，82，80，83，81，85，86，87，88，90，89，84，83，80，88，77，76，74，73，75，78，74，68，62，61

(3)3 班前测成绩：

55，55，58，59，61，65，66，69，69，70，71，72，72，72，73，74，75，75，75，78，79，79，80，80，84，85，88，89，90，92，94

在 16 周学期结束后，刘老师又对三个班学生的生物学成绩进行后测。

三个班的后测成绩如下：

(1)1 班后测成绩：

85，91，74，68，91，73，91，74，81，84，77，82，68，77，65，89，84，68，83，75，85，69，86，78，83，75，67，74，79，80

(2)2 班后测成绩：

64，70，75，78，82，82，83，83，87，86，90，90，92，92，93，95，98，97，92，90，87，94，83，82，79，76，78，82，78，72，66，62

(3)3 班后测成绩：

56，55，55，57，63，62，68，70，69，73，72，75，76，71，75，76，77，74，78，80，82，79，85，81，83，88，93，92，93，89，93

那么为了探查基于学习进阶理论开发出的课程对学生生物学成绩的影响，该教师应采用哪种或哪些统计分析方法？如何在 SPSS 软件中进行操作？

4. 结合第 3 题中的材料，请你谈谈影响该实验的内部效度和外部效度的因素有哪些？

第七章　案例研究法

【学习目标】

通过本章的学习，学习者应能够：

1. 简单阐述案例研究法的含义。

2. 阐述案例研究法的特点和研究适用范围。

3. 说出案例研究的类型，以及每种类型设计的重要准则。

4. 阐明案例研究法的主要实施过程包括研究设计、收集案例研究证据前的准备工作、收集研究证据、分析研究数据、撰写研究报告等。

5. 阐述并举例说明案例研究收集数据的六个途径。

6. 说出案例研究分析数据的四种策略。

7. 简单阐明案例研究报告撰写的主要格式。

8. 基于案例研究过程和感兴趣的课题开展案例研究工作，并尝试撰写案例研究文章。

【内容概要】

本章第一节主要介绍了案例研究法的含义和历史发展、案例研究法的特点和适用范围、单案例研究和多案例研究等多种案例研究类型。在这些基本内容的基础上，第二节主要探讨了案例研究的实施过程，主要包括：案例研究方案的设计、收集案例研究证据前的准备工作、收集研究证据、分析研究数据、撰写研究报告等。其中着重强调了收集数据的方法。基于前两节案例研究的理论知识，第三节通过呈现一个具体的案例研究实例，帮助学习者进一步理解和学会初步运用案例研究法。

【学法指引】

在进行本章第一节内容的学习时，通过阅读浏览简单了解案例研究法的含义，对于其特点和适用范围要结合自己的研究认真揣摩。在学习第二节案例研究法的实施过程时，通过阅读浏览简单了解其五大过程，其中，对于数据收集方法要仔细梳理和理解。在第三节案例研究法实例中，通过仔细阅读和消化该实例，掌握案例研究报告的一般撰写格式；并通过仔细阅读实例分析和点评，结合自己目前的研究，进一步加深对案例研究法应用和应用中所需注意事项的理解。

第一节　案例研究法是一种研究现象或案例的实证研究

【聚焦问题】

　　1. 案例研究法的主要特点是什么？

　　2. 在教育学研究中，什么情况下适合使用案例研究法？

【案例研讨】

　　在 STEM(Science，Technology，Engineering，Mathematics)教育中，由于多学科融合和对实践活动的重视，中学教师在课堂上如何选择合理恰当的 STEM 情境问题就对能否有效开展 STEM 学习而言非常重要。目前，不少研究认为工程学设计问题是 STEM 教育开展的重要问题情境。在进行一项工程设计的时候，参与者会自然而然地将科学、技术、数学等内容结合起来。而有的研究者认为社会科学议题(SSI)，由于其涉及复杂的、开放式的、大多有争议的、社会重要的日常生活科学问题，也可作为 STEM 教育的情境问题。研究者在此方面开展了研究，选择了一所大学的 12 位职前科学教师作为研究对象，想要探查他们对于在 STEM 教育中使用社会科学议题的观点和评价①。那么这样的研究应采用哪种研究方法才合理呢？可以使用案例研究法吗？为什么？

一、案例研究法可对案例或现象进行厚实的描述

　　社会科学研究方法中，除实验研究、调查研究等外，案例研究(Case Study)也是一种研究形式，同时也是一种通过遵循一系列程序来调查一个研究主题的方法。作为一种研究方法，案例研究可在许多情况下帮助我们了解与个人、群体、组织、社会、政治等相关的现象。毫无疑问，案例研究一直是心理学、社会学、政治学、人类学、社会工作、商业、教育、护理等领域的常见研究方法。无论不同领域研究者感兴趣的话题是什么，其对案例研究的独特需求都源自人们渴望理解复杂的社会现象。简言之，案例研究允许调查人员专注于"案例"。例如，案例研究可用于研究个人生命周期、小群体行为方式、学

---

　　① Altan E B，Ozturk N，Turkoglu A Y. Socio-Scientific Issues as a Context for STEM Education：A case Study Research with Pre-Service Science Teachers[J]. European Journal of Educational Research，2018，7(4)：805-812.

校、公司或企业的组织和管理过程、学校在某些方面的表现等。

那么，究竟什么是案例研究呢？案例研究定义中第一部分是案例研究的范围。案例研究是一种实证研究，深入研究现象（或案例）及其现实世界背景，尤其是当现象与实际环境边界不清且不易区分的时候。具体来说，例如，一个实验研究，因为它受到实验室环境或人为的"控制"，可将研究

> **核心概念：** 案例研究法是研究者选择一个或几个场景或人物作为案例，系统地收集数据和资料开展深入研究，对案例进行详细厚实的描述，用以探讨某一现象在实际生活环境下的状况的研究方法。

的现象与背景区分开来，仅仅关注少数的变量。而案例研究的现象与实际环境往往无法轻易区分开来，研究者无法轻易设计准确、直接又具系统性控制的变量，此时案例研究用于回答"如何改变""为什么变成这样"及"结果如何"等研究问题。案例研究定义中第二部分是案例研究的特征。案例研究包含了特有的设计逻辑、特定的资料收集方法和独特的资料分析方法。通常有事先发展的理论命题或问题界定，它们用来指引资料收集的方向与资料分析的焦点，且着重当时事件的检视，不介入事件的操控，可保留生活事件的整体性。研究更多偏向定性，在资料收集和资料分析上具有特色，例如依赖多重证据来源、不同资料证据必须能得到相同结论等。相较于其他研究方法，案例研究法能对案例进行厚实的描述和系统的理解，对动态相互作用过程与所处的情境脉络完整掌握，可获得一个较全面与整体的观点。简单概括，案例研究法是研究者选择一个或几个场景或人物作为案例，系统地收集数据和资料开展深入研究，对案例进行详细厚实的描述，用以探讨某一现象在实际生活环境下的状况的研究方法。

从案例研究法的历史发展来看，许多早期的社会科学书籍未能考虑将案例研究作为一种正式的研究方法。一种常见的误区是将案例研究视为其他类型研究在探索阶段才使用的方法。另一种常见的误区是将案例研究与进行实地考察或工作混为一谈。例如，在开展参与者观察时，往往就存在这样的认识。因此，早期的书籍在讨论案例研究时，仅限于认为它是对于参与者观察的描述或用于收集数据的实地工作，没有进一步详细说明案例研究的定义和内涵。在对于案例研究的历史概述中，詹妮弗·普拉特（Jennifer Platt）解释了存在这些认识误区的原因。她认为案例研究的历史可追溯到社会学和社会工作中的个案工作，她展示了当参与者观察作为一种数据收集技术出现时，它是如何影响人们对于案例研究的再认识。直到1950年，研究者才在方法论书籍中发现一些介绍案例研究的参考文献。但从1950年至1980年几乎没有专门提到案例研究或

案例研究方法的书籍。到了 1984 年，人们才明确地把案例研究法从只进行某种实地考察的工作中剥离出来。从此之后，研究者对案例研究法进行了重新界定和讨论。用詹妮弗·普拉特的话说，案例研究法现在已被认为是一种具有自己的设计逻辑、当研究问题和情境适宜时可采用的研究方法，而不再与其他类型的研究方法混淆不清。

二、案例研究法适合研究无干预情况下的"如何"或"为什么"的问题

同其他研究方法一样，案例研究法也有其优缺点及适用范围。相较于较为严谨的实验而言，案例研究法有时可能会被视为一种不太严谨和不够理想的调查形式。主要有以下几点思考：①严谨性。案例研究法中证据的提出和数据的解释带有可选择性，研究者在意见上的分歧以及研究者的偏见都会影响数据分析结果。因此在进行案例研究时，我们应尽量避免这些偏见。②推广性。"你怎么能从单一案例向外推广？"这是一个经常听到的问题。案例研究对结果的讨论不是统计性的而是分析性的，因此难以对结果和发现进行归纳。③无法预估的精力消耗。密集的劳动和大量的时间耗费是案例研究存在的一个非常现实的问题，并可能产生一些难以理解和处理的文档数据。④比较优势。对真实验和准实验来说，由于他们的目标是建立各种实验处理或干预的有效性，建立因果关系，其在科学教育研究中应用广泛。不少人认为，案例研究（和其他类型的非实验方法）不能直接解决这些问题。但是，如果我们注意每种研究方法的特点及其适用范围，会发现每种研究方法都有其不可替代的价值。例如，案例研究法应用在临床心理学或教育学研究中，一系列单一案例研究证实了实验研究法中预处理开始后的行为改变，可为实验研究提供更多有效的证据，并可对案例或现象进行非常翔实的描述和系统的理解，使研究者获得其他研究方法无法获取的重要数据。

那么，我们怎样知道何时使用案例研究法是最恰当的呢？我们的选择在很大程度上取决于研究问题。当我们的问题试图解释一些现在的情况（例如，"如何"或"为什么"）时，越有可能与案例研究相关。具体来说，出现以下情况我们通常可采用案例研究法：

(1)主要研究问题是"如何"或"为什么"的问题；

(2)研究人员对行为或事件不进行干预；

(3)研究的重点是当代发生的现象，而非历史研究。

三、案例研究法类型多样

基于不同的思考视角，案例研究可分成不同的类型。每一项研究方法其实

可用于三个目的：探索性、描述性和解释性。因此，从研究目的这一视角出发，案例研究法可分成探索性案例研究、描述性案例研究、解释性（或因果性）案例研究。案例研究远非仅仅是一种探索性的研究。一些最好和最著名的案例研究其实是解释性案例。同样，在社会学和政治学等学科中也能发现著名的描述性案例研究的影子。从研究对象的视角出发，可将案例研究分为单案例研究（Single-case study）和多案例研究（Multiple-case study）。下面将主要介绍这两种类型的研究。

1. 单案例研究

对于单个案例设计而言，案例的选择应与我们的理论或感兴趣的理论命题相关，这是研究设计的重要前提条件。因此，单案例研究设计的第一个基本原则是，选择一个重要的、与理论或理论命题紧密相关的案例。一个重要的案例可通过确认、挑战或扩充理论从而为研究做出重大贡献。因此，有时选择单案例设计而不是多案例设计的一个原则是一个案例即可代表对一个重要理论的测试。单案例设计的第二个基本原则是，这个案例代表了一个极端案例，偏离理论规范甚至日常生活。例如，这种情况很多时候可能发生在临床心理学案例研究中。在心理学中有时会存在特殊的损伤或障碍，这就可能给研究者提供一个独特的机会进行专门的记录和分析，其研究结果可能会带来借鉴价值。与上述第二个原则相反的是，单案例设计的第三个基本原则是常见案例。研究者通过捕捉日常生活中发生的情境，为研究提供相关的社会体验或经验教训。例如，一所高中的几位生物学教师可成为研究学习进阶等教育理论实施情况的参与者；【案例探讨】中同一所大学 12 位职前科学教师参与对 STEM 教育中使用社会科学议题观点的探查；一个街景和其路边小贩可成为研究非正规创业活动的场所；对低收入城市社区结构的研究可为深入了解贫困与社会资本的关系提供契机等。单案例研究的第四个基本原则是启示性案例。这种情况发生在研究人员有机会仔细观察和分析一个现象的情况下。例如，在一项关于失业人员的案例研究中，研究对象是一群生活在市中心社区贫困地区的非裔美国人，研究者通过与他们成为朋友得以学习和了解他们的生活方式，尤其是他们对失业和失败这些敏感话题的看法。这项研究为美国许多城市普遍存在的社会经济状况提供了有用见解，并最终促进解决这些问题的公共政策的改善和发展。研究中的单案例展示了如何对这些状况进行调查，这样的研究对社会发展带来了重要启示。单案例研究的第五个原则是纵向案例，指的是在两个或更多个不同时间点研究相同的单个案例。研究者感兴趣的理论可能会随时间而变化，时间间隔可能反映出现这些变化的阶段。时间间隔可以是预先指定的，比如在一些关键事件之前和之后。

以上五个方面是选择单案例研究的主要理由。在其他情况下，单案例研究还可被用作多案例研究开始的试点案例。无论进行单案例研究的理由是什么，单案例设计的一个潜在问题是：案例结果和预期之间可能存在较大概率的不同。因此，单案例设计需最大限度地收集案例研究所需证据。此外，单案例研究设计可分为整体式单案例研究和嵌入式单案例研究，具体内容请见相关书籍。

2. 多案例研究

一项研究可能不止包含一个或一系列类似的案例，当发生这种情况时可采用多案例设计。近年来这种设计的频率也在增加，较为常见的是对学校创新的研究。例如，使用新课程、重新安排学校课程或新的教育技术等对学生学习的影响。每所学校是个案研究的对象，但整个研究涵盖了几所学校，可采用多案例研究设计。

在多案例研究中涉及的一个重要问题是重复。这类似于实验中使用的重复。例如，从单个实验得到重要发现后，随之而来的紧迫且优先事项是通过第二次、第三次乃至更多次实验来复制这一发现。有些复制可能会尝试复制原始实验的发生条件，有些复制可能会改变一个或两个被认为对原始发现不重要的实验条件，以确定该发现是否仍然可以复制。例如，假设一项研究涉及不同学校采用的相同类型课程对学生学习的影响，选择 6 所学校作为案例研究的对象，其中 3 个用于复制，另外 3 个用于处理对比条件。只有通过这样的复制才能确保发现的准确性。因此，在多案例设计中安排 6 个案例类似于在相关主题上进行 6 个实验。如果所有案例都按预期结果出现，那么 6 个案例将为最初的理论命题提供强有力的支持；如果案例在某种程度上是矛盾的，那么必须修改初始命题并用另一组案例重新测试。

多案例研究的设计操作如图 7-1 所示。

此外，多案例研究设计可分为整体式多案例研究和嵌入式多案例研究，具体内容请见相关书籍。

最后值得注意的是，多案例设计由于具有超过两个或两个系列案例的分析将产生较强的证据效果，单案例设计与其相比就较为脆弱。因此，若研究者使用的是单案例设计，那么，应做好较为充分的论证以证明所选案例的合理性。

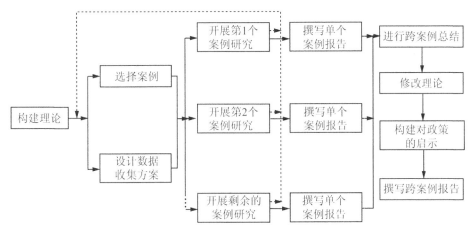

图 7-1 多案例研究的设计操作

【学以致用】

通过学习本节内容，我们知道前面【案例研讨】在 STEM 教育中运用社会科学议题的例子符合案例研究的特点，适合运用案例研究法研究开展设计。那么在生物学教育研究中，请你思考并列举出另外两个适合运用案例研究法进行研究的课题，并请说明你的理由。

第二节　案例研究法有特定的实施过程

【聚焦问题】

1. 案例研究法中收集数据的方法有哪些？

2. 案例研究法中分析数据的策略有哪些？

3. 案例研究法的主要实施过程是什么？

【案例研讨】

如前所述，在研究者探查 12 位职前科学教师对在 STEM 教育中使用社会科学议题评价的研究中，你认为可以通过哪些方法来收集该案例研究的数据？这些方法具体如何操作？在数据收集和分析后，用何种方式来向读者呈现该研究的结果与发现呢？

与其他研究方法不同，很少有关于案例研究设计的标准。比如，没有关于选择被试、选择不同的刺激或实验条件，或确定各种应对措施的固定规范等。不过案例研究作为一种独立的实证研究方法，也有其特定的实施过程，主要包括：案例研究方案的设计、收集案例研究证据前的准备工作、收集研究证据、分析研究数据、撰写研究报告等。

一、案例研究方案的设计主要包括五个步骤

研究者该如何选择案例研究的案例？无论是进行访谈、审查文档或记录、还是进行现场观察，如果面对多个候选案例，研究者应选择最有可能阐明研究问题的案例。因此，研究设计至少需要思考：要研究哪些问题，要收集哪些数据以及如何分析结果。案例研究设计的五个组成部分如下：①研究问题；②研究主张；③分析单位；④将数据与命题联系起来的逻辑；⑤解释研究结果的标准。

1. 研究问题

研究要回答的问题反映了案例研究的目的。研究者通过收集整理数据能得到指向这些问题的证据，并最终为案例研究做出结论。案例研究最有可能适用于"如何"和"为什么"的问题，所以研究者的首要任务是在这些方面明确研究问题。可分三个阶段开展这项任务。第一阶段，尝试收集和梳理文献来提炼有意义和感兴趣的主题，此时不必聚焦在某个具体的研究问题上。第二阶段，仔细研究以及剖析你感兴趣的主题中存在的一些关键研究，从而初步确定具体的问题。第三阶段，检查关于同一主题的其他研究。它们可能会强化你对潜在问题的相关性和重要性的认识，甚至可能会帮助你提出改进问题的方法。

2. 研究主张

研究者的主张是引导研究进行的线索。它可以来自现存的理论或假设。无论是建立新的理论还是对现存的理论进行检验，主张的提出都是必不可少的。

3. 分析单位——"案例"

经典的案例研究通常关注个人。詹妮弗·普拉特指出，不少学者们早期的案例研究是少年犯或被遗弃者等人的生活史。此外，还有关于临床患者、模范学生或某些类型领导者的案例研究。在这些情况下，个人是主要的分析单位。当然，"案例"也可以是除单个个体之外的某些事件或实体，如非正式组织、企业、学校等。

4. 联系数据与命题的逻辑

这部分内容指的是在案例研究中数据分析的步骤。也就是说，在案例研究设计阶段，我们需要了解选择哪些数据分析的方式能够适应和匹配我们的案例

研究。通过这些方式，研究设计可为后来的数据分析创造更坚实的基础。需注意的是，如果我们在实证研究方面经验有限，那么可能无法轻易识别有效的分析技术或预测如何充分利用这些技术，往往可能会出现两种情况：①收集过多的数据，这些数据以后没有用于任何分析；②收集的数据太少，无法正确使用所需的分析技术。后一种情况有时甚至可能迫使研究人员不得不返回他们的数据收集阶段补充原始数据。我们需尽可能避免以上两种情况发生。

5. 解释研究结果的标准

通常在实验定量研究中，我们认为低于 0.05 的 p 值证明了观察到的差异"具有统计学意义"，因此根据统计数据做出的评估就是解释研究结果的标准。但是，很多案例研究分析不依赖于统计数据，所以我们需要找到其他方式来思考这些标准。在进行案例研究时，一个主要且重要的替代策略是识别和处理对于研究结果来说具有竞争性的解释(Rival explanations)。处理和应对这些具有竞争性的解释成为解释研究结果的标准之一，也就是说，被发现和拒绝的竞争性解释越多，你的研究结果会越牢靠。具体内容会在后面章节中介绍。

二、案例研究收集数据前需做好充分准备

数据收集前的准备工作可能很复杂，但若做不好，整个案例研究可能会受影响。良好的准备工作主要包括：①案例研究调查员所需的技能和价值观；②针对特定案例研究的培训；③制定研究实施草案；④筛选候选案例；⑤进行试点案例研究。下面着重关注案例研究人员所需技能以及如何制定研究实施草案。

第一，由于案例研究数据收集程序的非常规化，案例研究对研究者自我情绪的要求远高于任何其他研究方法。例如，在实验室实验或调查中，研究项目的数据收集阶段可在很大程度上由一个或多个研究助理进行，而助理将以最少的自由行为进行数据收集活动，因而从这个意义上来说其活动是常规化的。案例研究则不同，由于所研究的理论问题与所收集数据之间的持续相互作用，需要训练有素且经验丰富的研究人员进行高质量的案例研究。它们可能涉及数据收集的技术方面，也可能涉及道德困境(例如，如何处理私人信息或应对案例现场冲突)。

一名合格的案例研究者需做到以下几点：①提出好的问题，要真正理解研究的问题而不仅仅是为了寻求答案才进行研究。②成为一个没有被先入之见所困扰的好的"倾听者"。对于案例研究，"倾听"意味着通过多种方式接收信息。例如，通过敏锐的观察或感知了解可能发生的事情，而不仅仅是使用听觉。做一个好的倾听者意味着能毫无偏见地吸收大量的新信息。例如，当通过访谈收

集案例研究的数据时，一个好的倾听者会听到受访者使用的确切词语，因为有时术语可能反映了受访者某个重要的看待问题的视角。③适应性要好。很少有案例研究会按原计划分毫不差地完成，研究者不可避免地必须做出改变。熟练的研究人员需记住案例研究的最初目的，但若出现意外事件则必须愿意调整原有计划。④在探索过程中要牢牢把握所研究的问题。由于必须在整个数据收集阶段进行分析判断，因此每个案例研究的研究人员都必须理解研究问题及与其相关的理论主张。若没有牢牢掌握这些问题，研究者可能会错过重要线索，也不会知道偏差发生的何种程度是可接受的或要拒绝的。案例研究数据收集不仅仅是以机械方式记录数据，而且是研究者要能够在收集信息时对其进行解释。⑤通过敏锐的察觉相反证据来避免偏见。案例研究人员容易出现的问题是试图使用案例研究来证实先入为主的立场。检验是否存在偏见的一个标准是研究者对相反证据的开放程度。

第二，制订研究实施草案。在研究草案中包含研究工具和使用该草案时要遵循的程序和一般规则。草案是提高案例研究可靠性的重要方式，旨在指导研究人员从单个案例中进行数据收集。研究草案包含 4 个部分：A. 案例研究概述（包括研究目标、研究问题等）；B. 数据收集程序；C. 数据收集问题（案例研究人员在收集数据时必须牢记的具体问题等）；D. 案例研究报告指南（大纲、数据的格式、其他文档的使用和呈现等）。如图 7-2 所示。

A. 案例研究概述
   1. 案例研究的读者可能感兴趣的研究目标。
   2. 案例研究问题、假设或主张。
   3. 案例研究的理论框架。
   4. 指导案例研究者开展研究的程序或流程。
B. 数据收集程序
   1. 开展实地研究工作的联系人姓名。
   2. 数据收集计划（包括预期的证据类型、要观察的事件以及现场要审查的文件等）。
   3. 实地工作前的准备工作（例如，要审查的具体信息等）。
C. 数据收集问题
   1. 研究活动及创新性：
   a. 详细描述研究活动，包括人员和技术等。
   b. 是否有规划流程，它是如何运作的？最初的目标人群是什么？
   c. 与同类研究的其他做法相比，这种做法在哪些方面具有创新性？
   d. 描述该研究是否得到外部资金的支持。
   2. 评估研究活动的创新性：
   a. 如何评估研究设计，谁在进行评估？

图 7-2　研究草案的四部分及内容

b. 评估的哪一部分已经实施？

c. 使用的结果指标是什么？迄今为止已确定了哪些结果？

d. 已经确定并探讨了哪些竞争性解释？

D. 案例研究报告指南

1. 读者的偏好。

2. 研究活动的创新性。

3. 迄今为止的研究结果。

4. 展示研究结果（与研究活动的实施和结果相关的时间表、参考的与结果相关的文献等）。

图 7-2　研究草案的四部分及内容（续图）

三、案例研究收集的数据主要来自六方面

案例研究的数据主要来自六方面：①文档或文件信息；②档案记录；③访谈；④直接观察；⑤参与者观察；⑥实体或文化产品。与其他方法不同，案例研究的数据收集没有明确的截止点，研究者应尝试收集足够的数据。一般来说，需要来自两个以上不同来源的数据。为了确保研究的效度和信度，我们收集数据时遵循这些原则：a. 使用多种证据，而不仅仅是单一的证据来源，上述提到的六种数据形式是高度互补的，因此一个好的案例研究希望依赖尽可能多的数据形式；b. 建立个案研究数据库；c. 谨慎使用电子证据来源的数据，例如社交媒体信息等。

1. 文档或文件信息

文件信息主要包括：信件、备忘录、电子邮件、日记、笔记、公告、会议记录、其他事件的书面报告（例如，提案、进度报告和内部记录）、与你正在研究的案件相关的正式研究或评估报告，以及新闻剪报和出现在大众媒体或社区报纸上的文章等。文件信息在案例研究中最重要的用途是证实其他来源的证据和补充其他证据。首先，文件有助于验证可能在访谈中提到的人或组织的拼写、标题或名称是否正确。其次，文件可提供其他具体细节以证实其他来源信息的可靠性。如果文件与之矛盾，那么研究者需进一步获取证据来解决该问题。最后，研究者可从文档中进行推断。例如，通过观察特定文档的分发列表，你可能会发现组织内通信和联络的规律等。

2. 档案记录

档案记录主要包括：政府提供的统计数据，服务记录（例如，显示在给定时间段内服务的客户数量），组织记录（例如，预算或人事记录），含有地点或

地理特征的地图和图表，他人制作的有关你研究案例中的教师、学生、员工、居民或其他参与者的数据。

3. 访谈

访谈是案例研究最重要的证据来源之一。案例研究中的访谈更倾向于引导式对话而非结构化访谈。案例研究中的访谈包括长时间访谈、简短访谈和调查访谈。无论是单次会议还是长时间的多次会议，长时间的访谈可能会持续 2 小时或更长时间。简短访谈可能只需要大约 1 小时。这种访谈的一个主要目的可能只是证实研究者认为已经建立的某些调查结果，而不是询问更广泛、开放性的主题。调查访谈实际上是使用结构化问卷调查的典型形式，该种调查形式可为案例研究收集一部分定量数据。

4. 直接观察

由于案例研究应在案例的现实环境中进行，所以我们有许多直接观察的机会。这些观察结果是进行案例研究的另一个证据来源。例如，案例研究若是关于新技术或学校课程，那么，对实地的技术或课程的观察是非常有用的，可帮助我们了解技术或课程的实际实施情况及遇到的问题。观察的形式可包括正式的数据收集活动和临时数据收集活动。正式的数据收集或观察主要是指在现场的某些时间段内评估某些类型行为的发生频率、次数或规律，比如观察会议、教室教学活动等。不太正式的观察是指可在整个实地工作中进行直接观察。例如，受访者办公室的位置或陈设可能是受访者状态的一个指示符。

5. 参与者观察

参与者观察是一种特殊的观察模式。在这种观察模式中，研究者不仅仅是一个被动的观察者，还可在实地工作中承担各种角色，实际参与正在研究的行动。例如，在一所学校的教室中，这些角色可能包括与学生进行互动和交流等。参与者观察为收集案例研究数据提供了一些不寻常的机会。例如，对于某些研究问题而言，除了参与者观察外，可能无法收集证据；再如，研究者可从情境的"内部"而不是外在的视角获取数据，这对于准确描述案例研究现象具有无可估量的价值。

6. 实体或文化产品

实体或文化产品指的是技术设备、工具、艺术品或其他物理证据等，这些产品可作为案例研究的一部分进行收集或观察。例如，在一个有关教室使用个人计算机的案例研究中，需要确定机器实际使用的情况。虽可直接观察计算机的使用情况，但也可让学生使用电脑打印输出他们运用计算机生成的产品，并保留打印输出的记录。每个打印输出都显示了已完成的功课以及用于完成该工作的日期和计算机数量。通过检查打印输出，案例研究人员能够在一个学期的时间内对所有课堂的计算机使用情况进行更广泛深入的了解，这远远超出仅在课堂访问的有限时间内直接观察到的内容。

下面了解上述六种数据来源形式的优点和缺点，帮助研究者选择合理的数据收集方法，如表 7-1 所示。

表 7-1 六种数据来源形式的优点和缺点

数据来源	优点	缺点
文档或文件信息	• 稳定—可反复审查 • 具体—可包含事件的确切名称、引用及详细信息 • 广泛—可涵盖很长时间内的许多事件	• 不容易找到 • 若收集不完整，容易基于研究者的偏见进行选择 • 可能呈现文档作者的(未知)偏见 • 可能被故意隐瞒
档案记录	• ［与文档或文件信息的优点相同］ • 精确且通常是定量的	• ［与文档或文件信息的缺点相同］ • 由于隐私原因无法访问
访谈	• 有针对性—直接关注案例研究主题 • 富有洞察力—提供对问题的解释和观点(例如，观念、态度和意义等)	• 由于问题表达不清楚而产生偏见 • 基于偏见回答 • 由于记录不佳而导致不准确 • 受访者给出采访者想要听到的内容
直接观察	• 即时性—对事件或行为进行实时观察 • 情境性—可涵盖案例的背景	• 耗时 • 若没有较多的观察者将很难进行大范围的观察 • 被观察者可能会因为被观察而采取不同的行动
参与者观察	• ［与直接观察的优点相同］ • 清晰洞察人与人之间的行为和动机	• ［与直接观察的缺点相同］ • 由于研究者参与事件容易导致偏见
实体或文化产品	• 可洞察产品或物品的特色 • 可洞察技术等如何运用	• 选择性受限 • 可用性受限

四、案例研究数据分析包括多种策略和技术

分析案例研究的数据时可使用计算机辅助工具，例如，计算机软件ATLAS. ti、NVivo 等，都是计算机定性数据分析软件的例子。随着时代的发展，这些软件变得更加多样和实用，涵盖了基于文本和视频的数据分析。从本质上来讲，这些工具和技术可帮助我们对大量数据进行编码和分类。案例研究中，不少数据由于从访谈或大量书面材料（如文件和报纸文章等）收集而来，多采取叙述性文本的形式。使用上述软件分析工具时，若输入文本数据，然后定义一组初始代码，则软件可在文本数据中找到与这些代码匹配的所有单词和短语，计算单词和短语的发生率或出现情况。但是，与统计分析不同的是，研究者不能直接使用软件输出结果本身。因为在回答最初的"如何"或"为什么"的研究问题时，要对研究的案例做一个丰富而全面的解释，甚至是一个很好的描述，这就需要研究者在计算机分析后再进行大量的思考和分析。除了使用计算机辅助外，还可创建用于检查数据的流程图、不同事件发生的频率列表、按时间顺序排列信息等，这些便于研究者找到数据的规律，开展数据分析。

主要有四种分析数据的策略。第一种策略是遵循引导你开展案例研究的研究命题。这些命题会影响你的数据收集计划，因而就产生了分析优先级。也就是说，在分析数据时从研究问题开始。首先从一个小问题开始，然后找出需要的证据来回答这个问题。根据证据的权重得出一个尝试性的结论，并思考你应如何展示证据以便读者可检查你的结论。继续提出一个更大的问题，然后重复这个过程，直到你认为已解决了主要的研究问题。第二种策略与第一种策略正好相反，即先不考虑研究命题而是直接从数据开始。随着时间的推移，你可能发现一些数据暗含了一两个有用的观念，这样的洞察力可成为分析路径的起点，引导你更深入地了解分析数据。第三种策略是构建一个案例描述，指的是根据一些描述性框架组织你的案例研究。这种策略在使用前两种策略中的任何一种遇到困难时，可作为替代策略。具体来说，当研究者以某种方式收集了大量数据，但因没有确定研究问题或命题使研究者无法依赖第一个策略，且可能无法从数据中找到任何有用的观点而不能遵循第二个策略时，可采用第三个策略。第四个策略是检查看似合理的竞争性解释。也就是说，案例研究还应收集一些关于竞争性解释的数据，若这些数据的证据不足，则这个竞争性解释就是不成立的。

以上这些策略的目的是提供一个分析数据的方向。在上述策略中，可考虑使用五种分析技术中的任意一种：①模式匹配（Pattern Matching）；②解释构建（Explanation Building）；③时间序列分析（Time-series Analysis）；④逻辑模

型（Logic Models）；⑤跨案例合成（Cross-case Synthesis）。这些技术的运用可提高案例研究的内部效度和外部效度。关于①模式匹配，它是案例研究分析中最理想的技术之一。这种方法用于比较基于案例研究结果的经验与收集数据前所做预测之间的匹配度。若经验和预测模式相似，则结果可帮助案例研究加强其内部效度。例如，美国的研究人员认为位于其全国各地的军事基地对当地的住房、就业和市场发展做出了重大贡献，当这些基地关闭时，社区的经济和生活将遭受重大影响。上述是一种预测，为了测试它，研究者开展了一个案例研究。该研究发生在一个规模适中的加利福尼亚社区。研究者首先确定可能遭受重大破坏性影响的一系列领域（如房屋销售、平民就业、人口流动及零售市场等），然后在基地关闭前和后分别收集了每个部门的数据。运用模式匹配技术，检查每个部门的前后数据，并与其他社区和全州趋势进行比较，发现研究结果远不如预期严重，有些行业甚至没有出现任何下滑，从而为其研究结论提供了令人信服的论据。关于②构建解释，实际上是一种特殊类型的模式匹配，但程序更加困难，因此值得单独关注。在构建解释的过程中，最终的解释可能是一系列迭代的结果：a. 做出初步的理论陈述；b. 将案例的调查结果与此类陈述或主张进行比较；c. 修改陈述或主张；d. 比较案例的其他细节并修订；e. 将修订结果与第二、第三或更多案例的调查结果进行比较；f. 根据需要多次重复此过程。逐步构建解释类似于完善一系列想法的过程，其中一个重要内容是研究者要接受其他合理或对立的解释。关于③时间序列分析，类似于在真实验和准实验中进行的时间序列分析。案例研究不限于特定情况的静态评估，如果随着时间的推移对事件进行了详细且精确的追踪，案例研究也可进行时间序列分析。关于④逻辑模型，它在进行案例研究评估和研究变革理论时使用较多。作为一种分析技术，逻辑模型将经验观察事件与理论预测事件相匹配，从概念上讲，可将逻辑模型技术视为另一种模式匹配形式。不过由于两种技术分析时的顺序阶段不同，因此视为彼此独立的分析技术。关于⑤跨案例合成，它仅适用于多案例分析，而前四种技术可用于单案例或多案例研究。跨案例合成技术指的是将每个案例研究视为一项单独的研究，然后分析和剖析每个案例中的证据，最后得出一般性结论。

　　无论运用上述哪种策略和技术，分析数据时需要注意三个原则。首先，了解所有证据，且分析策略必须详尽地涵盖关键的研究问题。若没有达到此标准，研究者的分析可能很容易受到由于忽略某些证据所产生的替代解释的影响。其次，分析应尽可能解决所有看似合理的竞争性解释。若其他人对你的一项或多项调查结果存在其他解释，这些就是竞争性解释。研究者是否有证据可解决这些竞争性解释？如果是，结果如何？如果不是，那么竞争性解释是否应作为一个描述结果以便在未来的研究中进行调查？最后，应在案例研究中使用自己先前的专业知识，例如，根据自己以前的研究方向了解现在研究的主题。

五、案例研究的报告形式较为灵活

案例研究成果的表述形式具有很大程度的灵活性，并不存在标准或统一的报告格式。不过在科学教育研究领域，常常会使用与案例研究过程相匹配的格式，从而将案例研究报告分为相对独立的几个部分：①研究背景描述；②呈现研究问题或目标；③描述研究的参与者、研究数据收集方法；④研究结果分析；⑤讨论与结论。① 具体内容请见本章第三节中的实例。

【学以致用】

通过本节的学习，结合【案例研讨】中的问题，我们知道，当研究者试图探查 12 位职前科学教师对在 STEM 教育中使用社会科学议题的评价时，可通过以下途径收集研究数据：了解教师的课程计划等文件信息、对教师进行访谈、观察和记录教师的现场授课情况、分析学生的 STEM 学习展板等。

第三节　案例研究法在生物学教育研究中的应用实例

案例研究法是在研究人员对行为或事件不进行干预的情况下，通过研究"如何"或"为什么"等情况下的问题，对某一现象在实际生活环境下的状况进行仔细翔实的描述和分析。案例研究法的实施过程主要包括：案例研究方案的设计、收集案例研究证据前的准备工作、收集研究证据、分析研究数据、撰写研究报告等。在生物学教育研究中，教育硕士需要着重关注的三点是：(1)判断你的研究是否适合运用案例研究法；(2)如何收集案例研究数据；(3)如何呈现案例研究结果。本节通过呈现一个完整的案例研究实例，帮助教育硕士进一步理解和初步学会运用案例研究法。

1. 案例研究的应用实例

(1)文章基本情况

研究题目：STEM 教育背景下的社会科学议题：职前科学教师的案例

---

① Hancock D R, Algozzine B. Doing Case Study Research：A Practical Guide for Beginning Researchers [M]. 2nd ed. New York：Teachers College Press，2011.

研究[①]

论文摘要：本研究为案例研究。参与者是 12 名高年级的职前科学教师，其在一所州立大学学习 STEM 教育和社会科学议题的理论和实践课程。本研究在前 4 周开设关于社会科学议题和 STEM 教育的理论课程。职前科学教师选择一个社会科学议题，将其作为开展 STEM 活动的问题情境。参与者共有 3 周时间用于确定议题和准备 STEM 活动。在此期间，研究者给参与者提供反馈信息。从研究的第五周开始，每个职前教师小组在班上实施 STEM 活动，其他小组作为学生。本研究的数据来源包括：职前教师所准备的教学活动计划、研究人员在活动实施过程中所做的实地记录，以及关于职前教师对 STEM 教育中使用社会科学议题观点的半结构化访谈。结果显示，职前科学教师普遍认为社会科学议题作为 STEM 活动的问题情境是合适的，社会科学议题具有与现实生活一致性、多重标准以及与其他学科兼容性等特点。此外，在教学实践后，他们认为这些活动既有助于开展社会科学议题教学，也有助于多学科融合教学。因此，建议使用社会科学议题情境开展 STEM 教育。

关键词：STEM 教育，社会科学议题，职前科学教师

（2）文章正文

研究背景

在 STEM 教育中，学习者所面临的问题情境与其过去的经历相关，与其所处的社会文化环境以及现实生活相适应，且至少包含 STEM 中的两个学科以及有多种解决方案；当学习者探索问题的解决方案时，他们期望其学习是全面且有意义的（Bozkurt Altan，2017）。通过这样的学习，能够促进学习者职业意识的发展、对 STEM 领域的兴趣以及 21 世纪技能的发展。研究人员认为 STEM 教育有助于 21 世纪技能的发展。批判性思维和推理、创造性和创新性思维、决策、沟通和协作技能、领导力和创业精神以及信息素养等都是这些技能中的一部分（国际教育技术学会，2007；为了 21 世纪技能的合作[P21]，2013）。

在相关文献中，STEM 教育经常强调建立一个合适的问题情境来启动学习过程的重要性[Breiner，Harkness，Johnson ＆ Koehler，2012；Bybee，2010；Chiu，Price ＆ Ovrahim，2015；Harrel，2010；NAE（国家工程院）＆ NRC（国家研究理事会），2009；NRC，2012；Sanders，2009]。在大多数研究

① ALTAN E B，OZTURK N，TURKOGLU A Y. Socio-Scientific Issues As a Context for STEM Education：A Case Study Research with Pre-Service Science Teachers[J]. European Journal of Educational Research，2018，7（4）：805-812.

中，工程设计问题被认为是 STEM 教育的合适问题情境。以工程问题为中心开展工程设计，工程问题代表了科学、技术和数学学科相结合的重要背景（Hmelo，Holton & Kolodner，2000；Mehalik，Doppelt & Schunn，2008；Moore，Stohlmann，Wang，Tank & Roehrig，2014；Sadler，Coyle & Schwartz，2000）。此外，与学生所处的社会文化环境相适应且可通过跨学科合作加以解决的问题，也被认为是 STEM 教育中合适的问题情境（Asghar，Ellington，Rice，Johnson & Prime，2012；Chen，2007；Lou，Shih，Diez & Tseng，2011；Tsai，2007）。本研究是基于社会科学议题作为 STEM 教育的问题情境来开展的，这些问题情境又与 STEM 的教育目标相重叠。

社会科学议题是复杂的、开放性强的、多具有争议性、与社会重要的日常生活相关且没有明确答案的议题（Topcu，2010）。它们在社会生活中是有意义和重要的（Eastwood et al.，2012）。社会科学议题包括可再生能源、核能源、转基因生物和全球变暖等，这些都与我们目前生活的这个社会密切相关（Fleming，1986；Zeidler，Walker，Ackett & Simmons，2002）。从这个意义上说，科学教育重视社会科学议题，往往是为了提高学生的决策、分析、综合和评价能力（Zeidler，2001）。许多强调社会科学议题教学重要性的科学教育工作者指出，这些问题应该包括在科学课程中（Driver，Newton & Osborne，2000；Zeidler，1984）。

由于社会科学议题在结构上是跨学科的（包含 STEM 中的学科），且包含科学知识以及符合现实生活经验，因此，对社会中的所有个体来说，社会科学议题可被考虑作为 STEM 教育的重要问题背景。当学生试图通过推理社会科学议题来做出决策时，这些议题就是作为问题情境来构建的，他们在这些问题中使用了嵌入式 STEM 学科。因为社会科学议题允许辩论和推理，从而与 STEM 教育的目标相重叠。在社会科学议题和 STEM 教育背景下开展的问题反映了现实生活。在 STEM 教育中融入社会科学议题，不仅有助于提高对社会科学议题内部存在不同学科的认识，也提高个体对社会问题的认识（Zouda，Halwany，Milanovic & Bencze，2017）。同样，蔡德勒（Zeidler）指出，STEM 教育应该在社会科学议题和推理的框架内进行，这一事实引起了人们的注意，STEM 研究人员应考虑这些问题。正如研究人员指出的，在 STEM 教育的范围内讨论社会科学议题，以及规划、实施和评估一些教学实践，可能会为利用社会科学议题来实现 STEM 教育目标提供重要的发现，这是跨学科学习研究的最新进展。事实上，在研究社会科学议题的特征（Eastwood，Sadler，Zeidler，Lewis，Amiri & Applebaum，2012；Fleming，1986；Topcu，2010；

Zeidler, Walker, Ackett & Simmons, 2002; Zeidler, 2001)和 STEM 教育的性质(Asghar, et al. 2007; Breiner, et al. 2007; Bybee, 2010; Moore, et al. 2014)时，研究在 STEM 教育中使用社会科学议题作为问题情境是有价值的。

研究方法

研究目的

本研究旨在确定职前科学教师对 STEM 教育中使用社会科学议题的评价。

研究参与者和数据收集

基于定性研究范式，本研究为案例研究。马歇尔(Marshall)和罗斯曼(Rossman)(2006)提到案例研究被用于评估一个项目或深入详细地描述一个现象。尹(Yin)(2009)从个案及其分析单位的视角讨论了案例研究的四种模式。本研究将职前科学教师对社会科学议题在 STEM 教育中应用的评价作为一个整体。因此，本研究是一个整体式的单一案例研究。

参与者是一所州立大学的 12 名高年级职前科学教师，由于本研究需要在 STEM 教育和社会科学议题方面具有理论和实践经验的人员，所以他们被有目的地挑选出来。这些职前科学教师之前已选修过几门科学课程(物理、化学、生物和数学)，以及符合科学课程内容和目标的课程。他们还选修了一门关于社会科学议题及其教学的课程，共 28 小时；以及选修另外两门关于 STEM 理论与实践教育的课程，共 84 小时。

这项研究是在一门选修课的基础上开展的。这门课程共 14 周，在前 4 周，进行关于社会科学议题和 STEM 教育的理论讲座。在讲座中，这些职前教师做关于 STEM 和社会科学议题的展示，目的是帮助他们重温这些内容。与社会科学议题相关的内容，比如：(1)什么让一个话题具有社会科学性；(2)社会科学议题和日常生活；(3)与社会科学议题相关的简单练习。与 STEM 相关的内容，比如：(1)STEM 学科和未来；(2)STEM 教育的重要性；(3)STEM 活动的评估方式。最后，讨论社会科学议题作为 STEM 教育的问题情境。然后要求职前教师选择一个社会科学议题，并将其作为开展 STEM 活动的问题情境。每组 2～3 人，共 5 组。在实践操作中，职前教师是分组进行的。各组有 3 周时间来确定议题并准备 STEM 活动，研究人员在此期间给予反馈。STEM 教育从一个问题陈述开始，这个问题应适合学生所处的环境，应有多种解决方案，应与过去的经验相关，且应至少与技术、工程和数学中的一个学科有关。最后，活动以小组形式进行。从研究的第五周开始，小组在课堂上实施 STEM 活动，他们的同学就是他们的学生。活动结束后，职前教师对活动进行评价。

"你如何评价这个活动？请详细阐释"这样的问题是直接发给职前教师的，每个职前教师都以书面形式对活动过程进行评估。此外，研究人员观察了所有的活动并做了现场记录。在这些活动开展过后，对每位职前教师进行面对面的访谈，以了解他们对于在 STEM 教育中应用社会科学议题的详细看法和观点。因此，本研究的数据来源包括对职前教师的访谈、研究人员的实地记录以及职前教师制订的教学活动计划。

研究数据分析

对研究人员的现场记录和职前教师的访谈采用内容分析的方法，对职前教师制订的活动计划采用描述性分析（Strauss & Corbin，1994）。埃尔詹（Ercan）(2015)在借鉴其他研究成果的基础上（Bowers，2015；Stearns，Morgan，& Capraro，2012；Stohlmann，Moore，& Roehrig，2012)开发了编码方案，作为 STEM 课程活动评价的描述性分析框架。编码方案由内容、方法、测量和评价四个维度组成。基于埃尔詹（Ercan）(2016)提出的编码方案，在分析教学活动计划的同时，在内容这一维度加入了两个与问题情境相关的编码。表 7-2 是用于分析教学活动计划"内容"这一维度的编码框架示例。

表 7-2　在内容维度编码框架

种类	编码		解释
内容	学科整合	只有科学（只有 sci）	只考虑科学学习目标
		科学和另一个独立的学科（sci&ind＝1）	除了科学之外，还考虑了另一门 STEM 学科的学习目标，但是没有提到跨学科的联系，只是单独处理各个学科
		另一门与科学融合的学科（sci&dep＝1）	除了科学之外，还考虑了另一门 STEM 学科的学习目标，并提到了该学科的知识和实践之间的联系
		科学及其他独立学科（sci&ind＞1）	除了科学之外，还考虑了其他 STEM 学科的学习目标，但是没有提到跨学科的联系，只是单独讨论各个学科
		与科学相结合的其他学科（sci&dep＞1）	除了科学之外，还考虑了其他 STEM 学科的学习目标，并提到了知识和学科实践之间的联系
	解决问题的方法	问题有多个解决方案的	问题包括多个解决方案，从而反映多标准决策过程
		问题只有单一解决方案的	这个问题只涉及一个正确的解决方案

种类	编码	解释	
内容	问题的日常生活背景	问题适合日常生活	问题与现实生活背景相适应
		问题不适合日常生活	问题不适合现实生活背景

注：sci 为 science 的缩写；dep 为 dependent 的缩写；ind 为 independent 的缩写。

根据框架，由两名不同的研究人员分别评估各组的活动计划。信度由迈尔斯（Miles）和休伯曼（Huberman）提供的公式计算（1994）：信度＝［两者一致的数量÷（两者一致的数量＋两者分歧的数量）］×100％。研究人员间评估结果的一致性是 96％。

研究结果

与教学活动计划相关的结果如表 7-3 所示。

表 7-3　与社会科学议题使用和 STEM 活动计划相关的结果

种类	第一组：燃料类型	第二组：克隆	第三组：转基因生物	第四组：核能	第五组：水力发电
内容	科学与数学结合	科学与数学结合	科学与数学和工程结合	科学与数学和工程结合	科学与数学结合
	问题有多种解决方案	问题有多种解决方案	问题有多种解决方案	问题有多种解决方案	问题有多种解决方案
	现实环境是适当的	现实环境是适当的	现实环境是适当的	现实环境是适当的	现实环境是适当的
方法	计划使用基于问题的学习	计划使用基于问题的学习	计划使用基于问题的学习	计划使用基于问题的学习	计划使用基于问题的学习
测量与评价	包含在活动计划中	包含在活动计划中	包含在活动计划中	包含在活动计划中	包含在活动计划中

从表 7-3 可看出，在基于社会科学议题情境制订的 STEM 活动计划中，职前教师将科学与其他学科相结合。设置的问题情境不止一种解决办法，且它们也适合现实生活。职前教师采用基于问题学习的教学方式，将社会科学议题作为 STEM 教育的问题情境。此外，在所有的活动计划中都开展了测量和评估，涉及多个学科，而不是单一学科。

职前科学教师（编号为 PST4 和 PST6）采用的问题情境分别如下：

"在进入教派战争之前，叙利亚本身的经济能够满足国家和人民在经济方面的需求。由于 2008 年发生的战争，这个国家在各个方面都遭受了创伤。许多人，不论老少，不是离家出走就是成为烈士。试图避免战争的叙利亚，正在寻找恢复昔日幸福生活的方法。因此，叙利亚总统在会见外长时再次表达了对叙利亚恢复幸福生活的愿望，他向部长们表达了使用转基因作物的必要性。"(PST4)

"你是农业部和卫生部专家组的成员。上级要求你在是否使用转基因生物这个问题上开展详细的工作。"(PST6)

在陈述上述问题情境的活动中，教师要求学生通过选择合适的种子和植物来为此地的农业发展进行设计。比如，提出诸如"什么是转基因生物?""它们是有用的还是有害的?"等这些问题；审查和比较转基因产品与非转基因产品生产成本和生产率的表格或图表，并建立数学模型；开展转基因产品对人类健康和生态系统短期和长期危害的研究，以及对农田耕作的替代方案进行研究。

访谈探查了职前教师对使用社会科学议题作为 STEM 情境问题的观点，所有的职前教师(f=12)都表示社会科学议题为 STEM 教育的问题发展提供了一个合适的基础。他们指出，由于社会科学议题的一些特征，其不仅为 STEM 活动提供基础，还为 STEM 活动开展提供便利。将职前教师提到的这些特征按 3 个类别进行分组，如表 7-4 所示。

表 7-4　社会科学议题为 STEM 活动提供便利的特征

种类	频率
适合现实生活	12
拥有不止一个解决方案	10
与其他学科的整合	10

职前教师认为，社会科学议题为 STEM 活动的发展提供了便利，因为它们适合于现实生活(f=12)，它们的性质决定了它们有多个解决方案(f=10)，且它们可以很容易地与科学之外的其他 STEM 学科相结合。一些职前教师(编号为 PST7，PST9，PST12)的观点如下：

"……我知道对 STEM 活动来说，其对现实生活的适应性是很重要的。社会科学议题是我们生活中的科学话题。因此，很容易开展活动……"(PST7)

"……适合现实生活的环境很重要，社会科学议题使之成为可能。而且生活中的问题没有单一的解决方案，STEM 活动应该是类似的，应该让学生思考。社会科学议题就需要多方面的思考……"(PST9)

"……社会科学议题需要科学知识。例如，我们在活动中讨论了转基因问题，这不仅仅是科学。比如我们还需要考虑对食物的需求、需要多长时间、需要多少来满足这些需求，等等。仅仅说我反对转基因生物是没有意义的。我们需要从其他学科的视角多角度考虑，这样就自动建立了学科间相互关系……"(PST12)

职前教师在开展 STEM 活动时得到了研究者的反馈，在这些反馈对话中，我们观察到，由于社会科学议题是我们生活中自然产生的，所以很容易在职前教师周围构建一个问题情境。这些反馈被研究人员作为现场记录。在 STEM 活动计划中，相比其他学科，职前教师能更容易地把数学整合进来。然而，在一些社会科学议题中(比如核能和转基因生物)，工程学更容易融入活动中。

职前教师开发的每个 STEM 活动计划都在课堂上进行了研究。在这个过程中，职前教师以学生的身份参与各个小组的活动。所有的职前教师($f=12$)都提到他们发现了适合 STEM 教育的活动。他们对这些活动的评价如表 7-5 所示。

表 7-5　职前教师对基于社会科学议题的活动评价

种类	编码	频率
发展 21 世纪技能	决策	11
	推理	10
	批判性思维	10
	问题解决	10
	伦理推断	9
对学习的贡献	趣味性	12
	适应日常生活	12

职前教师认为这些活动有助于 21 世纪技能的发展。他们提到的技能包括决策($f=11$)、批判性思维($f=10$)、推理($f=10$)、问题解决($f=10$)和伦理推断($f=9$)。例子如下：

"在阅读有关 STEM 教育的资源以及我们以前所做的活动时，最重要的是为 21 世纪所需必要技能做出贡献。我认为这些跨学科活动中的社会科学议题培养了学生的决策能力。在做决定时，它还允许我们从伦理的角度提出意见，无论这些意见是正面的还是负面的。"(PST3)

"STEM 教育活动中的问题情况确实存在于现实生活中。例如，核问题正是我们现实面临的一个问题。我们意识到，在试图解决问题的同时，也在试图寻找和不同学科相关的解决方案……"(PST7)

从上述陈述中可看出，职前教师认为他们基于社会科学议题构建 STEM 活动对 21 世纪技能的发展做出了贡献。他们还从活动趣味性和是否适合日常生活两个方面来评价活动对学习的贡献。例子如下：

"……我认为这些活动很有趣。因此，我们在处理细节问题时没有感到无聊……"(PST5)

"这些活动最棒的地方在于它们来自日常生活。我们对这些问题感到好奇，因为它们与我们有关，另一方面，我们也了解它们……"(PST8)

"有趣的是，这些主题都来自现实生活，且其他学科，诸如数学和工程学等，也都融入这项工作中。"(PST1)

研究人员实地记录的结果显示职前教师积极参与了这些活动。一些平时很少参与课程的职前教师(例如，编号为 PST4 和 PST9)，也积极参加了所有的活动。在现场记录中记录如下：

"PST4 和 PST9 是两个在我以前教过的课程中不太活跃的学生。然而在这些活动中，他们出奇地活跃，在自己的小组中占据领导地位并与其他成员一起分享观点。"

在小组中巡回观察时，发现职前教师都开展了小组讨论。还发现，职前教师试图回答他们所持有的积极或消极的想法，并在讨论中交流反思他们的调查过程。可以看出，活动开展过程涉及了推理、决策和问题解决等任务。因此，从实地记录中获得的结果也支持他们对在 STEM 活动中使用社会科学议题的评价。

讨论和结论

本研究的参与者参加了关于 STEM 教育和开发的理论与实践课程，实施和参与了以社会科学议题为问题情境的 STEM 活动，并对在 STEM 中使用社会科学议题进行了评价。评价发现其是合理的，因为这些议题适合于现实生活、有多个解决方案、易于与 STEM 学科融合。此外，研究还观察到，职前教师制订的活动计划既适合社会科学议题的教学，也适合 STEM 教育的实现。由职前教师开发的 STEM 活动计划中，有两个综合了科学、数学和工程学，有三个综合了科学和数学。活动中呈现的问题情境，符合学生社会文化背景，并提供多种解决方案。

这些职前教师了解 STEM 教育的理论背景，并参与了相关活动。他们也了解社会科学议题的理论知识。但是，他们以前没有在社会科学议题的问题情境下开展 STEM 活动。他们现有的知识在规划和实施基于社会科学议题的 STEM 活动方面是有效的，且他们所制订的课程计划也符合 STEM 教育的特点。当研究者在研究社会科学议题的特征时，的确认为这些议题可为实现STEM 教育提供合适的问题情境（Eastwood et al.，2012；Fleming，1986；Topcu，2010；Zeidler，Walker，Ackett & Simmons，2002；Zeidler，2001）。

在本研究中，职前教师有很多机会来认识和思考他们所准备的教学活动。他们认为这些活动能够培养很多技能，比如决策、推理、批判性思维、问题解决和伦理推断等。他们也认为这些活动很有趣且与日常生活相关，能够激励学习。由于社会科学议题的性质和特点，需要使用决策技能（Bell & Lederman，2003）。类似地，由于对 STEM 活动中问题情境所需多种解决方案以及对选择最佳解决方案的需求，决策技能也在这些活动中得到广泛应用（Fila & Purzer，2013；Purzer，Moore，Baker & Berland，2014）。在社会科学议题决策过程中，经常强调考虑可持续发展、理解其与价值相互作用的风险、收益—成本分析以及价值和道德判断（Ratcliff & Grace，2003）。可汗（Khan）（2015）也指出了 STEM 教育中伦理的重要性。本研究中职前教师的评价与已有文献的观点一致，都认为在活动中可发展伦理推断能力。这一发现也表明职前教师可在文献的基础上，评价基于社会科学议题的 STEM 活动。

蔡德勒（Zeidler）（2016）强调了基于社会文化背景构建 STEM 教育的重要性，并从社会科学议题的推理框架思考该点。职前教师对于活动中批判性思维、推理和决策等技能的认识，也表明本研究发现与已有文献中对在 STEM 中使用社会科学议题的预期相符。已有文献和该研究结果表明，社会科学议题为实现综合学科教学提供了基础。在职前教师的活动计划中，他们将科学与其他学科结合起来，活动包括多标准决策过程等，这些明显的标志表明社会科学议题可为 STEM 教育创造合适的环境（Khan，2015；Zeidler，2016；Zouda，et al. 2017）。

综上所述，社会科学议题情境可用于 STEM 活动。在这项研究中，职前教师采用基于问题的 STEM 活动，将社会科学议题作为问题情境。在这些活动中，职前教师的评价观点表明许多技能得到发展。研究人员可进一步为不同年级的学生设计基于社会科学议题的 STEM 活动，从而调查他们在活动中发展哪些技能。

2. 案例研究实例点评

"STEM 教育背景下的社会科学议题：职前科学教师的案例研究"是一个典型的单案例研究。研究者非常清楚地知道"案例研究常被用于评估一个项目或深入详细地描述一个现象"，基于研究需要将职前科学教师对社会科学议题在 STEM 教育中应用的评价作为一个整体，因此本研究选择了单案例研究法。作为一名教育硕士，我们需了解如何判断研究是否适合运用案例研究法。例如，可运用案例研究法了解一些教师对于论证教学的看法，可运用案例研究法了解一些学生对建构模型的观点等。此外，前面的理论已提到，由于多案例设计具有超过两个案例的分析可产生较强的证据效果，而单案例设计与其相比较为脆弱，因此单案例设计要做好较为充分的论证以证明所选案例的合理性。本案例中，研究对象需在 STEM 教育和社会科学议题方面具有一定的理论和实践经验，因此作者在文中专门提到"这些职前科学教师之前已选修过几门科学课程（物理、化学、生物和数学），以及符合科学课程内容和目标的课程。他们还选修了一门关于社会科学议题及其教学的课程，共 28 小时"等，以此论述所选研究对象，即案例的合理性。

在研究方法中，本研究详细阐述了研究如何开展以及数据收集的方法。我们知道，案例研究中数据的来源主要包括：①文档或文件信息；②档案记录；③访谈；④直接观察；⑤参与者观察；⑥实体或文化产品。在开展案例研究前，我们需仔细思考和对比这六种数据来源，选择适合自己研究的数据收集方法。本案例中，研究者在研究方法中明确指出，"数据来源包括对职前教师的访谈、研究人员的实地记录以及职前教师制订的教学活动计划"。非常清晰明确地告诉读者研究是如何收集数据的，这种写法值得提倡，在今后我们自己的案例研究撰写中可以借鉴。由于案例研究法通常会收集到较多类似于访谈、现场观察记录等这些质性的资料，在数据分析中，研究者需要写明采用哪些方法来分析这些数据。在本研究的数据分析中，研究者写明了用来分析 STEM 课程活动评价的描述性框架，该框架由内容、方法、测量和评价四个维度组成。这样的写法启示我们，在案例研究的数据分析时，面对质性数据尽量采用一定的准则进行分析，例如编码框架，而不是没有目的和针对性的陈述。

由于案例研究数据分析的特点，在研究结果呈现时，通常采用定量数据（例如图表）和描述性文字相结合的方式。比如，在分析职前教师认为基于社会科学议题的活动有助于 21 世纪技能的发展时，表 7-5 通过定量数据呈现了教师提到"决策""推理""批判性思维""问题解决""伦理推断"等的次数或频率。与此同时，在接下来的描述性分析中，向读者展示了教师到底是如何提到和描述这些能力的。例如，编码为 PST3 的教师提到"在阅读有关 STEM 教育的资源以及我们以前所做的活动时，最重要的是为 21 世纪所需必要技能做出贡献。

我认为这些跨学科活动中的社会科学议题培养了学生的决策能力。"在图表和描述性文字展示之后，研究者进行总结："从上述陈述中可看出，职前教师认为他们基于社会科学议题构建 STEM 活动对 21 世纪技能的发展做出了贡献。"以上这样的呈现方式，在案例研究撰写研究结果时经常用到，值得借鉴参考。不过，本案例在呈现研究结果时，若能将 STEM 活动计划分析结果、21 世纪技能分析结果等按照小标题的形式呈现出来，在行文逻辑上将会更加清晰明了。最后，在讨论及结论部分，该案例首先归纳总结本研究中参与者参加的活动以及研究的主要结果；然后将结果与相应的研究结果进行比较分析，进行进一步的解释或者试解释；最后作者提出基于本研究可延伸出的研究内容（如，"可进一步为不同年级的学生设计基于社会科学议题的 STEM 活动，从而调查他们在活动中发展哪些技能"），起到为阅读该文的研究者抛砖引玉的作用。

【章后拓展】

论证被认为是科学教育对学生科学素养发展要求的重要方面，科学教师是科学课堂组织论证性讨论的关键因素。在课堂上进行论证，不仅要求教师掌握自己进行论证的基本认识和技能，而且要求教师制定有效的实施论证的策略。作为一名科学教育研究者，你该如何设计一个案例研究来探查职前教师在科学教学中对论证的理解和实践？可从以下几个方面考虑：

（1）研究对象是哪些教师？需要几位教师？

（2）探查他们对论证哪些方面的认识或理解？可分成几个维度？

（3）如何收集研究数据？

（4）如何呈现最终的研究结果？

第八章　论文写作与学术规范

【学习目标】

1. 概述论文的基本结构和组成，阐明论文各章节之间的逻辑关系。

2. 领悟论文的核心是论证，论证以事实证据为基础，论证过程符合逻辑，只有这样研究结论才是可靠的。

3. 阐述论文的格式规范，包括各章节文字图表的格式与排版、文献引用及其标注与著录等。

4. 举例说明论文的语言表达应使用书面语，做到简洁、专业、规范、客观。

5. 解释并说明何谓学术规范，严谨治学，杜绝学术失范和学术不端等。

【内容概要】

论文写作首先需要了解论文的结构组成、理解其各组成部分之间的逻辑关系，还要严格遵守学术规范。本章着重介绍学位论文和短篇论文的一般结构与格式要求，详细剖析论文各组成部分的目的要求及其相互之间的内在逻辑关系，以使论文全篇成为一个有机的整体。同时介绍论文各部分的格式和排版要求，以及在撰写、投稿和发表论文的过程中应该遵守的学术规范。通过原则叙述结合典型的案例分析与实际应用，切实指导读者认识理解论文的结构及其格式规范，学会如何规范撰写论文，在相关的学术活动中严格遵守学术规范，杜绝学术不端。

【学法指引】

结合本章的学习目标和各节的问题聚焦，认真研读本章内容。在学习论文结构和写作规范的同时，开展案例分析和讨论，并运用于实际的学习和研究工作中，以期深刻理解论文结构和准确把握学术规范。读者学习本章时可同时阅读几篇典型的硕士学位论文和发表于期刊的优秀生物学教研论文，对照本章的分析和示例进行领会，更好地把握论文的格式要求的要领与实质，做到学以致用，严格遵守治学的行为准则。

第一节　论文须内容完整、结构有序

【问题聚焦】

1. 论文一般包括哪些部分？各章节之间有着怎样的逻辑关系？
2. 论文各章节的目的分别是什么？各有怎样的规范？
3. 学位论文和一般的短篇论文的要求和格式有什么相同和不同之处？
4. 论文的题目和关键词之间关系如何？论文的摘要和正文关系如何？
5. 论文的研究内容、研究目的和研究意义之间有何关系？
6. 论文的讨论和结果、前言之间有何关系？

　　教育科研论文简称教育论文，撰写教育科研论文的主要目的是阐述对某一个教育教学问题的理性认识，表明自己的观点。论述的重点不仅在于说明是怎么做的，更要说明为什么这么做。也就是说，要从教育理论的角度提出教改实践的理论依据以及一定的事实依据。一般包括四个方面：我想研究或解决什么问题、我为什么要研究这个问题、我是怎样研究和解决这个问题的、这个问题解决得怎么样了。

　　就生物学领域而言，教育科学研究是针对生物学教育教学中的现象和问题，提炼出教育研究的课题，按照一定的研究规范和程序开展教育教学研究。研究的成果一般以研究论文、研究报告或实验报告等形式呈现出来。生物学教育研究论文与一般的研究论文既有共同的要求和结构特点，也有自己的学科特性。一篇典型的研究论文包括以下几个部分：题目、署名及作者单位、内容摘要、关键词、正文、注释与参考文献。其中，正文有前言、本论和结论三部分。如果是一篇学位论文（Dissertation），可以从论文的目录很明显地看出论文的结构和内容。短篇论文（Paper）一般不编写目录，但也可以从论文的小标题看出上述几个部分，只不过部分内容的标题可能省略不写，比如正文的前言。

一、题目应简洁准确地表达论文的研究主题，反映核心内容

　　题目又称标题，是论文的窗口，它既是研究课题的具体表达，又是论文内容的高度概括。一个合格的论文题目应能大体反映该论文研究的领域方向、主题、对象与内容、成果和意义。俗话说："题好一半文"。题目如眼，读者在翻

阅学术期刊时，首先要浏览论文目录。好的论文题目能够一下子吸引读者的注意，能够一目了然地体现论文的研究内容和可能的学术或应用价值，从而产生阅读论文摘要和正文的兴趣和冲动。读者要能够通过论文题目中的主题词来判断文章的研究问题和目的定位，所以题目用语准确和表述规范、通顺是非常重要的。论文题目应该是对研究问题的精确具体的描述，这种描述一般要在一定程度上体现研究结论。论文题目常常是陈述句，一般不用疑问句式。

> **核心概念：** 题目即题眼，简练而明确地表达研究的主题内容。读者可以从题目中提炼出 2~3 个关键词，迅速把握论文的关键信息。

具体来说，论文标题应该符合以下几个要求：

（1）标题要求准确地表达主题。所用字词一定要准确，仔细推敲表述方式，必须符合语法规范。采用学术化书面表达，不能太随意、不能存在歧义。

（2）标题一定要与文章的内容相符，使人一看题目就知道这篇文章是论述什么，即能很好地反映文章的核心内容。

（3）标题要求简练、概括、明确。一般不宜超过 25 字。若标题超过 30 字，一般在录入各种检索系统时不能完整保存和显示，这样显然会影响正常的信息提取和交流。

（4）如果标题表达不到位或者范围过大时，可以用副标题加以限定。副

> **实践训练：** 盖住核心期刊论文的题目，尝试根据该论文的摘要和关键词，确定该论文的题目，然后与原题目进行对比，思考其间可能的差异。通过这样的训练，能够较好地掌握题目的写作规范，并提高拟定题目的能力。反过来，读者也可以从一篇论文的题目中提炼出（大部分的）关键词。

标题是对正标题的补充，可以在前面加一个破折号隔开正题和副题，开头排列不要完全对齐。

应当注意的是应该尽量避免使用副标题，只有在存在两个同等重要的主题或者论点的情况下才使用副标题。如"我国人文社会科学的演变——以南京大学为例"，表示全国层面的历史与南京大学的历史受到同等重视，它不同于"南京大学人文社会科学的演变"——这只是单个案例研究，也不同于"我国人文社会科学的演变"——可能是多个案例研究，然后基于此得出全国的结论。在绝大多数情况下，建议这样的标题改为没有副标题的形式，如"以南京大学为例剖析我国人文社会科学的演变"。再如，"生物学实验探究设计——以生物催化剂酶为例"，建议这样的标题可以改为"基于实验探究的'生物催化剂——酶'的

教学设计"会更好些。

　　好的论文题目方便同行检索，同时也提高论文的被引用机会。因此，题目应该包含最关键的词语，突出创新之处。一般建议从题目中(至少)能够提取出2～3个关键词。这样，同行读者就可能从题目中概括出研究的主题和问题的中心，以便快速准确地判断该论文的价值所在，从而决定是否需要继续阅读摘要和正文。关键词应属于专业词汇，是有实质性专业含义的主题词，有助于对研究问题的了解和把握，而不是"初探""浅析""探讨""研究"等普通词汇。

　　题目拟订中常见的错误有：

　　(1)研究问题不明确

　　论文题目要准确反映所研究的问题，否则会给读者带来误解。常见的问题是题目太宽泛，表达含义不明确。如"教师教育改革背景下的教师专业化与教师专业发展问题研究"，由于"教师专业化"是"教师专业发展"的必然结果，教师专业发展又是教师教育改革的重要任务之一。因此，整个题目中只有"教师专业化"是关键词，而且要研究专业化的什么问题也没有表明，研究的问题范围太宽泛而模糊，读者很难把握该论文的研究主题和内容方向。如果改为"在师范体系转型背景下的教师专业发展问题"就要好一些。师范体系转型带来了我国的教师专业发展所面临的问题，是所有国家面临的问题，因此值得开展专门研究。但这里的"教师发展专业问题"仍是一个涉及面比较多、范围较大的研究课题，如果作为一个宏观的、总体的或初步的研究课题，这个范围也是可以的。但若要开展具体而深入的研究，还应做更进一步限制和细化。

　　(2)以空洞的排比、骈体、对偶句等形式出现

　　这类题目往往存在两个方面的问题：一是大而不当，哗众取宠；二是声势与内容不匹配，看起来是因果关系或条件关系(自变量和因变量的关系)，但正文内容并非如此。如"繁荣与发展社会科学，创建世界高水平大学""落实学科核心素养，提高生物学教学质量"等，正文中并没有展示诸如社会科学发展与创建世界高水平大学之间的必然联系，核心素养与具体提高生物学教学质量的因果关系等。这样的题目更类似于口号标语，显得空洞无物，不符合学术论文的规范。实际上，上例"教师教育改革背景下的教师专业化与教师专业发展研究"也是松散的并列关系的变体，它的另一种表述可以是"加快教师教育改革，推动教师专业发展"。而"大师·大爱·大楼""知识·能力·素养"则不同，提出了影响一流大学建设的三个因素或素养立意的新型课程理念，研究问题清晰明朗。

　　(3)以研究领域代替研究问题

　　以研究领域代替研究问题的例子不少，如"中学生物学实验初探"。如果将

题目改为"生物学科学史中的实验探究策略研究"就要明确得多。总之，论文题目要尽量聚焦具体的研究问题，而不要表述为对整个领域或主题的"研究"。有的论文题目为了弥补该不足或消除该弊端，又加上"以……为例"的副标题。但往往是大题小做，而且题目的字数太多。

【案例研讨】

分析以下几个题目，试试看能否从每一个题目中提炼出 2～3 个关键词，并尝试拟出在该题目下可能开展的研究课题所包含的研究内容与方向等。

1. 高中生物学模型建构教学的实践研究
2. 在初中生物学教学中渗透性教育的研究
3. 基于 STEM 理念的高中生物学校本课程的开发与实践
4. 利用植物资源开展高中生物学研究性学习的实践研究
5. Rasch 模型在高中生物学伴性遗传多重表征诊断的应用研究

【学以致用】

小林是一名学科教学专业的研究生，她在教育实习中发现，老师们普遍反映高中生物学中遗传学模块的教学效果不理想，许多学生感到对遗传学题目存在诸多困难，无从下手。为此，小林初步提出了"高中生物学遗传题解题障碍及对策的研究"课题。请你和同学们一起分析讨论这个题目是否合适？应该从哪里入手、可以从哪几个方面开展相关研究。

二、对论文做出实质贡献的人按照贡献大小依次署名

期刊论文的作者包括对论文研究和撰写做出实质性贡献的所有人，又可分为通讯作者、第一作者、联系作者等。

通讯作者通常是指课题的总负责人，承担课题的经费、研究设计、文章的撰写和质量把关等，是实际统筹处理投稿和承担答复审稿意见等工作的主导者，是论文所涉及研究工作的总负责人。最重要的是，通讯作者担负着文章可靠性的责任，一般署名在作者排序的最后。一般实际执行实验和研究工作的实施者，又是论文的执笔者，自然应该是论文的第一作者。如果开展研究工作的有多人，根据做出贡献的大小，依次署名。可能有第二作者、第三作者等。按照国际惯例，论文作者的重要次序依次是第一作者和通讯作者、第二作者、第三作者，等等。特殊情况下，可能难以比较某些人对该研究工作和论文的贡献多少，两人（或多人）的署名有先后，但可能会注明他们为"同等贡献作者"。

对论文研究或撰写做出一定贡献，但又不符合署名要求的相关自然人或法

人(如提供基金资助、为研究提供其他便利条件、论文修改与润色等)，可以以"致谢"等方式列出。

作者姓名要署真名、全名，不署笔名。署名的目的有三个：①表明作者付出了辛勤的劳动，声明作者的研究贡献和知识产权；②表示作者要对文章负责；③便于读者与作者联系。尤其值得一提的是，为文章署名，只有文章的实际作者才应该署名。一般是署个人的姓名。如果属于集体成果，可署集体名或课题组名称。可以在集体的名义下，分别写出参加者个人的姓名。

作者单位包括所有作者的单位名称、单位所在地(省市)、单位的邮政编码。在署名下一行小括号里写上作者的单位，隔一个字写单位所在的省市，再隔一个字写上作者单位所在地的邮编。一般是将作者姓名和单位放在标题下面，但有的刊物将作者的单位写在文末。

所在单位要写全称，比如，"福建师范大学生命科学学院"不要简写成"福师大生科院"。

三、摘要是论文全文的缩写，具有相对独立性

摘要(Abstract)是对论文主要内容的高度概括，是以提供文献内容梗概为目的，简明扼要、正确记述文献重要内容的短文。无论短篇或长篇论文，一般都需要编写摘要，只有特殊的短文才能省略摘要。长篇论文如学位论文的摘要相对比较详细，篇幅可达 1～2 页(1000～2000 字)。一般短篇论文的摘要 100～300 字，具体字数限制根据不同期刊的要求可能有所不同。

摘要是论文全文的缩写，是一篇完整的短文，具有相对的独立性。合格的摘要要求不用参考论文的其他部分具体内容(如结果图表、参考文献等)就能看懂论文的主要内容，如研究结果、结论和观点等。因此，摘要需要扼要交代论文的研究问题及其背景、所用的研究方法及取得的主要研究结果、结论。其中结果和结论是核心，都要有具体的内容。

摘要和题目、关键词一样常常都是文献检索的重要依据。

1. 摘要的结构与论文全文基本一致，遵循同样的内在逻辑

简短的摘要一般为一个自然段，学位论文的摘要一般按各部分的主题内容分段落。摘要的主要结构可以概括为下列 4 个部分，按照同样的内在逻辑顺序排列：

(1)存在的问题和研究的主要目的

(2)实验设计与方法

(3)最重要的结果

(4)主要结论

2. 摘要的表述要简明扼要、客观、具体，但不是全文各章节的简介

摘要着眼于客观地向读者介绍论文的精华，以利于其迅速决定是否有必要继续阅读全文。摘要要求摘出文章中重要而有新意的主要观点，并给予客观、具体的陈述；应避免带主观性和情绪化的评论口吻和脱离具体内容的解释方式。

摘要不是全文各章节的简介，应避免类似这样的表述：①本文从几个方面论述了什么问题；②本文对什么问题提出了个人的独到见解；③本文先交代了研究背景，后简介了研究的方法，然后结合自己的研究结果阐述了结论和观点，最后提出了建议等。这样的表述只是套话，都没有介绍论文具体的实际内容，没有传达出有意义的新信息。

英文摘要一般是根据中文摘要转译而成，内容要求与中文摘要相同。不过，为了让不懂中文的外国读者了解中文论文的内容，一些期刊要求作者提供一个较中文摘要稍微详细的英文摘要，投稿时作者应详细了解期刊的具体要求。英文摘要不一定要完全重复中文摘要的内容，表述内容和方式可能有所不同，但同样须简明扼要。此外，撰写摘要应注意时态与语态，尤其是英文摘要。在陈述报告研究步骤及所观察的结果时用过去时态，但在讨论中谈论一些由研究中所得、现在仍适用的结果时，应用现在时。在陈述研究结论时，慎用完成时态。学术期刊以往一般要求作者用第三人称、被动语态撰写报告，但现在倾向于建议尽量使用主动语态及动词，而不要使用动名词。

摘要写作的几个要点，可以概括如下：

(1)摘要是对研究过程、结果和研究结论及其科学性的概括性表达。

(2)摘要内容一般包含研究问题、研究方法、研究结果和结论。

(3)摘要往往在完成文章全文后再撰写。每一句话大致代表正文每一部分的主题，句与句之间要连贯。实际上，如果文章内容逻辑严谨、衔接紧密，这一点是自然而然的。

(4)不要将摘要写成"简介"或"意义"，它们属于引言部分的内容。摘要是独一无二的，不同的论文有不同的摘要。而引言在不同的论文中可以有很多相似之处，因为其主要内容有研究背景、意义、实际问题。同理，学位论文的摘要也应是全文的梗概，不应写成每一章的简介，例如：

第一章对研究问题的背景、研究意义进行了介绍，对相关概念进行了界定……第二章展示了调查数据……第三章对调查数据进行了分析……第四章提出了建议……

这些逐章介绍的内容可以放入"引言"部分的最后，但也不应该是罗列学位论文的章节要点，而应该是意思连贯的句子，可作为对全文研究思路和框架的总领。

3. 摘要既要独立完整，又要忠实于全文；恰当使用各种方法缩减篇幅

(1)独立成篇

摘要应具有独立性，即独立成篇。好的摘要应完整且具体，令读者对论文一目了然。有的数据库只收录论文摘要，不收录全文。因此，摘要应反映文章最必要的内容，包含研究的所有重要研究变量，以方便他人检索。

(2)不能增加新的内容

如上所述，摘要是对论文全文的高度浓缩，不是对正文的补充。故摘要应与全文内容保持一致，不应脱离全文或超出论文的范围之外去叙述其他内容。

(3)数字应尽量使用阿拉伯数字

除非有特别的情形，与正文一样，摘要中的数字也应该使用阿拉伯数字。不过，在英文摘要中，句首不用阿拉伯数字。数字位于句首的句子应考虑重新组句。例如，句首"140 children participated pre-test"可改为"In the pre-test，140 children participated"。

(4)恰当使用浓缩语

在撰写英文摘要时，为节省篇幅，应充分使用惯常的简化词或浓缩语(缩写词)，例如，用"课标"指代"课程标准"等。对某些字数较多，且在正文叙述中要反复使用到的术语，为了方便，可使用这个词的浓缩语，如 ADI 教学模式(Argument-Driven Inquiry Model of Teaching，论证探究式教学模式)等。但如果这种烦琐的术语在全文中只出现一两次，就没有必要用浓缩语。

(5)解释特殊术语

在论文摘要和正文里使用的缩写或特殊术语，第一次使用时要分别进行说明，对缩写要提供全称，对特殊术语要给予解释。对于学位论文，可能使用的缩略语比较多。可以编写缩略语对照表，列于文末或目录之前，以供读者查阅。

4. 摘要要有实质性内容，重点写自己的研究成果；不自夸，可"自动编写摘要"

(1)应能提供实质性信息

摘要是对正文的高度浓缩，不要在有限的篇幅内讲一些一般性、太概括及空泛的话语。例如，"……是当下教育学研究中的一个常谈的问题；本文对以往的研究进行了总结，提出了目前研究中存在的问题，并对未来研究进行了展望，提出了进一步研究的建议。"就是空泛性的话语；"为了解在特殊教育领域中智障学童所面对的种种适应困难，本文综述文献，并研究国内外学者这方面的研究，之后在此基础上提出了未来的研究方向和前景展望"就是太概括的摘要。这样的表述看似高度概括了研究工作，实际上非常空泛，没有提供任何实质性的信息，读者从这些话里完全了解不到关于该研究工作的任何具体内容。上述两个例子实际上是在描述开展研究、撰写论文的一般规范和套话，没有涉及具体的论文内容，因而可以套用在任一论文中，这显然不合适。

(2)不能节录论文的"引言"或"结语"

摘要是对全文的概括和重现，但并不是正文的组成部分或重复，具有相对独立性。不能为了省事而直接把文章开篇的介绍性段落或最后的总结性段落稍加修改来当成摘要。摘要的具体内容不能与正文中的句子雷同。

(3)删减常识性内容

摘要字数有限，为了节省篇幅，教科书中已有的术语、观点、解释等较常识化的内容，无须详尽地写在摘要中。记住：在摘要的有限篇幅中要充分表达自己研究工作的重要结果和结论，尤其是创新性的见解，而不是重复已有的、公认的常识性内容。

(4)避免自夸或自我评价

非评价性是摘要的一个特点，要避免评价自己的研究。研究结论要严格基于自己的研究结果做出事实判断，研究意义属于价值判断，不宜自说自话。对论文工作可能具有的研究意义的推测要非常谨慎，不能夸大或自吹自擂。一篇研究论文是否具有学术价值、可能具有怎样的价值和水平需要由他人做出评价，要得到同行的公认，不宜自我评价和定位。

(5)可以"自动编写摘要"

由于撰写摘要的要求是有章可循的，因此也可以利用办公软件 Word 的"自动编写摘要"功能来初步拟出草稿。可以按需要选择，合理使用该功能下的各种限制条件，得到最接近你需要的摘要版本。如果论文撰写规范，这样得到的摘要草稿也会比较规范，稍作修改润色即可成为符合要求的摘要。

【案例研讨】

以下是某篇学位论文的摘要草稿，请你指出摘要各部分的写作目的，并尝试指出可能存在的问题及给出可能的修改方向建议。

教育心理学家诺瓦克提出概念图，概念图由教学评价的工具发展为融教学工具、教学技能工具、教学创新工具、多媒体设计工具等功能为一体的教学技术，概念图在各个领域中的研究和应用越来越广泛。

生物学概念构成了生物学的知识系统，高中生物学习所涉概念繁多且零碎，不易学习。新课标要求学生学会学习，并提出了在教学中学会应用概念图的要求。

本文介绍了概念图和概念图教学法的相关知识和国内外研究进展，通过概念图教学法对不同层次学生学习成绩的影响探讨概念图教学法在高中生物学习中的实践效果，分析了概念图在教学中的实践可能性。研究表明，概念图教学法可以在一定程度上提高学生的学习兴趣，帮助学生提高学习成绩。

最后，总结了研究的问题和不足，有待在教学实践中改进和完善。

四、关键词是反映论文中心内容的一组词语或词组

关键词又称主题词，指在论文题目、摘要或正文中，表达中心内容，具有实质性意义的词或词组。关键词可以看作一组以词语形式表达的论文摘要，它比摘要更为简明。关键词应是学科专用名词术语或名词词组，要具有专指性，含义明确而具体，不能泛指，避免选用一些外延较广的一般

> **核心概念**：关键词是一组表达文章中心内容的词或词组。从文章的关键词可以大致了解到作者的研究主题或主要的研究内容与目的等，因此又称为主题词。一篇论文最少有3个关键词。

性词语，如方法、综述、实验等。关键词一般可从题目和(/或摘要)中提炼出来，能反映论文研究的主题、关键概念、研究内容或对象、研究方法或手段、关键性变量或指标等。

一篇论文的关键词最少应该有3个，大多数论文的关键词数量为3～5个。一般来说，合格的关键词越多、越具体，所描述的课题就越清晰而明确。要比较准确地描述一个确定的研究主题或研究内容，至少需要3个关键词。如果不足3个关键词，该研究课题可能就是不够清晰的，一般不止一个研究方向，可能包含了多个研究问题或主题，甚至每个研究主题、每个研究方向的中心问题都可能不同。根据文章内容的实际情况，关键词多少不一。比如，学位论文一般篇幅较长，研究内容相对系统而充实，关键词可能相对较多，但最多也不要超过8个。所列出来的关键词必须能够在读者进行文献检索、分析归纳和研究利用等活动时起到关键的指引和提示作用。

题目、关键词和摘要都是文献检索的标识，当然应该具有鲜明的标签作用。这三者之间既可以相互提示，又应该相互补充。从题目可以大致推测出关键词可

能是什么，反过来，从关键词也应该能推测出最可能的题目。而摘要是题目和关键词中所蕴含内容的具体体现，它们当然应该是相互协调和高度统一的。

【案例研讨】

以下是几组关键词，它们是否都合格？能否分别描述一个明确的研究课题？请你尝试拟出可能的论文题目。请你注意：有的例子可能不止一个题目。

1. 反思性学习，初中生物学，教学。
2. 先学后教，生物学概念，理解。
3. 高中生物教师，专业发展，策略。
4. 洋葱，高中生物实验，常规实验，拓展实验。
5. 小鱼尾鳍，血液流动，实验。

五、正文展开完整论述，包括前言、本论和结论三部分

1. 前言从现象问题入手，综述相关研究进展，提出要研究的内容并阐明其研究目的与意义

前言也称序言、导言、引言或绪论，写在本论之前，为本论做铺垫。一般用于说明研究问题的背景及问题的提出、相关研究的进展、研究的目的和意义等。前言部分要简明扼要，开门见山，直截了当地交代研究的来龙去脉，阐明研究的目的和意义。

（1）观察思考生物学教育教学的现实，提出可能需要、值得研究的问题

一般应从作者关注的生物学教育教学现象或问题入手，提炼出值得深入探究的科学问题，指出研究和解决该问题的必要性和重要性。这里有两个问题需要明确：一是我们所关注的问题是不是一个生物学教育问题或教学问题？有的问题在生物学教学中可能很常见，但可能并不属于生物学教育教学的研究范畴，或者涉及面广、影响因素多。如中学生沉迷于各种游戏的问题，是常见的现象，但现阶段难以从生物学教育的角度去着手研究解决。二是如果这的确是个生物学教育教学问题，那么，它是否普遍或具有代表性？是否重要或迫切？其他人是否已关注并研究过？是否已有相应的解决办法？等等。需要做进一步的文献研究和实地调研等加以明确。

（2）梳理相关研究的文献资料，有条理地综述相关领域的研究进展，并提出自己的见解和主张，从而提炼出自己要研究的科学问题

进行文献综述就是梳理国内外相关研究的最新进展。既要对与本课题相关的研究的历史作简要回顾，更要概括介绍研究问题的最新发展现状。在此之

前，可能有必要界定一些相关、相似或相近的概念，并交代相关的理论基础。这是开展研究进行分析和讨论等的前提。

综述文献绝不是罗列文献。以文献作者为序地堆砌资料信息，是常见的毛病之一；另一个毛病是将国外和国内的研究进展截然分开综述。应该以自己所关注的研究问题为中心，将各个相关方面的研究成果和进展，经过自己的整理、归纳后，综合地、有次序地阐明，进而表明作者自己的见解和主张。例如：

许多学者的研究均表明：教师对认知策略的理解不系统、不全面，对学生进行认知策略指导方面存在问题，如指导方法单一、具体指导上存在偏差、教师对认知策略指导的步骤也存在问题等。

刘电芝的研究表明，教师正确的策略教学可以改变、加快学生学习策略的习得……

在上述例子中，作者先综述教师在认知策略方面存在的问题，再综述认知策略教学对学生的影响的研究进展。注意：不是罗列研究者的各自内容，而是经过自己对文献进行分析归纳之后得到的综合认识。

文献综述要做到有"综"有"述"：既要综合地介绍相关研究的结果、结论或观点，还要对这些文献进行适当的述评。

在综述的最后，要总结指出尚待解决的问题是什么，并提出自己想要研究的核心问题。这是在为下一步提出自己研究的内容、目的和意义做好铺垫。

(3)说明研究的内容、目的和意义，三者是环环相扣、层层递进的关系

这既是对上文提出的研究问题的具体解析，也是在展开论题、呈现自己的研究结果之前列出论文主体的总纲。研究的内容、目的和意义三者之间是环环相扣、层层递进的。其后逐一呈现研究内容的结果及其分析、展开讨论并得出研究结论，明确指出是否达到研究的目的、是否能落实研究的意义等。这些章节内容是与此处相互呼应、相互印证的。

注意：虽然在写论文时常常是已经完成了研究工作。但通常都不用完成时，而用一般现在时交代研究的内容、目的和意义。英文文章则常常是用一般过去式。

即在叙述研究内容、目的和意义时，只能尽量客观地陈述自己所做的工作内容和希望达成的目的与意义等，不能自己给自己的研究下评语。自己的研究内容是否完成了、研究目标是否实现了、研究目的是否达到了、是否具有自己所宣称的研究意义和学术水平，等等，都不是自己说了算，都还需要专家同行的评定、认可。

还应注意的是，有人常常将研究内容写成了研究工作计划或论文框架。研究内容是指研究工作的学术内容，它们是针对研究问题进行剖析分解后细化的具体内容展示，是对研究问题的解析说明，不是工作规划或研究步骤，更不是论文的结构、目录或框架的重现。

引言的目的是简要地告诉读者关于"研究的问题、为什么研究、怎样研究"等类似的问题。期刊论文由于受篇幅的限制，引言常常与研究方法合并叙述。对于一般篇幅较长的学位论文而言，引言相对比较详细，此时引言中各部分应该分节阐述，而且应该注意各部分之间的衔接，尤其是要理顺各部分之间的逻辑关系。

引言中的研究方法常常只是简短的几句话甚至一句，而详细的研究设计和方法、过程等内容都放在接下来独立的"研究方法"部分。这对于采用第一手数据的原创性研究更是如此。研究设计与方法的内容一般较复杂，需要详细介绍才能说明研究方法与工具等的可靠性（信度）与有效性（效度）。不过，如果研究方法是大家熟知的，不需要特别详细地交代，可以一笔带过。如在大多数定性研究的期刊论文中，研究方法都很简短，甚至通过暗示来表达，因此都与引言合并。此时，在引言中也把研究方法与研究问题相融合表述。如"本文以对建构主义的理论分析为基础，以国际上已有的科学教育研究成果和实践经验为根据，对建构主义在教育哲学、教育心理学和教育实践上的贡献、局限之处进行初步探讨"。

需要指出的是，虽然论文各部分都分章节，但在学术论文中，无论长篇还是短篇论文，都不用写第几章、第几节，而是仅以阿拉伯数字表示。如1.2.3，表示第1章第2节第3小节。一般编号最多到4级。这与文献著录格式的规则类似，如某一期刊论文的出处是2018年第32卷第4期第23—28页，就按固定的格式写为"2018，32（4）：23—28"。即只写数字，不写汉字词，以标点符号分隔或连接各部分信息。详见下文关于参考文献的例子。

2. 本论是正文的核心内容，包括研究对象与方法、结果与分析、讨论三部分

本论是论文正文的主要部分，是展开论题，集中而有序地展示作者个人研究成果的部分。在这一部分中，作者将集中对前言中提出的问题加以分解，分析论证并提出解决方案。这部分占论文的大部分篇幅，在论文中占据核心的地位。

写好这部分，关键在于完成论证，即证明作者提出的论题、解决作者提出的研究问题。一个完整的论证包括论题的提出、对解决问题的设想、论据的呈现、理论上的逻辑推理及得出的结论等。其中，呈现证据和逻辑推理是得到研究结论的关键。只有证据充分、逻辑严密、推理得当，得出的结论才是可靠的，才能站得住脚、令人信服。作者需要依据自己获得的证据，有层次地、符合逻辑地推论，最终阐明自己的观点和独到的见解。这是衡量一篇论文学术水平高低、学术价值大小的核心依据。在写作中，要注意内容主次，抓住关键，考虑好章节之间、段落之间的过渡衔接，主要考虑的应该是内容之间的内在逻辑关系和证据与结论之间的逻辑联系。如果论文较短，这部分可以一气呵成，不分章节。如果涉及内容较多、文字篇幅较长，这部分常常分章节并加序号和多级标题，以方便读者理解把握文章的内容脉络与论证主线。

在正文中，要对研究内容进行全面的阐述和论证。一般的教育论文有两种论证的方法，一是实践证明，即用作为实践结果的客观事实来检验；二是逻辑证明，即用一个或几个真实判断来论证，以确定另一个判断的真实性。在写作时，要以观点为轴心贯穿全文，用材料说明观点，观点与材料统一，用观点去表现主题，使观点与主题相一致。依据论点进行论证的一般步骤是：①阐述论点，明确要论述什么。②提出作者对这个中心议题的观点。是赞成还是反对，有什么事实依据，与别人有什么不同看法，有什么新认识，提出论据，加以阐述。③安排好论述。正面、反面、直接、间接均可，根据实际需要选用。文以意为主，论述时，要"一意到底"，切忌东拉西扯，无关痛痒。论证要做到：①有理有据，不要空谈；②揭示道理，就事论事；③加强求证，用事实佐证。

为了多角度、全方位论证中心论点，还要分段。但是，各个段落都要围绕同一中心从不同方面、不同层次来展开论述，绝不可"旁逸斜出"游离于中心之外。即段落之间要有内在逻辑联系，有序地完成论证。

一般而言，本部分可分为三章：研究对象与方法、结果与分析、讨论。这与一般的生物学研究论文的格式一致。就生物学教育研究论文而言，实践类的研究论文最接近这一论文格式。偏重于理论阐述的论文则可能有所不同，例如，可能会将结果与讨论合并在一起展开论述。

（1）简明扼要地完整交代研究的对象与方法

研究的对象和方法是指完成研究任务（内容），落实研究目标和意义的各种工具、对象（或材料）、生产资料、途径、过程、方法等。在生物科学研究中，研究的对象往往是生物本身或其组成部分，一般称为"材料"，故本部分在科研论文中通常叫"材料与方法"。在生物学教育教学研究中，研究的对象常常是人（学生和/或教师）及其教学活动，有时也包括他们使用的相关材料，如课本、教学参考书等。需要简明扼要地说明作者选取研究对象的原则、材料或对象的基本情况，明确指出是否符合研究的条件要求等。

对研究方法的介绍根据不同情形，详略不等。对于学位论文，一般都需要尽量详细地交代研究中应用的各种方法、工具等。如果是实践类的研究，还要交代操作步骤等，尤其是不同之处。若是课堂教学实践研究类的，可能还需要列出教学案例并加上必要的解析，解读设计思路要点与原则等。若涉及问卷、量表或试题等，要介绍编制的原则与方法、结构组成、信度和效度等，让人能看明白这些工具和方法是可靠的，这样下文呈现的结果才可能是可信的。同时，也为同行进一步研究或推广应用提供可以参考或借鉴的工具、方法和方案等。

此外，结果数据的处理方法也是需要交代的。不少人往往把它理解偏了，常见的问题是介绍作者使用了何种数据分析软件及其版本而不是数据统计分析的方法和判断的依据。统计处理软件只是辅助我们进行数据处理的工具，用不用软件、用什么软件、用什么版本的软件等只是在方便性方面可能有所差别，同样的研究数据并不会因为统计工具不同而得到不一样的统计结果和判断。因此，此处应该介绍研究所得的结果数据（如数字、文字资料或视频音频等其他形式的研究结果资料等）的整理、分析、归纳等处理的原则及做出判断的标准或依据。只要数据处理的方法和原则一样、判断的标准一样，具体怎么操作对统计结果和研究结论并没有影响。尤其对于数字类型的数据，即使完全手工计算，结果也是一样的。

对于研究对象和方法的交代，学位论文必须尽可能详细、完整，并且要将相关的工具性和佐证性资料等，如试卷、问卷、量表、活动图片和访谈提纲等作为附录放在论文的正文之后，以便他人在必要时能够重现类似的研究或在此基础上利用相应的工具或资料继续开展相关研究。而一般期刊论文对此部分的介绍都比较简略。

（2）有层次地集中呈现研究结果，逐一展开分析，推理得出基本的结论性认识

在结果与分析部分按研究内容的逻辑顺序集中呈现研究结果数据，并展开分析，阐明自己基于研究结果的基本认识。结果分析的核心是：针对一系列的结果数据进行逐一分析，并得出相应的基本结论。注意：结果与分析部分的内容及其结构组成应该是对应于上述引言中的"研究内容"的。结果应该完全覆盖之前的"研究内容"。也就是说，上文列出的所有研究内容都要在此交代研究结果。反之，不属于研究内容的结果数据，不应该写在本章中。

此处只对自己的结果数据进行分析，然后得出初步的结论。根据实际情况，可以一个结果得到一个结论，或几个结果得出一个结论。注意：此处不应该引用他人的数据或观点来解释、补充说明自己的结果或观点——那样就是在进行讨论了，应该在下文的"讨论"中展开。但对于短篇文章，有时也将结果与讨论合并在一起来写，这就是另外一回事了。

在学位论文中比较常见的问题是，在结果分析时又介绍研究方法（和对象）方面的内容。一般来说这是不合适的。应该在"对象与方法"中集中地一次性交代完毕。

（3）综合分析和讨论，回答前言中提出的研究问题，并明确是否达到了研究目的、有何新的学术贡献

所有的研究论文都不能缺少讨论。在绝大多数情形下，讨论应该单独成章来写。对于某些短篇文章来说，有时也将讨论合并到结果分析中。

从论文整体来看，讨论的宗旨是要在结果分析得到的基本结论基础上

> **核心概念**：讨论是将自己的研究结果进行综合分析，并与他人的相关研究结果和/或结论进行比较，以得出自己的研究结论，落实研究的目的和意义。

进行深入而综合的分析，并与前人有关研究结果和结论等进行比较，得出自己的研究结论。在讨论中需要逐一回答前言中提出的研究问题的具体内容，凸显自己的研究创新，落实研究的目的，体现研究的意义和学术水平。这是讨论的基本要求和核心内容，必不可少。

在讨论中引用的与自己的研究结果进行比较分析的部分内容可能已经在前言中的研究进展综述中提到了，那是自己开展研究的前提和起点。在讨论中，则要结合自己的研究结果和分析得到的基本结论，与这些已有的研究成果进行对比分析。这样，才能一方面检验自己的研究内容是否很好地完成了、研究目的是否较好地实现了，另一方面通过与文献资料进行对比，也可以初步判断该研究是否可能具有前言中所宣称的研究意义等。只有完成了这样的深入思考、分析对比和归纳总结，研究工作任务才能算上是完成了、论文才是完整的。

简单地说，结果与分析部分是呈现研究得到的事实证据并进行初步推理，得到一个个基本的研究认识。讨论则是要结合自己研究得到的这些证据和初步结论与前人的研究成果（结果和结论）进行分析比较，综合分析得到能够回答前言中所提出的科学问题的新认识或新观点，在其中显出自己研究工作的水准高低、创新性何在。

以上是讨论的核心内容，是所有研究论文都应该包括的。此外，讨论还可

以涉及其他方面，但不需要面面俱到，而是要抓住主要问题，分小节来逐一阐述，每个小节都要有序号和小标题。

在学位论文的讨论中，在完成以上关于科学问题的核心内容的讨论任务后，一般还应指出研究结果的局限性和可能存在的问题。如果有必要，还可展开其他讨论。例如，对从自己的研究问题延伸出去的若干相关问题进行讨论、对意料之外的研究结果进行讨论、反思本研究的得失，甚至对今后的研究方向提出看法、建议或展望等。反思的内容比较广泛，主要是研究的局限性和研究过程中存在的各种问题，如将研究中碰到的某些可能具有共性的问题提出来讨论，可以包括研究方法、操作等，这些内容与教学反思或对实验方法的讨论等比较相似。此外，还可对课题研究的未来发展进行展望。——是否需要讨论这些内容，要根据研究的实际情况来决定。需要注意的是，这些讨论都需要言之有物，杜绝空话、套话，不能脱离自己的研究内容范围泛泛谈论，看起来似乎考虑周到，方方面面都涉及了，其实这些讨论可能缺乏实际内容，没有针对性。这样的所谓讨论还不如不写。

3. 研究结论与研究目的相呼应，是研究成果的高度概括

结论是对正文中分析论证的问题加以综合与概括，是研究结果和理论分析的逻辑发展，是课题解决的答案。结论要明确指出解决了哪些问题，得到哪些新的认识，还有什么问题尚待进一步探讨。结论是全篇论文的归宿。

结论（Conclusion）不同于小结或总结（Summary）。结论只针对研究问题得到的新认识、新观点等进行概括性叙述，即主要是对结果分析和讨论的简要阐述，不涉及其他方面的内容。结论的文字精练，篇幅简短。而小结或总结是在简要回顾研究过程和主要结果的基础上，归纳总结主要的研究结论，包含了论文全篇的主要内容，更接近于论文的摘要。而结论更着重于研究结论的归纳阐述。

一般来说，论文都应该有明确的结论。但有的时候，由于研究的局限性或研究的阶段性等原因，论文可以不写结论，但应做简单总结，或提出若干建议。

结论是科研论文正文的最后部分，是围绕本论所做的结语。结论可以是作者对研究课题得出的答案，也可以是作者对研究课题提出的探讨性意见。

针对不同的研究情形，结论常见的写法有以下几种：

总结式：综合归纳全文得出结论，这个结论往往是全文的中心论点。

评论式：在全文论证的基础上，在末尾写出作者对成果或作品总的评论。

问题式：在结尾时，用概括性的语言把问题集中提出来。

建议式：通过本论对某个问题的论证，作者在末尾提出一个合理化的建议。

需要注意的是，无论是哪种结论，都不需要再展开论述（那是之前的讨论应该完成的任务），直接写出几条结论性认识即可。在形式上，有的结论是连续叙述研究的结论要点，之间用句号或分号隔开，各要点组成一个段落。有的结论则是分别列出观点或看法的要点，这种写法比较简明、直观，可以方便地与作者在前言中提出的研究内容、目的和意义进行比对。

【学以致用】

在知网上搜索一篇典型的教育硕士学位论文，查看其正文部分的目录，结合阅读正文各章节主要内容，分析正文各章节内容组成和各章节之间的衔接与呼应，把握它们之间的内在联系，努力领会论文全文是一个有机统一的整体。

六、注释包括脚注和尾注，主要用于补充交代或说明必要的信息

（一）某些不太适合放在正文中的内容可以加注释

有时，作者有必要让读者了解某些信息，但是这些信息放在正文中不太合适，可以加注释补充说明。如果在文中引用了别人说的一句话，要说明那句话是哪里来的，这就是"注"；如果提到某个名词或某个人名，读者可能不熟悉，或者某个问题需要进一步解释，那就是"释"。它们在论文中的表示方法是基本一样的，合起来就叫"注释"。

（二）注释有脚注和尾注两种方式

注释一般有脚注和尾注，脚注是排在文章每一页的页面底端的，阅读起来很方便；尾注则是把所有注释集中放在文章最后。论文首页常见有脚注，用于补充交代作者的基本信息或注明通讯作者。

需要指出的是，在长篇专著中，可在文末或章末集中列出参考文献的同时，将文献注释于引用当页页脚，以方便读者查阅。但在论文中引用他人的话，绝大多数情形下都属于参考文献的范畴，应该作为参考文献标注并集中在文末著录列出。详见下文。

七、规范引用和著录参考文献，遵循国家标准

从参考文献开始的大标题不再编号。

参考文献包括论文写作中所参考引用的各种文献资料，如期刊文章、图书专著等。集中置于论文正文之后。一般的期刊论文对著录的参考文献数量有一

定的限制，因此需要列出与自己的论文最密切相关、最重要、最新的文献。对于学位论文，需要规范、完整、准确、有序地罗列所有参考引用过的各种文献资料。详见本章第六节。

八、对理解论文和把握研究工作有帮助的必要资料以附录方式列出

一般单篇论文可能没有需要列出附录，但学位论文通常有不少需要列出来的附属资料。附属资料可以分为4类，第一，论文中涉及的调查问卷和量表、试题试卷、教案学案（教学设计）、实验方案（或试剂配方）、访谈提纲等研究素材资料等；第二，原始的结果表格、图形图片照片、视频或网页截屏等；第三，与学位论文研究有关的、能够证明在此研究过程中作者取得了进步从而获得的各种成果、荣誉、奖励、称号、证书等旁证都可以列为附录。如攻读学位期间发表的（与学位论文研究工作相关的）文章或专著，还有相关的发明专利、教学课题立项书或证明、教学成果、学科竞赛奖和其他相关荣誉证书证明等等；第四，如果缩写词较多，还应列出缩写词表。

第二节　论证以事实证据为基础，论证过程符合逻辑

【问题聚焦】

1. 一个完整的论证包括哪些基本要素？它们之间是怎样的关系？

2. 常见的论证方法有哪些？怎样论证才能得到可靠的结论？

论证可以说是论文写作的中心，在呈现研究结果（即事实证据）之后，必须经过严密的论证才能下结论，只有这样的研究结论才可能是站得住脚的。简单地说，科学论证就是事实证据加逻辑推理。但具体的论证方式多种多样。

一、论证方法多样，用科学思维进行论证得到的结论才是最可靠的

从形式上看，常见的论证方法主要有：①例证法（用典型事例证明论点）。②引证法（引用理论论据证明论点）。用摆事实、讲道理结合法，对比论证等。③类比法。是用打比方来证明自己的观点和方法。如作者通过讲故事、打比方或者引用成语典故之类，把抽象的道理比喻明白，从而使读者悟出其中的真谛。④分析法。通过分析问题进行论证。作者通过分析问题、剖析真理，来提示论点和论据之间的因果关系，从而阐明论点的正确性。分析后要加以综合，

使论点更清楚，也便于上升到理论。

在科学研究中，运用科学思维进行论证所得到的认识是最可靠的研究结论。在生物学教育研究中，基于生物学教育教学研究中观察到的事实和证据，运用归纳与概括、演绎与推理、模型与建模、批判性思维及创造性思维等方式来探讨生物学教育问题、阐明生物学教育规律等。

各种论证方法的使用都会有一定局限性或者适用范围，由不同论证方法得到的结论的普遍性和科学性可能有所不同。比如，与演绎推理相比，类比法这一论证方式的逻辑性就相对较低。而通过例证法得到的结论的普遍性和可靠性就不如归纳与概括、演绎与推理等论证方法得到的结论那么有说服力。

二、论证有立论和驳论两种方式，都包括论点、论据和论证过程

论证的基本方式有立论和驳论两种。立论是作者正面提出问题和阐述自己对问题的看法和主张。驳论就是先提出反面的靶子，然后在层层批驳反面论点的过程中阐明和树立作者的正面论点。驳论是一种反证法，作者设法证明对方的论点是错误的，从而驳倒对方，树立起自己的观点。

众所周知，论证的基本要素有三个：论点、论据、论证过程。在立论中，要阐述对某一生物学教育问题的看法和观点，这三个要素都要有序呈现，缺一不可。对应地，驳论的方法就有三种：①反驳论点；②反驳论据；③反驳论证。驳论有直接与间接之分。直接反驳错误论点，就是直接的反驳。从对方论据的虚伪和论证错误入手，达到驳倒对方论点的目的，则是间接的反驳。

（1）反驳论点

反驳论点，就是设法证明对方的论点是错误的，从而直接驳倒它。所谓驳论，从这里就能明显地看出来。反驳论点，在反驳中最为常见，具体方法有以下几种：

①反驳论点，可以着重分析其论点的错误及其危害性。这时要具体剖析，问题分析得越深刻，反驳自然就越有力量。在驳论中，这种方法是常见的。

②反驳论点，也可以用事实证明对方的论点是错误的。这种反驳，是举例证明的方法在驳论中的运用。前面讲的举例，是用事实证明什么论点是对的；这里则是证明什么论点是错的。一般还应结合归纳与概括，而用事实可以直接反驳证明其论点是错误的。

③反驳论点，还可以用建立与对方论点相对立的新论点的方法，来驳倒对方。一般反驳论点，应当论证其错误。这种方法却不如此，它是建立一个与之针锋相对的新论点，把这新论点论证充分，树立起来，那么，错误论点便不攻自破了。例如，针对"生物学实验教学可以通过黑板讲实验完成"的错误观点，

我们只要树立"生物学实验教学是培养学生生物学核心素养的重要手段"的观点正确，就能很好地反驳"黑板讲实验"错误观点了。

④反驳论点，还有一种特殊的方法，我们称之为"归谬法"。这就是把对方错误论点加以合理地引申，充分暴露出其论点的谬误，使读者明白它的荒唐可笑，从而驳倒对方的论点。

（2）反驳论据

反驳论据就是证明对方所用来证明论点的论据存在事实上的真实性、客观性和完整性等问题，从而达到否定对方论点的目的。错误的论点，往往是建立在虚假、错误或片面论据的基础上；在反驳论点时，可以从反驳论据入手，论据被驳倒了，论点自然就不攻自破了。

（3）反驳论证过程

有时对方的论证过程有逻辑错误；有人甚至用错误的推理来掩盖其论点的荒谬。我们反驳，也可以从论证方法入手，揭露其论证中的不合逻辑之处，从而驳倒对方的论点。论证某一问题的方法和过程中有推理上的不合逻辑之处，有的是大前提、小前提与结论的矛盾，有的是自己的论点互相矛盾，有的是论点与论据的矛盾。总之，只要是对方在论证过程中有逻辑性错误，就可以揭露和反驳，以达到驳倒对方论点的目的。

写文章时，有时会引用领袖、名人名家的话，或引用大家熟知的古语、成语、谚语、典故等来说明问题，阐明观点；有时为了驳斥，还会引用谬论做靶子或摘引一些其他特殊需要的言论做论据，这些方法在修辞上叫"引用"。

但是，在论文写作中，这样的"引用"实质是诉诸权威、传统，这种论证方式却不一定是站得住脚的。上述古语、名言名句、成语谚语等都可能找到完全相反的论述。引用这样的言论来作为证据，其说服力就不够了。在生物科学研究和生物学教育教学活动中以及研究论文的撰写中，谨遵科学思维方法，才能得到可靠的、有说服力的研究结论，从而得到大家的公认。因为科学思维尊重事实和证据，从事实证据出发，通过严谨的逻辑推理，来认识事物、解决实际问题。

【学以致用】

认真阅读一篇学位论文的结果分析和讨论部分，仔细分辨其论证的方式，判断其陈述的事实证据是否充分、论证过程是否规范、逻辑推理是否严密、得出的结论或推论是否真实可信。

第三节　论文格式与排版须遵循相应的规范

【问题聚焦】

1. 如何生成论文的目录？
2. 如何使文献的引用、排列、增删或移动著录位置变得更容易更方便？
3. 怎样利用修订功能以方便论文的共同修改或审阅、讨论？
4. 图表的绘制与插入文中有何规范与技巧？

为了提高写作的效率和增强论文的审美效果，最好采用"目录自动编排""参考文献自动编排"并发挥 Word 的审阅/修订与批注功能。为了简化结果表达、增强可读性，有时还需要采用插图和表格，如实验设计、流程或步骤、研究结果数据等用图或表的形式来呈现更为直观简洁。与生物科学研究论文一样，对于生物学教育教学论文尤其是实践实证类论文来说，研究结果的基本表现方式也是图和表。

一、合理运用排版技巧方便排列文献、查看修改批注及生成论文目录

常用的排版功能有"目录自动生成""文献自动排序"和"审阅"等，其中，"目录自动生成"最重要。它不仅让作者在写作过程中保持写作的"整体感"，也可以借助"目录自动生成"经常返回目录，查看文章的整体思路。作者还可以借此同步目录和正文的标题，避免出现目录与正文标题不匹配的现象。

为了使文章的写作保持清晰的结构，可利用办公软件中 Word 程序的"目录自动生成"功能。研究者随时可以回到目录，及时调整和修改论文的"小标题"。

微软的办公软件 Microsoft Office Word 一直处于更新转换之中，但各版本之间"目录自动生成"功能大体相似。WPS Office 与 MS Office 的相关功能也基本相似。

有关"目录自动生成"的具体方法，可以在网上搜索相关用户经验如"如何实现目录自动编排""在 Word 中怎样使提取的目录不占页码"等，获取相关信息和帮助。

参考文献的排列主要有三种方式：一是按照作者姓名的笔画排列，它仅适用于汉语文献，在电脑普及后，这种排序方式越来越少见了；二是按照作者姓名的音序排列，这是拼音文字传统的常见排序方式，在电脑普及之后，变得越

来越普遍；三是按照文献出现的先后顺序排列，在办公软件未普及之前，这种排序方式可能会因为某一个文献的变动位置、增添或删除等而影响之后的所有文献的排序和编号，很不方便。但在广泛使用办公软件后，这种排序却变得十分方便而简单，可以随时增删或改动内容，文献序号及著录位置会相应地调整，有利于论文作者对文献的引用和著录。然而，从查找文献的角度来看，它实际上是无序的，如果读者不是从文中某处看到文献编号而想从文末的参考文献列表中快速找到一篇作者引用过的文献，可能是不太容易的。

若采用作者姓名的音序排列，可发挥 Word 软件的参考文献自动排序功能。此外也可以考虑使用 EndNote 或其他类似软件实现"自动更新参考文献"。在网上搜索"如何实现参考文献自动排序功能"，就可以得到相关的说明和帮助。但这样自动生成的文献著录，可能缺少部分内容或者格式不完全符合要求，需要逐一核实、修订。

作者在写作过程中，使用荧光笔标记或将文字变成有色字体等功能（视窗上有相应的"按钮"），提醒他人注意。根据需要还可以使用"审阅"（或"修订"）功能，选择保留批注、插入、删除或格式更改等修改痕迹，方便识别作者或审阅/修订者在文章何处做了怎样的修改。还可以加上批注，添加说明、解释或更多修改意见与建议等。这样不仅可以保存不同版本的文档，还便于不同作者、修订者或审阅者之间相互交流对论文初稿的修改意见，协同修改润色，共同完善论文。

二、根据需要使用图表，可按照办公软件提示进行绘制

"图表"虽然是一个词语，但图和表在写作中有明显的区别。"表"（Tables）主要指表格，表内数据一般是以数字或文字为主。"图"（Figure）的内容和形式更加丰富多样，主要指框图（Chart）、坐标图（Graph）、相片（Photograph）和绘画（Draw）等。图和表的使用要根据实际需要而定。如果要进行数据之间的分析比较，尤其是对具体数字比较敏感、希望展开统计分析比较，列表格比较合适。如果要看发展变化的趋势、比较相对的大小多少等关系，用图表示更直观简明。当然，这样的区分只是粗略的、相对的，并不是绝对的、一成不变的。比如，在折线图或条形图中也同样可以标记统计分析的结果。

制作表格主要有两种方式：一是直接选择 Word 中的相关按钮"插入表格"；二是选择相关按钮中的"绘制表格"。常用的方式是直接选择"插入表格"，接着根据写作的需要，确定行和列，填写相应的文字，调整行和列的宽度等。研究报告中常用的"图"主要包括条形图（含柱状图）、圆形图（饼图）、流程图、相片、绘画，等等。条形图、折线图、圆形图（饼图）和流程图等各有适用的场

合。比较常见的情形是要比较不同项目之间的大小、多少、倍数等相互关系，或者比较同一对象先后之间的差别与变化等，常用条形图或折线图。圆形图（饼图）的优势是它可以让读者看到类似"切蛋糕"的"瓜分"效果，可以用来比较不同项目占总体的比例或权重大小等关系。

如果作者希望在 Word 文档中插入相片和绘画等图像，可以利用"插入"键直接插入图片。在网上搜索"怎样制作插图"，可获得相关说明和帮助。

三、插入图表应遵守相应的规范

为了使读者更直观、更迅捷地理解相关信息，有必要在正文中适当地方插入图表。按照这个原则，作者在使用图表时需要遵守相应的规范。

(1)图表和文字叙述各司其职，二者虽然相互呼应，但不能重复。如果图表中已经明确列出了统计数据，那么，除非有特别的理由，一般在正文的文字叙述中就不要再重复那些数据。如果在正文中已经用文字叙述的方式陈述了图表的主要内容，则没有必要再采用图表。不仅图表和文字叙述不能重复，图与图、表与表、图与表之间也不能重复，不同图或表格中的数据也不要重复出现。如果可能，应该尽量合并那些包含重复数据的表格。出于某种特别的原因，学术报告或许偶尔能见到用图和表来重复呈现同一(组)数据，但是，学位论文或作为期刊发表的学术论文不允许同时用图和表重复呈现同样的数据。

(2)保持图表的"不言自明"的独立性。注意图表要清晰并有足够的注解，让读者不看正文的文字叙述就能理解图表的内容。如果图表过于复杂，则可考虑以附录的形式呈现，或以规范的格式存放在网上，以便他人下载和核对。

(3)图和表应分别编号。一篇论文的图和表应该分别从 1 开始连续编号。一般来说，通篇的图表应该是连续的。现在也见到长篇的学位论文，尤其是博士学位论文的每一章节的图表都重新从 1 开始进行编号。

(4)每个图、表都要有标题。表的标题位于表的上方；图的标题位于图的下方。

(5)每个图表的要素要完备、准确、具体。除了上文提到的序号和标题外，还有其他必备要素。例如，表格栏目名称、数字的单位(如果有单位的话)，必要时还需要加注说明(如统计检验结果表示或判断依据等)。又如，坐标图的坐标轴名称、单位(如果有单位的话)、图例(只有一个数据系列的一般可以省略)、显微图的放大倍数或缩略图的比例尺等。此外，以数字式数据作图，纵轴一般应该从 0 开始。如果横轴和纵轴交叉处(即原点)不是从 0 开始的话，应隔断纵轴，以免误导读者。

(6)图表与文字叙述是一个整体，都是论文的有机组成部分，必须相互呼应。应该在文字叙述中提及每一个图表，提及图表时应该完整准确地引用编号，常见的是放在句子末尾的括号内。出于措辞、行文方便等考虑，有时也可采用类似"表 4-1 表明"或"图 4-1 显示"等方式引用图表。避免类似"见下表"、"见上图"或"见第 15 页的图"等指代模糊或不确定的说法。

(7)条形图优先于柱状图。在二维的条形图和三维的柱状图之间，柱状图虽然显得更有立体感，但它有时会歪曲数据，甚至误导读者。在制作条形图时，所有条柱的宽度应保持一致。

(8)在制作插图时，黑白插图优先于彩色插图。彩色插图比较适合于讲座或答辩时的幻灯片而不太适合于研究报告或论文。彩色插图的制作容易增加打印成本，而且容易出现色阶效果失真。如果在研究报告或论文中采用彩色插图，也应尽量保证彩色插图换为黑白插图之后依然有较好的分辨度。若确实需要呈现大量的彩色图片或影音数据，则可考虑存入网络资料库，供读者下载、参考、核实。

(9)注意图表的版权或隐私权的问题。如果采用他人拥有版权的图表，则不仅需要注明图表的来源，还应以类似"……持有版权，获准在此重印"的方式注明已经获准使用。如果发表有他人头像的图片，则需要取得当事人的"授权同意书"。

【学以致用】

仔细阅读一篇学位论文的结果与分析部分，核查其中的图表各要素是否齐全、格式是否规范等。

第四节　论文应用书面语，语言表达简洁、专业、规范

【问题聚焦】

1. 论文与一般的语言表达有何不同？

2. 为什么论文要坚持使用客观、务实、规范的专业语言？

论文的语言应该精确而有效地表达任何复杂的思想和理论，包含细腻的情感和艺术。语言有其特有的魅力，我们可以通过不同的表达方式来表达相同的思想。撰写论文在语言上也可以充分运用各种修辞手法，如比喻、借代、引用、夸张、对偶、排比、设问、反问、重叠、反复、双关、反语、层递、比拟，等等，以提高论说效果。但研究论文的语言和风格与一般文章的语言有所

不同，尤其是与文学类差别明显。虽然论文也要有自己的立场和情感态度，但论文的主要目的不是抒情，而是说理，核心内容是在介绍自己的研究过程和结果的基础上，进行推理得到对研究问题的新认识。具体到生物学教育教学论文，撰写这样的论文是为了与同行交流我们的研究成果，是对我们关心的生物学教育教学问题提出新看法、新见解、新对策等。因而，需要遵守共同的语言表达规则。论文的语言风格应该是朴实、严谨、客观、理性的。

一、使用专业语言

生物学教育教学论文所探讨的内容具有专门性，它是以科学研究领域里生物学教育的专业性问题作为研究对象的。无论从论文选题和内容上看都具有明显的专业性，它是作者运用系统的教育学专业知识去论证或解决专业性很强的学术问题的一类专业论文。在论文写作时要有专业的表达，即要用合适的生物学和教育学的专业术语及符号等把学术问题表达得简洁、严谨、准确、规范。

二、使用规范汉语

我国是一个多民族多文种的国家，汉语汉字是法定的通用语言文字，准确规范使用汉字是我们应该共同遵守的准则。目前，在语言文字使用方面还存在许多不规范的现象，不少出版物、广告、商店招牌、商品包装等都存在这样那样不规范的现象，尤其是互联网发展起来后，网络语言正越来越多地进入我们的日常生活中，在各种口头表达和书面表达场合都可能受到影响，越来越易流变，规范性和连续性等都受到很大挑战。而论文表达方式作为学术交流的主要形式，不应该轻易受到这些因素的影响，应该保持相当的严肃性、稳定性和继承性，始终使用规范的汉语书面语。汉字的音、形、义及组字成词句等都应该以《现代汉语词典》为准。

（1）文字规范的标准。关于汉字规范的标准主要是：以简化字为规范字，整理和淘汰异体字，纠正错别字，反对乱造乱用不规范简化字或非必要地使用繁体字。关于非汉字符号的规范主要有：字母数字使用法、标点符号使用法等。汉语规范化标志着现代汉民族乃至整个中华民族的文明程度和发达水平。语言规范只是限定了方言的使用范围，并不是禁绝方言。语言规范也不是限制个人风格的发展，它只是规定了不同风格出现的条件，删除了语言中多余的和不科学的成分，使语言使用更规范和理解起来更准确，学习掌握起来更容易，更方便交流。

（2）词汇规范的标准。规范的标准主要根据实际应用的功能进行判断，即从必要性大小、表现力强弱、区别性多少这 3 方面进行判断。通常可以把《现代汉语词典》作为词汇的规范，作为学习和使用的词汇标准。

（3）语法规范的标准。以典范的现代白话文著作为语法规范。这一规定十分明确，具有现实性和可操作性。

（4）专业用语的规范。每个行业有自己特定的简化用语，外人不一定能理解其确切含义。如果使用行业用语，会使得行外人有种"丈二和尚摸不着头脑"的感觉，对交流沟通造成阻碍。在一般交流内容中应该尽量避免使用这样的专门用语。但研究论文是立足于同行之间进行学术交流，因此，在论文中正确、合理使用专业术语不仅是必要的，更是必需的。

三、坚持客观务实的语言风格

在论文写作中要坚持客观性、科学性、实用性的原则。一般不用反问、感叹、夸张等加强效果的语言。客观性要求作者在立论上不得带有个人好恶的偏见，不得主观臆造，必须切实地从客观实际出发，从中引出符合实际的结论。坚持客观性原则，在一定程度上也就是坚持了真实性的原则，即要客观、准确地描述事实。科学性是指论文所介绍的方法、论点，应能使用科学方法来证实，切忌空谈假设。论文要做到科学性，首先是研究态度的科学性，就是老老实实、实事求是的态度；其次是研究方法的科学性，要遵循一般的研究程序和规范，使用准确可靠的研究工具；再次是要从大量的具体选项、案例等材料归纳出共性，从个别到一般，以此为基础进行符合逻辑的综合分析，得出结论；最后是研究内容的科学性，要做到论点正确，概念明确，论据确凿充分，推理严密，语言准确。实用性就是要与实际情况紧密联系，研究结果要对解决现实中的相关问题有一定的指导或参考价值。

论文的主要特点是议论说理，以议论为主要表达方式，对某个研究的问题提出见解，阐述主张，讲清道理，以理服人。因此，论文必须用事实和理论根据，用无可辩驳的逻辑证明，使读者口服心服。简言之，论文的核心是事实证据和逻辑推理，二者缺一不可。在生物学教育科研论文的撰写中，语言文字表达如何是关系论文质量及其在生物学教育教学中的价值大小的一个重要因素。在论文的撰写中，要克服以下弊端：

（1）不要只凭自己的主观想象。有些文章在论述某种教学方法的效果时，不是提供给读者有事实依据的、令人信服的结论，而是一味地把好听的话罗列上去。比如，什么提高了课堂教学效率，有效地实施了素质教育，培养了学生的什么样的能力，体现了教为主导、学为主体，如此等等。这篇文章如是说，另一篇也如是说。其实，这种模糊的、笼统的论断，一点说服力也没有，只凭自己的主观想象去论述，不是一种实事求是的态度。

（2）不要只是摆几条教育学、心理学原理，再举几个例子就完事了。如有人撰文论述培养学生的观察能力时，很明显的是把一般心理学教科书上的有关章节的阐释概括地复述出来：有明确的观察目的；有一定的知识准备；培养观察的兴趣，指导学生观察时集中注意力，积极思考；教给观察的方法（计划、顺序、记录、总结），如此等等。这样做就把撰写教育科研论文简单化、模板化了，写出来的所谓论文是不会有新意的，也就失去了论文的意义。

（3）不要把话说绝对、说过头。常会见到有的文章对所要阐释的问题、方法的意义或作用强调到不恰当的地步。如论述培养发散思维，就一味突出其重要性，似乎只有这样做才是培养学生的创造性，只有这样才体现了先进的教育思想，好像求同思维和它是对立的，是传统落后教育思想的产物。再如谈到多媒体教学时，无限地夸大其作用，只有这样才显示了教育的现代化。这样的论述都是很片面的、不客观的、不符合实际的。所以，撰写教育科研论文，在肯定一种教学方法、教学模式或教学策略等的同时，不能不顾事实地否定或贬低其他教学方法、模式或策略等来抬高自身，更不能为了显示自己的研究课题和关注的某一新方法、新策略等而将之前的做法说得一无是处。这样的论调因为不客观、不理性，必然是不能令人信服的，论文所得的结论也就不能为人所信服了。还是要实事求是，公允地评价一个具体的教学方法、模式或策略等。

（4）不要以为别人什么都不知道。我们撰写教育科研论文一般是给同行看的。因此，就毫无必要把大家已经知道的东西再翻来覆去地说。有的作者写文章生怕别人看不明白，又怕自己说不清楚，例如谈到思维，就先说"思维是人脑对客观事物的概括的间接的反映"。这样的例子在论文撰写中屡见不鲜。注意专业论文是写给同行阅读的，同行学者众所周知的认识、事例等不需要浪费笔墨，一再重复，应该在学术常识的基础上展开阐述。

（5）不要让别人看不懂。现在，让人看不懂或看得费劲的文章不少。具体表现在：生吞活剥地用一些所谓新名词，甚至生造词语；行文像蹩脚的译文；等等。这些故弄玄虚都不符合汉语规范，显得不地道、不通顺、晦涩难懂。事实上，能把高深的道理说得清楚明白、浅显易懂，才更见其高明。我们撰写教育科研论文，是为了进行学术研究成果的交流，首先就要让别人能看得懂，所以撰写的时候要从读者的角度多想想。

【学以致用】

在知网下载一篇你感兴趣的学位论文，仔细阅读全文，注意体会论文的语言文字是否为书面语，是否是客观、规范的专业用语。

第五节　引用文献要遵循学术规范

【问题聚焦】

1. 为什么引用文献资料一定要规范标注？
2. 直接引用和间接引用有何区别？为什么要尽量间接引用文献？
3. 为什么不得不转引文献时要特别慎重？
4. 怎样才能做到在内容上忠实于所引用文献的原意？

如果说话没有根据，或者参考了他人的观点却不注释，这就是学术失范甚至"学术不端"。在英语国家的人文社会科学领域，有关引文和注释的比较通用的标准手册主要有三个：一是 APA 格式(由美国心理学协会制订的出版规范手册)，主要用于心理学和社会学研究领域。二是 MLA 格式(美国现代语言协会制订的出版规范手册)，主要用于语言、文学和艺术研究领域。三是芝加哥格式手册(由芝加哥出版社制订的出版规范手册)，主要用于历史学科。一般社会科学研究者在"引用"方面可重点参考《高校人文社会科学学术规范指南》，若遇到该指南尚未涉及的问题，可参考 APA 格式、MLA 格式和芝加哥格式。

无论直接引用还是间接引用文献资料，都需要严格遵循相应的学术规范。关于生物学科研论文，《生物学通报》有一篇题目为"科学研究和科研文章中的诚信"的文章，列举了在科学研究和论文撰写、投稿及发表等过程中可能出现或碰到的各种问题涉及学术规范的问题，并有不少例子作为示范，是阐明学术规范、原则的一篇经典文献，值得认真阅读、理解，以便在学术活动中严格遵守有关学术规范。

以下分别举例说明。

一、直接引用要将原文放在引号内并标注

引用包括直接引用、间接引用和转引三种。直接引用文献时需将原文写在引号内。若原文的文字非常清楚、优美、生动有趣，若作者加以转述就失去原味，可以直接引用。

对直接引用有以下要求：

(1)在引用的地方加引号，并以恰当规范的方式(如序号法或姓名＋年号法)标注出处。相应地，文末应列出所引用的参考文献。若引文"超过一定数量"，可以作为一个独立的段落，用仿宋体或楷体，以区别于正文的通用字体宋体。类似《高校人文社会科学学术规范指南》的国内学术规范手册并没有明确

说明引文多长才算"超过一定数量"，但西方学术界对此有明文规定。比如，《美国心理学协会出版手册》对独立的引语段（Block quotation）的规定是："如果引文有 40 个字或超过 40 个字，则在独立的段落中显示出来，且不必用引号。"而《芝加哥格式手册》给出的数据是："超过 100 字，或至少超过 8 行"。

（2）完整地引用原始文献的观点，既不断章取义，也不过度引用，并应保持引文的原貌。如有增删，则必须在括弧或注释中注明"对原文略有删改"或"对原文略有调整"等。删减的部分一般采用省略号连接上下文，被省略号连接的部分一般应在同一段落中，超过同一段落应分两段引用。如果需要增删较多的内容，则可以采用复述、概述的方式，而这样就不属于直接引用了，此时为间接引用。

（3）若某文献出现多个版本，则尽可能引用学术界公认的比较权威的版本。同理，若某外文著作或汉语古籍有多个译本，则应首先引用权威的译本。若某文献有上下卷或分册，则需标明卷数，并注意各卷准确的出版时间、作者或译者。

（4）若正文中连续出现两个以上的引号（直接引用），则需要用自己的话使之连贯、流畅，两个以上的引号并排在一起不仅看起来不流畅不美观，而且有"过度引用"的嫌疑。作者需要根据自己论文写作思路的需要，用自己的话来合理组织、有效使用引文，而不能被引文束缚、让引文牵着作者跑。

（5）若在脚注中出现大量地引用同一份文献的现象，则有"过度引用"的嫌疑。为了减少对同一文献引用的频次，对同一段落一般只引用一次，必要时可以用省略号替代段落中未引用的内容。如果两个以上的引文跨段落或跨页码（在前后连续的几个页码上），则建议用自己的话概括相关的观点，把直接引用转换成间接引用，将多次引用转换为一次引用。但此时必须用自己的话语准确概括他人的观点并注明出处，警惕"抄袭"的嫌疑。无论如何，如果对同一文献的引用内容过多、比例过大，都是不妥的。

（6）相对于纸质的文献，网络文献可能存在审稿不够严格、发表程序不够规范、文献源可能不够稳定或持续时间不够长久或者因某些原因网络连接失效导致读者可能搜索不到文献等问题。要谨慎引用网络电子文献，尽可能根据网络电子文献追溯纸质的原始文献或采用根据纸质文献制作的 PDF 版本。

（7）引用尚未公开发表的学位论文、信件或其他私人文献来源时，须征求原作者的同意和授权。无论是直接或间接引用未公开发表的文献均须以不让原作品失去发表价值为前提。

（8）引用未成文的口语实录（演讲实录、课堂教学实录、采访实录等）时，须征求原作者同意。最好为原作者提供笔记整理稿或录音整理稿经原作者审阅并书面同意。

此外，为了显示学术的严谨，在引用中译本或古籍注释本时应尽可能核对原文，如果中译本或古籍注释本与原文有出入，则应根据原文相应地调整引文。若某论著已经出现了修订版，则尽可能引用最新的修订版。

二、间接引用是用自己的话准确复述或概述他人的观点，必须标注

如果引用的原文过于啰唆、模糊、有些不恰当的陈词或在表述的顺序上比较混乱或者原文引用不适合自己论文的行文需要，就应采用间接引用。间接引用就是用自己的话转述原文的观点，并在概括的观点之后加上文献标注，文后列出相应的参考文献。事实上，基于不同的写作目的、上下文之间的联系和个人写作风格等不同，在撰写论文时引用他人的论文内容进行适当改写往往是客观上的需要。

除了能够更简洁、更清晰地概括原作者的观点之外，间接引用还有一个好处：它避免因直接引文太多而侵害原作者的知识产权。按照严格的学术标准，引用的字数超过一定的数量，需要征求原作者的同意。如果长篇地引用，则还需要征求相关的期刊或出版社的同意。无论是直接引用还是间接引用，在一篇论文中过多地引用他人的论文内容，都是不妥的。

但是，正因为间接引用可以带来某些方便，它才容易导致不规范甚至抄袭的危险。总而言之，直接引用虽然也可能出现不规范的问题，但大量的不规范或抄袭主要来自间接引用。所以，一旦采取间接引用，就需要格外小心谨慎。

对间接引用有如下要求：

必须用自己的话概括原文。如果只在个别的词语上做了轻微的改写，则不能显示为间接引用的格式，而应该采用规范的直接引用，并在注释中注明"对原文略有调整"。如果只是对原文做轻微的改写而完全没有概括就采用间接引用，则有"抄袭"的嫌疑。这样的情况在学位论文的查重中，会被报告为"抄袭"或与原论文"雷同"。

以规范、恰当的方式注明间接引用文献的出处，并在文末的参考文献中列出。

在研究论文中，重要的是作者自己的学术发现和其他研究者在相关领域所完成的学术积累，重点应该放在学术探讨和研究发现本身，而不是谁做的研究、谁得出的结论(不同的人对同一个科学问题展开研究，只要遵循同样的研究方法、针对相似的研究对象，得到的研究结果和结论应该是同质的、是可以

重复或重现的），因而一般可不必写出文献原作者的姓名。除非是在学术界同行中比较知名的、在相关研究中做出开创性研究的、做出重要或关键学术贡献的学者或学术团队。否则，即使论文中写出作者的姓名，对一般读者也没有什么实际意义，反而可能影响阅读和对论文内容精髓的把握。

区分间接引用和补充说明。间接引用需要注明准确的出处和页码，而补充说明可以显示为参见某一本书或某一篇文章，不需要注明准确的页码。

准确地复述、概述原文的观点，不能断章取义或以其他方式歪曲原文的观点。

可采用"有人认为""研究发现"等作为间接引用内容的引导语（也可称为"引用提示语"）。但是，一定要标注引文出处以明确表示这是间接引用，以明确标识哪些地方属于作者自己的话语，从哪里开始是引用他人的观点。"引导语"的作用就在于使作者自己的话语和引用的话语"断开"。在引用他人文献时，如果既不采用直接引用也没有引导语，就会导致读者无法分辨哪些句子是作者自己的话语，哪些句子是引用他人的话语。

三、不得不转引时要非常慎重，避免伪注或歪曲原意

不到万不得已，不采用转引。转引的前提是，作者经过努力后，仍然找不到原始文献。"经过努力"意味着：第一，该文献已经遗失，学术界很难找到该文献。第二，在所有能够使用的各种资源库，如本校图书馆、国家图书馆、超星数字图书馆及其"读秀""中国知网""维普""万方 ISTOR、OALb、SJO、boki、ebooksread""爱问""百度文库""道客巴巴"等资源库都找不到该文献。第三，多次向同行咨询、求助之后仍然无法获得该文献。若经过努力之后仍然找不到原始文献，又不得不引用时，则可以采用"转引"的方式。但是，在转引时必须注明"转引自……"或"详见……"。转引的规范是"不做伪注"，如掩盖转引，将转引标注为直接引用或引用译著中文版却标注原文版等，均属伪注。完整的转引包括两个部分，前面部分是原始文献，后面部分是"转引自……"。中间用分号或句号隔开，某些研究者做了"伪注"之后，期望能够蒙混过关。但是，读者一旦发现该注释及其引文与某份早先公开发表的文献中的注释及其引文出现了同样的错误。那么，该作者就有了"做伪注"的嫌疑。在如今的网络时代，伪注与其他不诚信的行为都更容易被发现，会对自己的学术信誉带来不利影响。

为了避免"做伪注"的嫌疑，研究者最好根据二手文献所做的注释追查一手文献。追查到原始的一手文献之后，不仅需要核实引文与原文是否一致，而且，最好考查引文是否完整地引用了原文的关键句子或关键段落，若二手文献

中的引文只是"残缺引用"或"引用不足"，则可以根据原始文献扩充引文。如果原始文献是外文资料，则需要核查引文所翻译文字是否符合外文资料的原意。如果二手文献所引用的文字不符合原始的(外文)资料的本意，则需要做适当的(翻译上的)调整或修改。

【学以致用】

到知网下载一篇感兴趣的学位论文，仔细阅读文献综述部分，核实引用的参考文献是否恰当标注、注释是否准确规范，它们是否真实无误并与文末著录的参考文献一一对应。

第六节 著录参考文献要内容完整、格式规范且统一

【问题聚焦】

1. 常见的参考文献引用和著录有哪几种排序方法？
2. 参考文献著录格式的国家标准 GB/T 7714—2015 遵循怎样的原则？
3. 如何理解参考文献著录的格式要规范统一、内容要完整准确？
4. APA 格式与参考文献著录格式的国家标准之间有何相同与不同之处？

一、参考文献引用与著录有基本的规范

在论文中引用他人的学术成果时，须加上引用的标记(称为"标注")，并在文末列出参考文献(称为"著录")。学术研究不仅要诚实地做引用标注，而且需要按照通行的规范著录参考文献。

常见的参考文献著录的顺序有两种。一种是按照文献在文章中出现引用的先后排顺(称为"序号法")。另一种是按照文献作者姓氏的字母为序，从 A 到 Z 排列(称为"音序法"或"作者年号法")。这两种方式都比较常见，学位论文可以任选一种，投稿期刊的论文需要按照期刊的征稿要求进行罗列。以往也有按照文献类型、作者姓名的笔画等顺序进行排列的，但现在越来越少了。如果文献很多，也有将中文和外文文献分别排序著录的情况。无论采用哪种顺序，都要有规律地排列，不能混乱无序。

需要指出的是：参考文献的著录格式规范虽然不是唯一的，不同期刊的具体要求也不尽一致，但是基本的、核心的要求是完全一样的。每一种格式都是固定的、各部分的含义都是清晰的。这也是制定参考文献著录的国家标准的依据。在同一篇论文中，无论选择序号法还是作者年号法，都要从一而终，不能

混用。正文中参考文献的引用标注格式和文末的参考文献著录的格式要保持统一。即全文的格式要一致。现在，在正文中的文献标注和在文末的文献著录都可以利用办公软件的 Word 应用程序的相应功能自动生成，修改、增删、排序等都很方便，因而论文采用序号法来标注引用和著录文献的做法越来越普遍。这种排序方法虽然在文中看起来是有序的，但实际上文末的参考文献排列是无序的。

各种类型文献都有英文字母代码，一般是其名称的首字母。如普通图书 M；会议录、论文集 C；汇编 G；报纸 N；期刊 J；学位论文 D；报告 R；标准 S；专利 P；档案 B；古籍 O；数据库 DB；计算机程序 CP；电子公告 EB；网络文献 OL；参考工具 K。对那些不属于上述类型的文献，采用字母"Z"标识。

在著录参考文献时，所有标点符号和数字都用英文格式（半角），后留一个空格，与英文行文格式一致。期刊、著作等图书名称都不加书名号。年、卷、期、页码等都只写数字，不加汉字或英文单词（或其缩写）。如"2011，13（2）：85－88."不能写成"2011 年，第 13 卷（第 2 期）：第 85 页起到第 88 页止。"【这样是错的！】——参考文献的著录格式是统一的、固定的，其含义自明，故不需累赘表示。

对于英文参考文献，还应注意以下两点：

①作者姓名采用"姓在前、名在后"的原则，具体格式是：姓，名字的首字母。如：Malcolm Richard Cowley 应为：Cowley，M. R. 。如果有两位及以上作者，第二位及之后的作者将名字的首字母放在前面，姓放在后面，如：Frank Norris 与 Irving Gordon 应为：Norris，F. & I. Gordon。

②书名、报刊名一般用斜体字表示，如：*Mastering English Literature*，*English Weekly*。可能使用缩写期刊名，如 *J Biol. Edu.*，*PNAS* 等。

不论何种参考文献，都要完整、规范地列出标识文献属性的所有必要信息。这是参考文献著录格式规范的核心要求。缺少任一信息，都可能导致文献检索、查阅核实的不便甚至困难。

研究者可以根据需要选择不同类型的注释和参考文献规范：一是按照 2015 年的《中华人民共和国国家标准　信息与文献　参考文献著录规则》即 GB/T 7714—2015 所要求的格式。二是采用"APA 格式"（由美国心理学协会制定的规范手册）。两者在文献著录的基本原则要求上是一致的。即内容完整、信息准确、格式规范且统一有序地列出文献检索需要的相关信息。著录内容要完整地包括文献的作者/版权所有者、文献题名、文献出处、文献发表时间及引用的具体页码/版面，而且所有文献有序地采用统一的格式列出，从 1 开始编号。

对于新型文献如网上资源等也比照这个原则来著录。由于网络资源可能因种种原因链接失效而导致将来可能查不到，建议尽量引用纸质版的文献。不得不引用网络文献时，除列出文献的发表时间外，还要列出作者查阅到该文献的时间。

以下分别说明。

二、参考文献的著录有国家标准

文献著录格式应该遵循国家标准，最新的是 2015 年的《中华人民共和国国家标准　信息与文献　参考文献著录规则》，即 GB/T 7714—2015（图 8-1）。各种文献的著录格式都有相应的国家标准，著录的内容要完整、具体，必须严格遵守。值得一提的是，每种文献都要列出具体的引用页码，没有对应的纸质文献的网络文献则是其发表日期或/和作者的查阅日期，以证实作者确实拥有并且阅读过该文献，保证所引文献内容的真实性和可靠性。另外，列出文中所引用文献的所有必要信息也方便他人查证所引内容或进一步学习研究。

简单地说，在论文中所有引用过的参考文献都要明确标注，并在文末规范地著录；另外，在文末所有列出的参考文献，都应该是作者在文中引用和标注了的，即文中没有引用的文献资料不能列出。需要指出的是，即使重复引用了某一篇文献，该文献也只需著录一次，只能有一个编号；如果多次引用同一篇文献，但页码不一样，可依次列出相关页码，以逗号分隔开。

图 8-1　参考文献国家标准 GB/T 7714—2015 截图

三、参考文献的著录格式要规范统一

参考文献的著录格式规范不是唯一的，但一篇论文中的格式要统一。序号法或作者年号法都可以。具体选用哪种方法，要与正文中文献的标注方法一致。例如文中的文献标注如果是作者年号法的格式，则文末的著录格式也应该是作者年号法，两处保持格式统一。现在，由于网络和电脑办公软件的使用普及，在文中的文献标注和在文末的文献著录都可以利用 MS Office(或其他办公软件)的 Word 应用程序的有关功能自动生成，方便修改、增删。因此，论文采用序号法标注和著录文献的做法越来越普遍。如果知道文献的作者，采用作者年号法著录的文献则更方便读者从参考文献列表找出感兴趣的文献，而不必从文中的段落句子中去寻找文献的线索。

四、常见的几种参考文献的著录格式示范

以序号法为例，常见的几种类型文献：期刊论文 J、学位论文 D、一般图书学术专著 M(包括专著或论文集中的析出文献)、网络文献 EB/OL 及专利文献 P 的著录格式规范示例如下：

[1]杜小梅，焦艳存，王振力. 英语教师学习策略教授情况调查[J]. 河北师范大学学报(教育科学版)，2011，13(2)：85-88.

[2]刘宏刚，卓新贤. 中学英语教师开展英语学习策略培训情况的调查及反思[J]. 基础教育外语教学研究，2004，(3)：52.

[3]李剑平. 南昌市高二年级学生生物学习策略掌握与运用现状调查[D]. 南昌：江西师范大学硕士学位论文，2006：25.

[4]彭聃龄，张必隐. 认知心理学[M]. 杭州：浙江教育出版社，2000：5-6，9.

[5]马克思. 关于《工资、价格和利润》的报告札记[M]//马克思，恩格斯. 马克思恩格斯全集：第 44 卷. 北京：人民出版社，1982：505.

[6]Glass A L，K J Holyoak，J L Santa. Cognition (2nd Ed.)[M]. New York：Random House，1986：5.

[7] OECD. PISA 2015 Draft Science Frameworks [EB/OL]. Paris：OECD. http：//www. oecd. org/pisa/pisaproducts/Draft％20PISA％202015％20Science％20Framework％20. pdf. 2013-3[2019-3-17].

[8]姜锡洲. 一种温热外药制备方案[P]. 中国国家知识产权局，88105607. 3. 1989-7-26.

更多的详细信息请参照上述的参考文献国家标准 GB/T7714—2015，不再

赘述。

需要指出的是，新型文献的著录格式若尚未规范，可以按照文献著录的原则规范，参照已有的近似类型文献进行著录。无论何种文献，在同一篇论文中的著录格式应该前后一致。

注意：有的文献不需要写出版信息。如果引用的是常见的古代文献，法律文本、国家标准等，还有学界公认的可以不写出版信息的文献，大家就按照习惯写书名、卷名、章节号。例如：论语·学而（如果要写书名和卷名，中间用间隔号"·"分开）；中华人民共和国义务教育法（可写明第几条第几款）。

五、有时也可以采用 APA 格式引用、注释和著录参考文献

学位论文一般应按照最新的 2015 版参考文献著录规则国家标准（即 GB/T 7714—2015）做相应的文中引用、注释和文末著录参考文献。但是，有时（比如向国际期刊投稿）也可以采用 APA 格式。

APA 格式严格区分注释和参考文献。注释是对正文的某个要点的"补充说明"，而参考文献是对"引文"出处的说明。而且，注释一般在页脚显示，参考文献出现在文章的尾部。

如果采用 APA 格式，那么参考文献不仅要放在论文的最后，而且要按照作者的音序排列。同一作者的多份文献按照发表的年月排列，同年发表的文献以年份后加 a、b、c 区分。如张三等，2012a；张三等，2012b；张三等，2015。

按照《中国学术期刊（光盘版）检索与评价数据规范》的要求，如果参考文献数量较多可以将中英文分两栏单独排列。但是，按照 APA 格式，所有文献按照作者音序排列。

APA 格式的基本风格是：在文后呈现参考文献，而在正文中以夹注的方式注明文献的作者、发表时间和页码。APA 格式的优势在于：同一份参考文献只需要在文后出现一次。它可以避免出现大量重复的参考文献。

正因为 APA 格式有这样的"环保"优势，它被越来越多的教育学研究者采用。

除此之外，人们在引用柏拉图的著作时可能会采用"斯特方页码"。斯特方页码成为引用柏拉图著作的标准方法，比如"柏拉图著：《理想国》，327a"。这意味着，无论柏拉图的《理想国》被翻译为哪个国家的语言，无论《理想国》以什么版本出现，这本书的斯特方页码是"永恒不变"的。这为研究者查找柏拉图文献的准确出处提供了便利。引用亚里士多德的著作时也有类似的标准用法。

【学以致用】

到图书馆找到一本学位论文，或者在知网搜寻下载一篇学位论文，逐一核

实参考文献的引用、著录格式是否规范统一、内容是否完整清晰、所有信息是否准确无误。

第七节　严格遵守学术规范，杜绝学术不端行为

【问题聚焦】

1. 公认的学术规范包括哪些？

2. 常见的学术失范、学术不端现象有哪些？

3. 如何杜绝抄袭、造假等学术不端现象？怎样引用、注释和著录参考文献才是合乎规范的？

4. 在论文撰写、投稿和发表过程中，怎样杜绝学术不端？

【案例研讨】

小张同学在研究生学习期间，一直密切关注初中生物学教学改革，也勤于思考、总结，时有收获。最近他又写了一篇小论文，但对文中某处引用资料的准确性拿不准。他只是转述了其他作者的说法，原始的参考文献始终找不到。若不引用该文献的话，感觉文章论证的严密性可能会降低。思忖再三，他决定删去该处论述。投稿某刊物1个月后，仍未见录用与否的信息。为了赶在研究生评优的截止时间之前发表该论文，他赶紧又向另一刊物投出该论文。

小张同学的做法合适吗？为什么？如果你觉得有不妥之处，请指出合适的处理方法。

学术界经过长时间的探索，逐步形成一些共同遵守的学术规范。学术规范的根本目的是尊重他人的知识产权、明确自己的学术贡献。在论文撰写、投稿和发表过程中理应严格遵守这些学术规范。但在学术研究领域，由于各种原因，如对有关学术规范无知、理解偏差或不以为然，学风不够严谨或麻痹大意，存有某些私心或侥幸心理，常常会出现一些"学术失范"或"学术不端"行为。这些都是不对的，有时甚至是十分严重的问题，必须杜绝。

一、常见的学术失范有数据、引用与注释不当等问题

广义上的学术失范包括学术不端，这里的学术失范是指违背了学术规范而出现的不准确、不真实的数据，不恰当的引用或注释。其中，比较常见的学术失范表现为不规范引用或注释。包括：

(1)过度引用。过度引用主要有三个含义。一是"引用他人的文字超过自己

的论证"。二是连续引用某篇文献。三是未准确理解原文，歪曲引文的含义。这种不规范现象在引用外文文献或古汉语文献时尤其容易发生。此外，如果研究者引用某个特别人物的话语并将它作为定论，此种行为也属于过度引用。比如，为讨好迎合某个"重要他人或刊物"（比如自己的导师、某个政治人物、某一特定刊物或可能的审稿人，等等）而不必要地引用其研究结果或结论等作为定论；为炫耀自己的学术成果而不恰当地"自引"；为显示自己的"阅读量"和"学术感"而狐假虎威地罗列某些不必要的文献。在所有的"学术失范"中，过度引用的学术危害最大，其危害在于：看似有明确的注释，似乎没有抄袭。实际上，它是打着"有注释"的幌子公开抄袭。

（2）残缺引用或引用不足。与过度引用相反，残缺引用或引用不足是断章取义、捕风捉影。比如，假设爱迪生的原话是："天才是 99% 的汗水加上 1% 的灵感，但是，1% 的灵感比 99% 的汗水更重要"。而作者为了强调勤奋的重要，只引用前半句而故意不提后半句。这样的引用是断章取义的，与原文的意思大相径庭，显然是不妥的。

（3）未经同意而引用尚未公开发表的文献。这样的文献资料因为难以查证核实，一般要尽量避免引用。不得不引用时，要明确说明或注释。

（4）对引文过度评价，或者批评过于苛刻，或者赞扬过于溢美。学术批评原本是学术的"助推器"。公正的学术批评表现为"实事求是""以理服人""学术争鸣""既要据理而争论，又不失平和大度"。但是，不能以学术批评的名义"公报私仇"，不能因为"门户之见"而对他人实施"学术压制和学术报复"。

（5）引用不符合学术规范或公认品质低下的文献。比如，不应该引用粗糙的编译本而不引用比较权威的全译本，也不应该引用那些研究方法、结果数据和推论存在明显问题的文献作为论据，除非是为了指出其中的谬误。

（6）某文献已经以纸质版公开发表却引用该文献的早期网络版本；已经出现公认的比较权威的译本或修订本却引用其他非权威的版本。

（7）注释或著录的要素不全或不准确。比如，只注明作者和著作名称而没有出版时间或出版机构、出版的版本；注释中出现漏字或错字，可能误导读者；张冠李戴，弄错引文作者或出版时间、出版机构、版本等信息。

（8）用"名著"装点门面。在参考文献中大量列举自己根本没有阅读、没有参考的中文名著和外文名著。有时出现多语种文献，甚至其中有很罕见语种文献，一般作者是不太可能接触到该语种文献，也无法阅读和把握该类文献内容的。标注引用和著录这样的文献显然有"伪注""伪引用"的嫌疑。

在以上不规范的行为中，前六条属于引用的不规范，后两条属于注释或参考文献的不规范。

二、常见的学术不端行为包括抄袭与造假

学术不端指违反公认的学术准则、损害学术公正的行为。2009年出版的《高校人文社会科学学术规范指南》列举了八种学术不端行为：①抄袭剽窃、侵吞他人学术成果；②篡改他人学术成果；③伪造或者篡改数据、文献，捏造事实；④伪造注释；⑤没有参加创作，在他人学术成果上署名；⑥未经他人许可，不当使用他人署名；⑦违反正当程序或者放弃学术标准，进行不当学术评价；⑧对学术批评者进行压制、打击或者报复等。

在以上列举的问题中，比较严重的学术不端是抄袭和剽窃。广义的抄袭包含了"剽窃"，两者只是抄袭的程度有所不同。剽窃是完全不注明出处，让人以为这是作者自己的东西，这是赤裸裸的抄袭。有的抄袭则可能注明了出处，粗看上去可能认为不是抄袭。但是其标注的出处模糊或标注不当而让读者无法分辨哪些是作者自己的观点，哪些是他人的观点。即有意无意地混淆了作者自己与其所引用文献的学术贡献之间的界限。

也有数据抄袭的现象，比如抄袭自己(已公开发表文献中的数据)或他人的数据，包括数字、图或表。

此外，还有论文数据造假的现象。数据造假包括伪造或篡改数据，可能是无中生有的数据，也可能是经过(局部)修饰的原始数据或统计结果数据，导致数据看上去更加完美，但可能前后矛盾而不能自圆其说。

抄袭与造假这两类学术不端行为都是治学大忌。举例如下：

(1)明目张胆地抄袭是直接使用他人的原文而不加引号和注释。这样的抄袭一般不会太多，但也有某些著名学者曾犯这样的错误。这种抄袭有时也显示为抄注释、抄袭外文和抄袭翻译。抄注释就是做"伪注"，用直接引用代替转引。作者只是从他人的作品中转引了另外一个作者的话语，却并没有在注释中标明"转引"的出处，另一种比较隐蔽的抄袭是抄袭"翻译"：已经出现公认的比较权威的中译本，研究者参考了该译本，只对该中译本做无关紧要的修改，却在注释中不注明对中译本的引用而直接引用原始的外文文献。如果作者确实发现学术领域公认的比较权威的某个中译本的翻译存在比较严重的问题，作者完全可以不引用该中译本而亲自翻译并直接引用原始的外文文献。但是，这样做的前提是，在注释中说明已有的中译本的错误或不足，或者，让读者清楚地看到作者重新翻译的引文与他人的翻译有明显的差别。如果有人对自己的外语翻译水平有足够的自信，执意亲自引用原始的外文文献而不想参考已有的中译本，且对已有的中译本不加任何评价，那么，这种引用就有抄袭的嫌疑。若作

者的翻译明显不如已有中译本的质量，则属于学术研究中比较无知（甚至无耻）的"低水平重复"的"学术失范"，但是，如果作者在文中明确指出是引用了他人的资料，但没有提供完整而准确的出处，则属于"不规范"行为而不是"抄袭"。不过，这也是治学不严谨的表现。

（2）间接抄袭原文而不加引导语或明确的标识，使抄袭变得比较模糊、隐蔽，此类抄袭往往采用标尾或标头的方式引用他人的原文，却没有采用引号标明引用的范围，也没有用"引导语"（或"断语"）使自己的话语和引用的话语断开，只在引文结尾或开头加一个标注，或标注明确，但大量引用文献的原话而不放在引号内。读者看不出有多少文字是"引文"而有多少文字是作者自己的话语。这种抄袭的问题不在于用"间接引用"代替了"直接引用"，因为间接引用也有其自己的规范。间接引用不仅意味着有注释，而且，间接引用和直接引用一样，它必须以"某某认为"或"某某说"等方式让读者清楚地知道哪些文字是对他人观点的引用或参考，而标尾或标头式的抄袭的问题在于：作者故意混淆视听，让读者误以为只有少量的话语是间接引用或参考了他人的观点而其他的大量的话语是作者自己的原创，与标头和标尾类似的抄袭是"标中间"。整段地抄录了他人的文字，却既不标头也不标尾，只在段落的中间某个地方插入一个注释。此种抄袭比标头和标尾的问题更恶劣。

与直接抄袭相比，间接抄袭的问题更严重，它是"学术不端"的重灾区。在学术论文（含学术著作）的写作中，某些作者为了避免频繁地引用他人话语而显得没有自己的观点，在本来应该直接引用的地方做一些无关痛痒的词语的调整，然后不加引号地引用，使直接引用变成间接引用，只在句头或句尾或句中加一个注释。同时，又由于作者没有使用"引导语"（或"断语"），读者不知道哪些话语是作者自己的话语而哪些话语是对他人的间接引用。学术界明目张胆地抄袭他人的话语而不加引号者并不多见，因为那样会冒随时被他人揭发的危险。比较常见的抄袭往往显示为间接引用而不加"引导语"。

（3）与抄袭或剽窃类似的不端行为是伪造或篡改数据。此类问题常见于调查研究和实验研究。除了调查研究或实验研究中容易出现伪造或篡改数据之外，历史研究、哲学研究中也可能出现类似的伪造或篡改行为。二者的差异在于：调查研究或实验研究可能会伪造或篡改"数据"，而历史研究或哲学研究可能会伪造或篡改"观点"或"注释"。

三、杜绝论文投稿和发表过程中的学术失范与不端

最常见的研究成果发表途径是将论文向学术期刊社编辑部投稿，通过同行评议修改后，得以正式发表，给学术同行和相关专业人员、学生等带来一定的

帮助或启发。

为了有效交流发表自己的研究成果，应该及时总结研究所得，按照论文的体例要求，认真、规范地撰写论文。不同期刊由于办刊定位等的不同，可能在论文内容和论文格式等方面的要求有所不同。但在格式方面的要求原则是一致的，具体规定是大同小异的。例如对于参考文献的引用与著录格式，一般有几种，可以选用其中一种格式(参见本章第六节)，但具体到某一刊物来说，其要求的格式是唯一的、统一的。论文投稿前，应该按照拟投期刊的"征稿简则"或"投稿须知"的要求进行修改、润色、规范论文格式，务必清稿后经所有共同作者确认后投出。必要时还可以请同行专家审阅把关，尽量完善论文内容和规范格式。

论文投稿与发表是极为严肃的事情，必须认真对待。既不能出现学术方面的明显瑕疵，更不能出现低级错误。请记住一定要在清稿后投出。

在论文投稿和发表过程中，常见有几种学术失范与不端现象，如一稿两投或多投、论文重复发表、多发短小文章、署名不当等。

一稿两投或多投是指论文同时或先后投送给不同的期刊或出版社，以期望提高论文发表的可能性或尽快发表。这是一种投机取巧的做法，通常会导致一稿两发或多发。因此，期刊编辑部都会在"投稿须知"或"征稿简则"中明确写明不能一稿多投。有的还会强调论文稿件一旦投给期刊编辑部，在一定时间期限内，就不能再投给其他期刊社。只有在超过约定的时限后，或者收到编辑部的正式答复拒绝后，作者才可以另行处理稿件。例如，某生物学教学期刊在征稿简则中明确如下：

本刊审稿周期设定为三个月，超过此期限视为退稿，退稿后作者方可另投他刊。为抵制和杜绝学术不端行为，投稿论文进入审稿程序后不接受以一稿两投或多投等名义要求撤稿，由此造成的不良后果由作者承担；已录用的论文不允许增减作者而改变署名方式。

重复发表论文包括将自己已经正式发表的文章整体或部分重新修改，稍加修饰或者将原文投给其他期刊或出版社再次公开发表，或者以另一种语言、另一种版本再次正式发表，但是主要的内容和学术核心与实质是相同的或高度相似的。

多发短小文章是指将一个完整的但可能包含多个相对独立的研究结果和结论，拆分成几篇比较短小的文章投稿发表，这样可以增加作者在这发表论文的总数量。从而，可能在职称评定、课题鉴定及其他相关的评价中取得不当"优势"或获取不当回报。

在论文投稿和发表过程中，署名问题也是需要严肃对待的。越来越多的期刊社和出版社在论文投稿时和发表时会对论文的署名权和具体的署名顺序进行书面确认，要求每个作者都签名确认无误，并且需要所在单位加盖公章证明版权归属。文章的署名和责任是一致的。就生物学教育教学工作来说，可能有许多人都参与其中，对论文的完成做出实质性贡献的人可能也有多个，他们应该按照对研究工作和论文最终完成做出的贡献多少和责任大小依次署名。如果实际贡献最大的和通讯作者不是同一个人，通常将通讯作者放在最后。所有署名的作者都是实际做出贡献的，署名作者中不应该出现其他人。

如果对论文的质量有所直接贡献，但又不足以为论文负责时，不宜作为署名作者出现，可以在致谢中列出。通常，在学位论文中会详细地列出所有对论文完成提供指导、帮助、支持、建议、资金、设备或做出其他贡献的人、财、物等。而一般期刊论文的致谢是选择性的，不是一定要有的。如果有致谢，该部分内容应该是真心实意的感谢、是个性化的描述，而不是千篇一律的。如在致谢部分出现抄袭的现象是很不严肃的，更是可笑的。

【学以致用】

李老师参加工作已数年。在一堂高中生物学教学公开课中，因为其巧妙的教学设计和精彩的课堂表现，得到了听课老师们的赞赏，当地教研员也非常肯定并建议其整理成文发表。在准备该公开课的过程中，李老师得到了学校生物科组的老师们的帮助和鼓励，为此她也非常感谢同事们。科组长告诉李老师，这堂公开课没有她的支持、没有科组老师们的集体帮助，不可能如此成功，这篇文章的知识产权应该是属于她的。李老师还年轻，以后的机会多着呢。所以，她要求小李把该堂课的所有资料，包括课堂教学设计文本、相关原始文献及 PPT 等课件资料发给她，由她来组织材料写文章、投稿发表。而李老师觉得虽然自己得到了大家的帮助，但教学设计主要是自己辛苦钻研得来的，该成果应该完全属于自己。

她们各自的看法有道理吗？应该怎样处理才比较合理？

【章后拓展】

查阅生物学教学领域"四大期刊"的征稿简则或投稿须知，讨论并归纳其中关于论文的学术规范方面都有哪些共同的要求、有何特殊的要求。

附录　教育硕士专业学位论文基本要求

全国教育专业学位研究生教育指导委员会
关于公布《教育硕士专业学位论文基本要求》的通知

教指委发〔2019〕09 号

各培养院校：

《教育硕士专业学位论文基本要求》经专家组研制，反复征求培养院校和相关专家意见建议，并经全国教育专业学位研究生教育指导委员会全体会议审议通过，现予公布。请各培养院校组织教育硕士专业学位研究生指导教师和教育硕士专业学位研究生认真学习，参照执行。

全国教育专业学位研究生教育指导委员会

2019 年 5 月 22 日

附件：

教育硕士专业学位论文基本要求

教育硕士专业学位论文（以下简称论文）是综合考察教育硕士专业学位研究生在基础理论、专业知识和专业技能等方面学习和研究工作结果的关键环节，是授予教育硕士专业学位的基本依据，是评价人才培养质量的重要指标。

一、概述

论文是教育硕士专业学位研究生在导师指导下独立完成的、完整、系统和规范的研究工作成果。撰写论文的目的在于提高教育硕士专业学位研究生规范运用科学理论和方法研究解决教育实际问题的能力，为其专业发展奠定坚实的基础。

论文应注重运用所学理论和方法，规范地研究和解决基础教育（中等职业技术教育）领域中存在的实际问题。

完成论文所需工作量不少于半年。

二、选题

论文选题应遵循理论与实践相结合的原则，紧密联系基础教育（中等职业技术教育）实际，关注学校教育教学和管理实践中具有现实意义和应用价值的重要问题，致力于教育实际问题的解决和教育实践的改进。

论文选题须与教育硕士专业学位研究生所学专业领域和方向一致，不得涉及高等教育领域的问题。

论文选题应结合教育硕士专业学位研究生的研究专长、兴趣和实践体验。

论文题目表述应规范、清晰、准确。

三、文献综述

论文撰写需检索与主题相关的文献资料。在深入研读相关文献的基础上，综合分析国内外相关主题的研究进展，并做出分析评论，以此阐明论文主题的研究价值。

文献综述应紧密围绕论文研究的主题，注重所使用文献的科学性和权威性。对于他人观点的引述与评论应恪守学术道德规范。文献综述须以规范格式呈现。

四、研究方法

应根据论文研究的需要和研究主题的特殊性，合理选择恰当的研究方法，阐明研究方法选择的依据，说明在研究过程中如何运用所选方法。应充分理解所选研究方法的基本特征和要求，规范运用研究方法开展研究工作。应避免使用单一的研究方法。

五、格式要求

论文由标题、摘要、目录、正文、参考文献、附录等部分组成。实验数据、调查问卷、观察记录、访谈记录等文件可作为附录。

论文结构主要包括：绪论（问题提出）、文献综述、理论与方法、资料与数据分析、结论等。各部分之间应当保持密切的逻辑关系和合理的比例。

论文应以清晰的方式呈现研究结果，说明研究结果的实践意义及对后续研究的价值，解释研究的局限性（包括推广和实践转换的局限性等）。

论文格式应符合专业文献撰写标准，凡引用他人观点、方案、资料、数据等，均应详加注释。论文语句通畅，无语法、拼写和排版错误。

论文正文字数不少于 2 万字。

六、不同形式论文基本要求

根据研究主题的不同，论文可采用专题研究论文、调查研究报告、实验研究报告和案例分析报告等多种形式。

（一）专题研究论文

专题研究是指运用现代教育基本理论和方法，在既有研究成果的基础上，对基础教育（中等职业技术教育）领域中专门的理论或实践问题进行综合概括和分析，有针对性地提出作者的理论或观点，并加以充分论证。其成果的呈现方式为通常意义上的学术论文。

专题研究论文的结构主要包括：

1. 问题提出：阐述本专题研究的必要性与可能性，并简述专题研究的主要目的和内容。

2. 文献综述：对国内外相关研究现状应有清晰的概括，重点分析国内外研究所取得的成就、存在的不足及拟开展的研究与既有研究的关联。

3. 理论及分析（具体章节的展开）：确定所研究问题的理论基础，运用科学、合理的方法对问题的内涵、外延做出清晰的说明。

4. 资料或数据分析：对相关资料或研究数据进行分类分析，提炼有关模式或建立相应的关系；资料及数据分析要贴切、合理。

5. 结论：针对所研究的问题提出自己的理论或观点，或在实践方面提出解决问题的对策和措施；见解要有一定的新意。

（二）调查研究报告

调查研究是指在教育理论指导下，规范地运用相关研究方法，对基础教育（中等职业技术教育）领域的活动或现象进行周密系统的了解和考察，对所收集到的资料进行统计分析或理论分析，从中提炼经验、发现本质，探寻规律，得出结论，并针对可能存在的问题提出解决方案或改进建议。由此形成的研究成果即调查研究报告。

调查研究报告的结构主要包括：

1. 绪论：对调研问题的国内外研究现状应有清晰的描述与分析，重点阐述本调研的必要性和重要性，并简述本调研报告的主要内容。

2. 调研方法：针对调研问题，说明问卷编制、个别访谈、调研范围与步骤、资料和数据的来源、获取手段及分析方法。

3. 资料和数据分析：运用科学合理的方法对调查资料和数据进行汇总、处理和分析，得出明确的结果，并运用数理方法对其进行可信度和有效性的分析。

4. 针对以上资料及数据开展讨论。

5. 对策或建议：在分析与讨论的基础上进行探索，并就调研对象存在的问题或者调研结果应用于实际中可能出现的问题提出相应的对策或建议。对策及建议应具有较强的理论与实践依据，具有可操作性及实效性。

6. 结论：系统概括调研报告所涉及的相关工作及其主要结论，明确提出具有独创性的结论，简要阐述调研成果的实践价值。

(三)实验研究报告

实验研究是指以一定的教育理论为指导，运用科学实验的原理和方法，建立具体假设，操纵某些教育因素或教育条件，并观察和测量其对其他变量的影响，考察这些教育措施与教育成效之间的因果关系，从而验证或证伪假设，探求教育规律。在此基础上，形成规范的书面研究报告。

在研究过程中，要求遵循客观、有效、可行等原则，采用科学、规范、合理的研究方法，以提高实验研究的内在效度和外在效度；要求对所研究的问题进行说明，确定自变量、因变量及无关变量，明确研究假设，且对其进行验证，以期揭示教育现象中的因果关系，并将其运用于实际的教育情境中。

实验报告应具有客观性、确证性。实验报告中记载的实验结果能被重复研究并证实；实验报告除以文字叙述和说明以外，应借助图像、图表等说明实验的基本原理和各步骤之间的关系，解释实验结果等。实验研究应严格遵守研究道德，严禁对师生的心智和情感等产生任何伤害。

实验报告的结构主要包括：

1. 绪论：阐述国内外相关研究的现状、发展趋势以及本实验研究的背景及必要性，并阐述本实验研究的主要内容。

2. 实验方法：对研究假设进行说明，采用定量研究或定量研究与质性研究相结合的方法，操作自变量，测量因变量，控制无关变量，详细阐述整个实验研究过程。

3. 实验结果：系统地概括通过实验研究所发现的主要数据或结果。

4. 讨论：针对实验数据或结果进行讨论，并明确指出相关教育改革可能的新思路或新见解，展望实验研究对教育现状的改进前景。

5. 结论：系统地概括实验研究得出的主要研究结论，并明确指出哪些结论是作者独立提出的，简要描述实验研究成果的实践价值。

(四)案例分析报告

案例分析是指以一个或多个特殊的个体(教师或学生)、典型的教育事件或教育组织案例分析为研究对象，通过收集、整理、分析与该研究对象有关的资料，探究某种特殊情况形成和发展的原因，揭示其发展变化的趋势或规律，并采取针对性的帮助措施，促进研究对象更好发展的研究。案例分析应具有真实性、实证性、典型性，应有明确的问题意识，须结合学理进行综合分析，在此基础上，形成符合规范的研究报告。

在研究过程中，要求开发或搜索典型案例，在对研究对象进行真实、多方位的描述后，结合相关理论或借鉴他人经验，归纳、分析、解释问题，以期对教育实例进行深度解读，描述性地揭示问题的症结所在，提供解决问题的有效策略，并为解决类似问题提供有益启示。

案例分析报告的结构主要包括：

1. 绪论：阐述案例分析的背景及必要性，并阐述本案例分析的研究目标及主要内容。

2. 研究方法的选择和运用：阐明选例的方式，即案例是如何选定的；进入现场以及与被研究者建立和保持关系的方式；采用什么方法收集资料和分析资料；关于研究伦理的考虑等。可以通过对案例的调查和分析来认识该案例的现状或发展变化的进程，也可以对案例的了解和认识为基础，尝试实施一些积极的教育措施以促进发展，从而认识措施与发展之间的因果关系。

3. 案例描述：描述整个案例的情景，包括时间、地点、人物、事件发生过程、结果等方面，并针对情景中的某几个问题进行理论分析。

4. 案例解析：分为理论解析部分和评议部分。理论解析涉及案例分析目的、教育理论依据、教育意义等；评议分析涉及案例自评或者专家点评、改进意见等。

5. 总结：对研究中的关键元素及研究结果进行深入讨论，从案例分析的结果中推论出最终的结论，并且对结论的有效性和真实性做出解释，对案例分析的问题提出解决方案或策略。推论要合乎逻辑。

参考文献

［1］Altan E B，Ozturk N，Turkoglu A Y. Socio-Scientific Issues As A Context for STEM Education：A Case Study Research with Pre-Service Science Teachers［J］. European Journal of Educational Research，2018，7(4)：805-812.

［2］Campbell D T，Stanley J C. Experimental and quasi-experimental designs for research［M］//Gage N L. Handbook on research in teaching. Chicago：Rand McNally. 1963.

［3］Cohen L，Manion L，Morrison K. Research Methods in Education ［M］. 6th ed. New York：Routledge，Inc.，2007.

［4］Cook T D，Campbell D T. Quasi-experimentation：Design and Analysis Issues for Field Settings［M］. Boston：Houghton Mifflin. 1979.

［5］Creswell J W. Educational Research：Planning，Conducting，and Evaluating Quantitative and Qualitative Research ［M］. 4th ed. New York：Pearson Education，Inc.，2012.

［6］Creswell J W. Educational Research：Planning，Conducting，and Evaluating Quantitative and Qualitative Research ［M］. 5th ed. New York：Pearson Education，Inc.，2015.

［7］Drever E. Using Semi-Structured Interviews in Small-Scale Research：A Teacher's Guide ［M］. Edinburgh：Scottish Council for Research in Education，1995.

［8］Earl R B. The Practice of Social Research ［M］. Belmont，CA：Wadsworth Publishing Company，2009.

［9］Frey，J H，Oishi S M. How to Conduct Interviews by Telephone and in Person ［M］//The Survey Kit，Volume 4. Thousand Oaks：Sage Publications，Inc.，1995.

［10］Göttfert E. Embedding Case Study Research into the Research Context［J］. International Journal of Sales，Retailing and Marketing，2015，4(9)：23-32.

［11］Hancock D R，Algozzine B. Doing Case Study Research：A Practical Guide for Beginning Researchers ［M］. 2nd ed. New York：Teachers College

Press，2011.

[12]Jin H，Anderson C W. A learning progression for energy in socio-ecological systems[J]. Journal of Research in Science Teaching，2012,49(9)：1149-1180.

[13]Kellogg J M. A Study of the Effectiveness of Self-Monitoring as a Learning Strategy for Increasing on-Task Behavior[D]. Macomb：Western Illinois University，1997.

[14]Morgan S J，Pullon S R H，Macdonald L M，et al. Case Study Observational Research：A Framework for Conducting Case Study Research Where Observation Data Are the Focus[J]. Qualitative Health Research，2017，27(7)：1060-1068.

[15]Moser E，Kropff E，Moser M B. Place cells，grid cells，and the brain's spatial representation system [J]. Annual Review of Neuroscience，2008(31)：69.

[16]Penner D E，Giles N D，Lehrer R，et al. Building functional models：designing an elbow[J]. Journal of Research in Science Teaching，1997，34(2)：125-143.

[17]Platt J. "Case study" in American Methodological Thought[J]. Current Sociology，1992，40(1)：17-48.

[18]Robert K Yin. Case study research：Design and Methods [M]. 5th ed. Thousand Oaks：Sage Publications，Inc.，2003.

[19]Shadish W R，Cook T D，Campbell D T. Experimental and Quasi-Experimental Designs for Generalized Causal Inference [M]. Boston：Houghton Mifflin，2002.

[20]Simonsen B，Little C A. Single-Subject Research in Gifted Education [J]. Gifted Child Quarterly，2011，55(2)：158-162.

[21]Xie Q，So W W M. Understanding and practice of argumentation：A pilot Study with Mainland Chinese Pre-Service Teachers in Secondary Science Classrooms[J]. Asia-Pacific Forum on Science Learning and Teaching，2012，13(2)：1-20.

[22]安雪慧. 教育实验研究二十年[J]. 高等师范教育研究，1999(3)：48-53.

[23]陈畀，张玉刚. 新编文献学[M]. 北京：军事医学科技出版

社，1999.

[24]陈静. 新高考下的高中生物教学中渗透职业生涯规划教育的研究[D]. 温州：温州大学，2018.

[25]陈时见. 教育研究方法[M]. 北京：高等教育出版社，2007.

[26]陈雨艳，李德红."生物入侵"概念辨析及其教学建议[J]. 生物学通报，2018，52(2)：9-11.

[27]程迪. 现代教育学教程[M]. 杭州：浙江大学出版社，2011.

[28]程江平. 教育实验研究范式的演变[J]. 教育研究，2000(5)：63-68.

[29]崔智敏，宁泽逵. 定量化文献综述方法与元分析[J]. 统计与决策，2010(19)：166-168.

[30]丁斌. 专业学位硕士论文写作指南[M]. 北京：机械工业出版社，2010：106-114.

[31]丁雪梅，陈承祯，孙博兴，等. 不同实验教学模式满意度分析中统计方法的选择及在SPSS19.0软件上的实现[J]. 实验室研究与探索，2018，37(11)：198-203.

[32]董艳. 教育研究方法与工具[M]. 北京：清华大学出版社，2014.

[33]杜强，贾丽艳. SPSS统计分析从入门到精通[M]. 北京：人民邮电出版社，2009.

[34]杜蕊. 高中生物学必修1教学中应用概念图策略的行动研究——以康县××中学为例[D]. 兰州：西北师范大学，2016.

[35]菲利普·津巴多. 路西法效应：好人是如何变成恶魔的[M]. 北京：生活·读书·新知三联书店，2010.

[36]冯小燕，王志军，吴向文. 我国教育实验研究的热点与趋势分析——基于CSSCI(2001—2015)数据的可视化分析[J]. 上海教育科研，2017(1)：39-44.

[37]顾明远. 教育大辞典(增订合编本)[M]. 上海：上海教育出版社，1998.

[38]侯怀银. 教育研究方法[M]. 北京：高等教育出版社，2009.

[39]侯杰泰，温忠麟，成子娟. 结构方程模型及其应用[M]. 北京：教育科学出版社，2004.

[40]花芳. 文献检索与利用[M]. 北京：清华大学出版社，2009.

[41]华国栋. 教育研究方法[M]. 南京：南京大学出版社，2005.

[42]黄维成. 重理解的课程设计结合翻转教室之行动研究——以中学生物

科为例[D]. 新北：淡江大学，2018.

[43]黄翔，童莉，沈林. 从高中数学新课标看数学实践能力的培养[J]. 课程·教材·教法，2018(8)：75-79.

[44]黄忠廉. 人文社科项目申报300问[M]. 北京：科学出版社，2017.

[45]蒋悟生. 生物科学文献信息获取与论文写作[M]. 北京：高等教育出版社，2012.

[46]教育部社会科学委员会学风建设委员会. 高校人文社会科学学术规范指南[M]. 北京：高等教育出版社，2009.

[47]赖国毅，陈超. SPSS17.0中文版常用功能与应用实例精讲[M]. 北京：电子工业出版社，2010.

[48]李方. 现代教育研究方法[M]. 6版. 广州：广东高等教育出版社，2016.

[49]李高峰. 英国初中生物学科标准评析及启示[J]. 中学生物教学，2016(1)：11-14.

[50]李喜梅. 等级相关系数在教学质量评价中的应用[J]. 统计与决策，2003(5)：36-37.

[51]李雨航. 30所中学青春期健康教育行动研究成果与反思[D]. 北京：首都师范大学，2013.

[52]李增娇，张美娇，王嘉远，等. 我国中学生物概念教学研究的现状与趋势——基于中国知网2011—2016年发表的文献计量分析[J]中学生物学，2018，34(4)：74-76.

[53]理查德·道金斯. 关于相信：好的理由和坏的理由[EB/OL]. [2019-3-17]. http://bbs.voc.com.cn/forum-148-1.html.

[54]林晓琼，胡继飞. 我国高中生物探究性实验研究的文献计量学分析[J]. 课程教学研究，2016(11)：39-43.

[55]刘恩山. 生物学教育研究方法与案例[M]. 北京：高等教育出版社，2004.

[56]刘良华. 教育研究方法：专题与案例[M]. 上海：华东师范大学出版社，2007.

[57]刘良华. 教育研究方法[M]. 2版. 上海：华东师范大学出版社，2014：167-168.

[58]刘良华. 行动研究的史与思[M]. 上海：华东师范大学出版社，2001：55-56.

[59]罗国忠. 国外科学探究能力评价研究综述[J]. 上海教育科研, 2006 (11): 19-21.

[60]梅雷迪斯·D. 高尔, 等. 教育研究方法导论[M]. 许庆毅, 等, 译. 南京: 江苏教育出版社, 2013.

[61]孟庆茂. 教育科学研究方法[M]. 北京: 中央广播电视大学出版社, 2001.

[62]欧阳主星, 李雪峰. 高中"生物安全教育"现状调查研究——以广州市某普通高中为例[J]. 中学生物学, 2014, 30(8): 60-63.

[63]裴娣娜. 教育研究方法导论[M]. 合肥: 安徽教育出版社, 1995.

[64]梅瑞迪斯·高尔, 乔伊斯·高尔, 沃尔特·博格. 教育研究方法[M]. 6版. 徐文彬, 候定凯, 范皑皑, 等, 译. 北京: 北京大学出版社, 2016.

[65]人民教育出版社, 课程教材研究所, 生物课程教材研究中心编著. 义务教育教科书生物学[M]. 北京: 人民教育出版社, 2012.

[66]萨拉·博斯劳. 统计学及其应用[M]. 孙怡帆, 等, 译. 北京: 机械工业出版社, 2016.

[67]John Richard Schrock. 科学研究和科研文章中的诚信[J]. 杨文源, 译. 生物学通报, 2012, 47(9): 56-59.

[68]威廉·维尔斯马, 斯蒂芬·G. 于尔斯. 教育研究方法导论[M]. 北京: 教育科学出版社, 2010.

[69]韦义平. 心理与教育研究数据处理技术[M]. 桂林: 广西师范大学出版社, 2002.

[70]吴晓绵, 王永胜. 初中生物学科学生实践活动教学现状调查与建议[J]. 中学生物学, 2012(2): 68-71.

[71]肖军. 教育研究中的文献法: 争论、属性及价值[J]. 当代教育理论与实践, 2018, 10(2).

[72]谢宏仁. 教育研究法[M]. 台北: 高点文化事业有限公司, 2005.

[73]徐红. 现代教育研究方法[M]. 北京: 科学出版社, 2018.

[74]许桂芬. 基于科学思维发展的"有氧呼吸的过程"论证式教学[J]. 生物学教学, 2018, 43(8): 40-43.

[75]杨光霞, 谢华. SPSS数据统计与分析从新手到高手[M]. 北京: 清华大学出版社, 2014.

[76]杨红丽, 朱家华, 崔鸿. 以"问题"为核心的科学探究教学策略[J]. 生物学教学, 2018(10): 17-18.

[77]杨妍妮. 高中生物学教学中实施"生活化教学"的行动研究——以庆阳市××中学为例[D]. 兰州：西北师范大学，2016.

[78]杨争鸣. 教育科研论文的撰写（三）[J]. 云南教育，2004（13）：15-17.

[79]杨争鸣. 教育科研论文的撰写（四）[J]. 云南教育，2004（16）：14-15.

[80]杨争鸣. 教育科研论文的撰写（一）[J]. 云南教育，2004(7)：14-17.

[81]姚计海. 文献法是研究方法吗？——兼谈研究整合法[J]. 国家教育行政学院学报，2017(7).

[82]俞如旺，胡孟慧. 我国百年生物学课程标准或教学大纲蕴含核心素养的梳理与启示[J]，教育理论与实践，2017(11)：40-43.

[83]袁振国. 教育研究方法[M]. 北京：高等教育出版社，2000.

[84]曾茂林，柳海民. 富有生命力的教育理论及其生成理路[J]. 教育研究，2014(11)：8-15.

[85]张冀英. 反思性学习对高中学生科学探究能力影响的研究与实践[D]. 杭州：浙江师范大学，2019.

[86]赵威. 高中生生物学学习倦怠干预的行动研究[D]. 兰州：西北师范大学，2014.

[87]中华人民共和国教育部. 普通高中生物学课程标准（2017 版）[M]. 北京：人民教育出版社，2018.

[88]朱德全，李姗泽. 教育研究方法[M]. 重庆：西南大学出版社，2011.

[89]朱学勤. 道德理想国的覆灭[M]. 上海：上海三联书店，1994.

[90]庄佩璇，胡继飞. 广东省中学生物教师教研发展水平研究——基于 2000—2017 年 CNKI 的文献计量学分析[J]. 课程教学研究，2018（10）：51-56.